智慧物流系列

# 智慧物流
# 末端综合实训

菜鸟驿站 编著

电子工业出版社
Publishing House of Electronics Industry
北京·BEIJING

## 内容简介

近年来，随着国内物流行业智能化、多元化和规范化的发展，末端物流逐渐走进大众的视野。如何打破"最后一公里"配送难的瓶颈，以及如何以末端客户为中心，为末端客户提供优质服务，成为行业亟待解决的问题。

菜鸟驿站面向社区和校园，为客户提供物流服务，致力于建设和升级末端配送网络。本书以菜鸟驿站为载体，包含走进末端物流、末端物流监管要求及案例、玩转末端"黑科技"——IoT设备、玩转末端派件、玩转寄件、玩转客服、驿站数据化运营、驿站人员管理、驿站安全管理九个项目，从基础认知到实践操作，再到驿站运营管理，由浅入深，以实训任务为驱动对末端业务实操、运营和管理进行阐述和讨论。

本书通俗易懂、图文丰富，并配备实训任务，适合高等院校物流及经管专业学生学习和阅读，同时对末端网点经营者也有较高的参考价值。

未经许可，不得以任何方式复制或抄袭本书之部分或全部内容。
版权所有，侵权必究。

图书在版编目（CIP）数据

智慧物流末端综合实训／菜鸟驿站编著. —北京：电子工业出版社，2021.8
（智慧物流系列）
ISBN 978-7-121-41567-8

Ⅰ.①智… Ⅱ.①菜… Ⅲ.①互联网络－应用－物流管理－高等学校－教材②智能技术－应用－物流管理－高等学校－教材 Ⅳ.① F252-39

中国版本图书馆 CIP 数据核字（2021）第 137294 号

责任编辑：林瑞和
印　　刷：北京天宇星印刷厂
装　　订：北京天宇星印刷厂
出版发行：电子工业出版社
　　　　　北京市海淀区万寿路 173 信箱　　邮编：100036
开　　本：787×980　1/16　印张：15.5　字数：334.8 千字
版　　次：2021 年 8 月第 1 版
印　　次：2021 年 8 月第 1 次印刷
定　　价：89.00 元

凡所购买电子工业出版社图书有缺损问题，请向购书店调换。若书店售缺，请与本社发行部联系，联系及邮购电话：（010）88254888，88258888。
质量投诉请发邮件至 zlts@phei.com.cn，盗版侵权举报请发邮件至 dbqq@phei.com.cn。
本书咨询联系方式：010-51260888-819，faq@phei.com.cn。

# 本书编写委员会

| | | |
|---|---|---|
| **组织单位：** | 菜鸟校园驿站 | |
| **顾　　问：** | 黄　钟 | 菜鸟校园驿站总经理 |
| **主　　编：** | 唐　亮 | 菜鸟校园驿站校企合作战略总监 |
| **副 主 编：** | 金晓华 | 菜鸟校园驿站校企合作总监 |
| **策　　划：** | 何轶青 | 菜鸟校园驿站校企合作高级经理 |
| **编　　委：**（按姓名拼音排名） | 邓维斌 | 重庆邮电大学　邮政研究院副院长 |
| | 胡建淼 | 浙江交通职业技术学院　运输管理学院副院长 |
| | 王　伟 | 芜湖职业技术学院　经济管理学院副院长 |
| | 张成全 | 浙江交通职业技术学院　运输管理学院院长 |
| | 张　武 | 兰州资源环境职业技术学院　财经商贸学院院长 |
| | 张　昕 | 天津师范大学　管理学院副院长 |
| | 张志坚 | 华东交通大学　交通运输与物流学院副院长 |
| | 周　蓉 | 武汉职业技术学院　智能商务学院副院长 |

# 推荐序

物流作为现代流通体系的重要组成部分，承担着服务扩大内需、支撑乡村振兴、助推供给侧改革和实体经济发展的重大责任。2020 年，我国快递行业包裹量突破 800 亿件，保持高速增长并稳居世界第一。随着快递行业包裹量的急速增长，整个快递行业也面临巨大挑战。如何打破末端物流"最后一公里"的制约瓶颈，提升物流行业末端建设能力，为广大消费者提供更高效率、更高品质、更多元化、更绿色的快递服务，成为行业共同面临的课题。与此同时，随着物流末端新技术和新服务的不断出现，行业对物流的科技创新和人才培养也提出了更高的要求。

一个行业的发展和相关人才的培养，仅仅依靠单一的力量是不够的，需要在国家政策的支持下，政府、企业与院校通力合作，发挥各自的优势，推进末端物流基础设施标准和规范的建设，为行业的创新发展做出积极的贡献。作为阿里巴巴双创示范基地之菜鸟驿站智慧校园建设项目，菜鸟驿站在为高校师生提供物流服务的同时，通过校企共建智慧物流实训基地，共同探索智慧物流领域双创人才的培养。"智慧物流系列"教材在此背景下应运而生，菜鸟网络积极发挥企业主体作用，组织高校资深教师、企业运营专家、课程开发专家等，共同开发符合企业运营和院校人才培养要求的教材，以期促进人才培养供给侧和产业需求侧结构要素的更好融合。

多年来，菜鸟驿站在智慧物流末端能力建设上不断创新和探索，积累了一定的成果，也希望借助智慧物流实训基地，联合高校发展以行业需求为导向、以实践能力培养为重点的人才培养模式，共同推动智慧物流末端人才培养方案的落地应用。本书是菜鸟驿站发布的第一本"智慧物流系列"教材，以菜鸟驿站实际运营场景为载体，通过典型岗位工作任务分析，抽丝剥茧，多轮输出论证，总结出末端物流 IoT 智能化应用、智慧驿站运营管理和服务升级过程中的重要方法和经验。

本书是面向全国高校的物流专业教材，紧跟中国智能制造时代物流复合型人才需求扩大的趋势，引入企业真实工作机制。全书共包含 9 个项目、22 个学习任务，以典型性工作任务为导向，融入建构主义教学理念，通过任务驱动引导学生进行理论知识和工作流程的学习，结合智慧物流实训基地，配套实训步骤和实训评价，达到理论知识与职业技能双提升的培养目标，最终实现深化产教融合、校企合作、育训结合，促进教育与产业联动发展的目的。

与此同时，本书也是市面上第一本围绕物流末端智能化应用和数字化运营深入展开讨论的专业书籍，语言通俗易懂，案例翔实可靠，对于物流末端运营管理人员和从业人员来说具有较高的参考价值。相信行业相关从业人员、高校相关专业学生以及老师，通过本书的学习和阅读，能够对智慧物流末端发展、智能化设备的应用和创新、运营数据的分析、末端驿站的经营管理等知识，有较好的了解和掌握。

最后，本书未来会不断进行优化更新，力争将物流行业的前沿技术应用成果以及数字运营理念及时传递给广大师生和读者。

黄钟<br>
菜鸟校园驿站总经理

# 前　言

末端物流是指以满足配送环节的终端客户需求为直接目的的物流活动。在末端物流活动中，客户的需求是多样的，因此如何通过整合末端物流来提供"以客户为中心"的优质服务，是行业、企业，以及客户越来越关心的问题。

末端物流是物流过程中连接客户的最后环节，由于其场景的独特性，目前市面上专门讨论末端物流的图书较少。菜鸟驿站依托菜鸟网络科技有限公司（后文简称"菜鸟网络"），不仅通过提升末端物流服务，为各个院校师生提供更美好的校园生活，也积极落实国家产教融合、校企合作的科教发展战略，与院校共建智慧物流实训基地。

为了促进智慧物流实训基地的实践应用，强化工学结合、知行合一的人才培养理念，菜鸟网络联合多所院校物流专业教师和末端驿站经营者，共同编写本书。对末端物流业务和运营感兴趣的读者可以通过此书了解相关业务。

本书共包含九个项目，分别是项目一"走进末端物流"、项目二"末端物流监管要求及案例"、项目三"玩转末端'黑科技'——IoT设备"、项目四"玩转末端派件"、项目五"玩转寄件"、项目六"玩转客服"、项目七"驿站数据化运营"、项目八"驿站人员管理"、项目九"驿站安全管理"。每个项目包含2~3个任务，构建以能力为导向的实训课程。每个任务通过"任务描述"板块引入实际工作场景，以任务驱动的方式引导学生明确学习目标；通过"技能导图"板块展示基本知识框架，层层递进，便于学生理解和学习；每个任务都配有相应的实训步骤和实训考核，以理论结合实操的教学方式，帮助学生更好地掌握职业技能。本书紧密贴合智慧物流末端行业发展的新趋势、新技术，匹配新时代末端物流人才培养的需求。

## 本书创作团队

本书由菜鸟网络组织高校骨干教师、菜鸟校园驿站优秀站长以及菜鸟校园驿站团队共同完成。

参与本书编写的专业教师有（按照校名拼音排序）：重庆邮电大学张念老师；兰州资源环境职业技术学院贺亚春老师；天津师范大学曹花蕊老师、张昕老师；武汉船舶职业技术学院康丽老师；武汉职业技术学院刘烨老师；芜湖职业技术学院王慧颖老师；浙江交通职业技术学院刘亚萍老师。

为本书创作提供支持的全国优秀站长有（按照姓名拼音排序）：高联宇、贺涛、胡江生、黄磊、马胤、王阔、杨占祥、张振科、朱龙中。

为本书创作提供支持的菜鸟校园驿站运营人员有（按照姓名拼音排序）：高梦妮、李婷婷、吴宇、许锐、杨柯芝、于华鹏、袁少卿、周代力等。

### 鸣谢

首先，感谢合作院校的大力支持及编写老师的倾情付出，各位老师从专业的角度层层把关，他们一丝不苟的敬业精神值得学习。

其次，感谢全国各地菜鸟驿站的优秀站长，他们从实际业务运营的角度给出了重要意见，提供了大量的案例，提高了本书的可读性。

最后，特别感谢菜鸟校园驿站大区总经理王耀、张德骞、张强，菜鸟校园驿站团队成员张志强、沈斌、胡长青、昌雪莲，以及在本书创作过程中给予指导和建议的其他人员，包括前期提供资料的菜鸟校园驿站区域运营人员和站长、中期参与业务咨询的横向业务专家、后期参与审核修订的相关人员等。大家共同的努力才促成本书的面世。

当然，本书也有不足之处。本书更多以菜鸟校园驿站为案例展开阐述，并非适合所有类型的末端驿站，特此声明。

诚挚希望可以得到广大读者的监督、指正和鞭策，我们会不断改进。

### 读者服务

微信扫码回复：41567

- 获取本书教学PPT、课后习题答案、题库
- 加入读者交流群，与更多同道中人互动
- 获取【百场业界大咖直播合集】（持续更新），仅需1元

# 目 录

## 项目一　走进末端物流 / 001

### 任务一　初识末端物流 / 002
一、末端物流的定义 / 002
二、末端物流的特点 / 003
三、末端物流区域分析 / 005

### 任务二　末端物流的发展历程 / 009
一、末端物流的产生背景 / 009
二、末端物流的发展现状 / 010
三、末端物流发展面临的问题 / 011
四、末端物流的解决方案 / 012
五、末端物流的发展 / 013
项目测评 / 016
项目结语 / 017

## 项目二　末端物流监管要求及案例 / 018

### 任务一　末端物流的经营规范 / 019
一、末端物流相关主体 / 019
二、末端物流经营要求 / 022

### 任务二　末端物流监管及案例 / 029
一、快递末端网点备案 / 029
二、收寄验视 / 030
三、实名收寄 / 032
四、驿站安全 / 033
五、绿色环保 / 034
项目测评 / 037
项目结语 / 038

## 项目三　玩转末端"黑科技"——IoT设备 / 039

### 任务一　末端物流IoT设备 / 040
一、末端物流IoT设备的分类 / 040
二、派件设备 / 041
三、寄件设备 / 050
四、安全设备 / 058

### 任务二　末端物流智能化发展 / 063
一、末端物流智能化发展历程 / 063
二、末端物流智能化发展趋势 / 064
项目测评 / 069
项目结语 / 070

## 项目四　玩转末端派件 / 071

### 任务一　派件的发展 / 072
一、分散派送 / 072
二、集中派送 / 073
三、末端派件的发展趋势 / 074

### 任务二　派件操作 / 077
一、包裹分拣 / 077
二、包裹入库 / 083
三、包裹出库 / 091
四、盘库 / 093
项目测评 / 098
项目结语 / 098

## 项目五　玩转寄件 / 099

### 任务一　寄件相关知识 / 100
一、寄件业务类型 / 100
二、寄件物品分类 / 103
三、寄件物料准备 / 105

### 任务二　寄件操作 / 107
一、到站寄件操作规范 / 107
二、上门揽件操作规范 / 115

### 任务三　寄件管理及案例分析 / 121
一、寄件服务管理 / 121
二、寄件质量管理 / 121
三、寄件时效管理 / 122
项目测评 / 124
项目结语 / 124

## 项目六　玩转客服 / 125

### 任务一　驿站客服的内容、特点、发展历程 / 126
一、驿站客服的概述 / 126
二、驿站客服的发展历程 / 132

### 任务二　驿站客服的工作内容 / 136
一、洞察客户需求 / 136
二、驿站的客服 / 140

### 任务三　驿站客服的发展趋势 / 154
一、客服的智能化发展趋势 / 154
二、客服的人性化发展趋势 / 155
项目测评 / 156
项目结语 / 157

## 项目七　驿站数据化运营 / 158

### 任务一　驿站运营指标 / 159
一、驿站运营基本指标 / 159
二、指标数据采集与分析 / 164

### 任务二　大促数据背后的管理 / 173
一、关注大促数据 / 173
二、大促准备阶段 / 175
三、大促应急预案 / 177
四、大促运营阶段 / 178
五、大促复盘阶段 / 180
项目测评 / 181
项目结语 / 182

## 项目八　驿站人员管理 / 183

### 任务一　驿站岗位规划 / 184
一、人效管理 / 184
二、驿站岗位设置 / 186

### 任务二　驿站人员招聘 / 197
一、日常人员招聘 / 197
二、机动人员招聘 / 199
三、驿站人员培训 / 201

### 任务三　驿站人员绩效管理 / 204
一、驿站人员激励管理 / 204
二、驿站人员绩效管理 / 206
项目测评 / 209
项目结语 / 210

## 项目九　驿站安全管理 / 211

### 任务一　驿站消防安全 / 212
一、消防安全基础知识 / 212
二、驿站常见火灾隐患 / 214
三、驿站防火灭火方法 / 215
四、驿站消防管理措施 / 218

### 任务二　驿站包裹安全 / 222
一、驿站包裹安全问题 / 222
二、包裹安全问题的处理流程 / 224
三、包裹安全保障措施 / 226

### 任务三　驿站防疫安全 / 229
一、驿站的防疫措施 / 229
二、疫情期寄/取件流程 / 232
三、疫情感染紧急处理程序 / 233
项目测评 / 235
项目结语 / 235

## 附录A　我国快递行业相关的法律法规 / 236

## 参考资料 / 238

# 项目一
# 走进末端物流

## 项目概述

随着中国电子商务的快速发展，我国物流行业一直保持高速发展，包裹（本书中所提及的各类物流快件统称为"包裹"）数量与日俱增，客户对电商物流的时效性和服务质量有了更高的要求，末端物流作为包裹流通过程中的最后一个环节，直接面对客户，因此末端物流整合发展的重要性日益凸显。菜鸟驿站作为末端物流综合服务的提供者，致力于为客户带来更好的服务体验，提升末端物流服务能力和建设水平。

在末端物流不断发展的今天，服务模式也在不断地创新发展，末端物流在发展过程中遇到的问题和挑战也在不断更新。菜鸟驿站在末端物流的发展中承担了"创新者"及"开路者"的角色，通过不断地进行业务整合升级，在末端物流行业的数智化、多元化、绿色化等方面有了重大突破。

## 技能导图

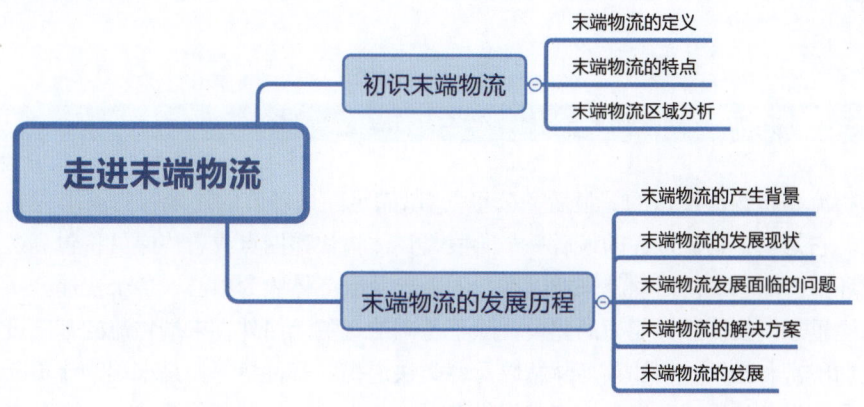

# 任务一
# 初识末端物流

> ▶ **任务描述**
>
> 末端物流的发展极大地缓解了包裹量增加所带来的派送压力,降低了快递企业的成本,提高了配送效率。因此,在电子商务及物流行业不断发展的今天,末端物流所扮演的角色和承担的意义尤为重要。随着末端物流行业的不断整合和发展,客户物流服务体验也将进一步提升,末端物流的稳定存在与发展也让整个物流行业的发展更加稳定,包裹的流转更加高效。请同学们通过查找资料和走访站点,认识末端物流,了解不同的末端物流模式,深入分析不同场景中末端物流的特点,并撰写报告,最终形成汇报材料进行展示。

## 一、末端物流的定义

### (一)末端物流的概念

末端物流是指物流配送的"最后一公里",以满足配送环节的终端客户需求为直接目的的物流活动。它是整个物流过程的最后一个阶段,具体指快递网点或者快递员将包裹送达客户手中的物流环节。随着经济活动越来越以客户的需求及服务体验为中心,各个快递公司及电商平台也更加注重末端物流服务能力的建设。除了基础的送货上门外,末端物流的基础设施及服务方式也更加丰富和全面,例如菜鸟驿站以及各类快递柜、寄件柜等均是末端物流不断发展的产物。这类设施设备的出现和发展为客户提供了更好的末端物流服务体验,在提高包裹安全性的同时,也帮助快递企业更好地降低了运营成本,提高了运营效率。

末端物流的发展不仅极大提高了包裹的派送效率和安全性,而且提升了驿站的派件和寄件能力。随着科学技术的发展,末端物流的数字化能力不断升级。菜鸟驿站作为末端物流综合服务的提供者，基于对物联网、数据分析、人工智能等前沿科技的投入和应用，也在持续推动末端物流的智能升级，这对未来末端物流的整合发展至关重要。

### （二）末端物流的服务流程

随着末端物流基础设施的不断完善，末端物流服务方式更加多元化，末端物流服务过程也在不断规范化，因此，客户可以选择和享受到更加便捷的物流服务。

末端物流的服务流程如图 1-1 所示。

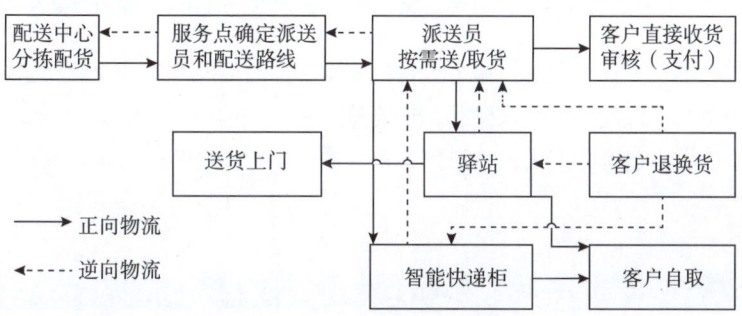

图 1-1　末端物流服务流程图

（1）配送中心依据订单收货地址完成分拣配货。

（2）包裹到达后，服务点确定派送员及配送路线。

（3）派送员按客户需求送货。

（4）客户收货，直接收货审核（支付），或者到驿站和智能快递柜按照指定方式自行领取。

（5）客户退货，客户联系派送员直接退货，或者先放到驿站和智能快递柜，派送员到驿站和智能快递柜取件，然后通过服务点送回配送中心。

## 二、末端物流的特点

末端物流是直接为终端客户提供寄取件服务的一个物流环节，其业务服务场景、业务时效要求、服务质量要求以及运营成本要求决定末端物流具备以下特点。

## （一）高效性

包裹的时效就是包裹的生命周期，指从客户下单到收件人签收的整个过程。物流服务的时效是客户最重视的因素，将包裹快速送达客户，无须客户等待，才能提升客户体验。因此，在短时间内将包裹准确送到客户手中，也成为影响整个行业发展的痛点，这就要求不仅在整个物流运输过程中要尽可能提高效率，末端物流在保证服务质量的同时，也要注重包裹的及时出库，提高"最后一公里"的时效性。

## （二）安全性

末端物流服务不仅要保障包裹、服务人员的安全，同时要注重客户个人信息的安全。菜鸟网络推行的隐私面单，不仅能保护个人隐私，还能建立企业诚信体系、强化数据安全保护机制，让客户用得放心。能否将包裹完好无损地送到客户手中，决定了客户对物流配送服务体验的最终认可度。

## （三）交互性

末端物流是企业与客户最直接的互动场景，能够快速地在客户心中形成认知，加强客户对末端服务的感知。因此，充分利用这个渠道为客户提供好服务，有助于末端物流的能力建设和升级。同时，驿站通过末端物流能够和客户直接沟通，从一线获取客户对服务的满意度，不断发现和挖掘客户对末端物流服务的需求，有助于持续改善末端物流服务体验。

## （四）便捷性

末端物流是最贴近客户的一个环节，客户对服务的每一点感知都很重要，因此末端物流需要提供更高质量的服务满足其需求。要利用信息科学技术，解决寄取件偏远、交通不方便、寄取件时间不确定等问题；充分考虑客户的便捷性，提供多元化服务，增强末端物流服务在客户心中的认知。截至 2020 年，随着无人车、智能快递柜等设备的投入使用，大大提升了末端物流的便捷性，如菜鸟校园驿站推出的菜鸟人脸识别智能快递柜、无人车等智能设备。

## （五）规模经济性

末端物流网点可以整合末端物流的寄递服务，提高派送效率，降低快递公司派件成本，通过末端网络聚集形成的规模性效应，能够有效降低行业成本，提高末端物流效益和效率，客户也能够享受到性价比更高、更加标准和规范的物流服务。如之前的末端服务点都由各家快递公司分散经营，有时候为了几个、几十个包裹就需要设立一个服务点，且至少都需要配备1名专门的人力提供服务，人效极低。随着末端规模化发展，菜鸟驿站作为专业的末端服务平台，为各家快递公司提供了一个公共集约的服务站点，客户不必再奔走于多个快递公司的服务点取不同的包裹，也不必重复排队了，在菜鸟驿站即可一站式解决。因此，末端物流的规模经济性对客户、快递公司等都有着重要意义。

## 三、末端物流区域分析

末端物流不同于干线物流运输，属于物流的"最后一公里"，服务不同场景的终端客户。而不同场景的受众对象、配送模式、服务需求不尽相同，使得末端物流网络建设和能力建设较为复杂。末端区域包含高校、社区、商务区、政府机关、工厂等，本书仅针对具有代表性的高校、社区和商务区这三类末端区域进行分析。

### （一）高校区域分析

高校学生作为主要的年轻网购群体，熟练应用各种购物 APP，加之高校大学城通常地理位置偏远，网购需求旺盛。大学城人员密度较大，很多大学城的学生总量超过 10 万人，导致快递单量巨大，"双 11""双 12"等电商促销期间，更是会发生"爆仓"情况。而在每年的寒暑假，却又会因为学校放假，导致包裹量极低。因此，高校区域的末端物流具备一定的特殊性，主要体现在快递量大、取件集中度高、智能化应用程度高、快递小件多、快递存在空档期等方面。

1. 快递量大

《2018 中国大学生网络生态和消费行为报告》显示，国内高校大学生约为 3779 万人，其中 94.04% 的大学生采用过移动支付，49.69% 的大学生常用网络购物，淘宝在大学生群体中的渗透率极高。《2021 年中国大学生网购市场分析报告 - 行业运营态势与发展前景预测》显示，2020 年中国网民规模为 9.89 亿人，其中大学及以上学历的占比达到了 19.8%，2021 年春节期间，大学生群体网购订单同比增长 373%。

2. 取件集中度高

高校学生公寓居住密度大，学生群体上下课时间固定，会导致在 12:00—14:00 时间段寄取件集中，出现排队等待的情况。但随着高校末端快递的整合以及智能 IoT 设备的使用，菜鸟校园驿站通过智能快递柜、高拍仪等智能化设备，提升出库效率，大大解决了取件高峰期人员拥挤的问题。

### 3. 智能化应用程度高

学生作为高校的主要群体，具备接受新鲜事物快、学习能力强等特点，能够快速熟练末端物流"黑科技"的操作，例如菜鸟无人出库高拍仪、无人车、菜鸟智能快递柜等设备。另外，学生群体的绿色环保意识普遍较强，能够积极参与菜鸟驿站的绿色回收计划。数据显示，70%的大学生在驿站取完快递后会把快递箱留在绿色回收箱，推进绿色物流的落地实施。

### 4. 快递小件多

高校网购特征主要表现为消费频次高，单次网购消费金额较低。据调查显示，50%以上的包裹单价处于 30～60 元和 60～100 元的区间。不过，近年来大学生的购买金额逐渐呈现上升趋势。根据驿站数据调研显示，高校快递小件居多，占比 80% 左右。而在新生开学季和毕业季，驿站的大件物品占比会提高。

### 5. 快递存在空档期

高校每年的寒暑假，在校居住学生大大减少，快递数量也会大比例下降，因此需要能够灵活调整人员和工作时间，以适应高校假期空档的快递流量。

## （二）社区区域分析

与高校区域相比，社区区域因为楼盘规模、楼盘建造时长、楼盘等级、居住密度等因素，末端物流网络整合的难度更大，其特点主要体现在以下几点。

### 1. 社区构成复杂

社区规模、社区位置、入住率以及居民结构等因素都会影响区域的网络消费习惯，不同的网络消费习惯导致产生不同的末端物流服务要求。一般而言，以年轻群体刚需为主的新楼盘达到一定的入住率之后，快递量会趋于稳定；相反，老旧社区存在大量的老年人，网购量较小。

### 2. 网购多元化

居民社区网购以家庭为单位，网购的品类不局限于服装鞋帽、化妆品、零食，还包括厨房用具、家具、家用电器以及生鲜产品等。社区网购商品的多元化使得包裹的大小更加多样，包装、存储更加复杂，也决定了社区大中小件并存的特性。

### 3. 网购集中度较低

高校学生年龄大多在 18～25 岁，商务区人士年龄普遍在 25～50 岁，这两个群体偏好网购行为。而社区人员年龄分布复杂，除了 60 岁以上的老人，还存在 18 岁以下的低龄人群，网购主力为家庭主妇群体。因此，社区有效网购人群占比较低，日网购人均订单数量小于高校区域，呈现出网购集中度较低的特点。但是，社区网购平均订单金额普遍高于高校区域。

### 4. 智能化设备应用率相对较低

社区网购的特点导致社区驿站的单量规模相对较小，且多数社区的老年人对智能化设备的应用操作和接受能力相对较低，短时期内不能普及高校智能设备的应用模式。

## （三）商务区区域分析

商务区主要是指商务活动集中的区域，一般是写字楼、工作园区等办公集中地，我国一线、二线城市都有发展成熟的商务区，比如北京 CBD、上海金融街等。此类区域的产业包含金融、保险、地产、网络等，从业人员的学历和收入都相对较高，商务区域的末端物流特征主要体现在以下几点。

### 1. 商务快递件较多

商务区域因为商务合作需求，存在大量合同、公函、保险文件等商务文件的寄递，该类商务文件对安全性、时效性和保密性的要求较高，同时，公司对快递价格的敏感度较低。此外，在商务区域即时配送的需求也在逐渐增加。

### 2. 私人快件小件居多

商务区域主要是办公，不太涉及居住需求，该区域上班族收入较高、网购频繁。女性工作人员私人网购以零食、化妆品、饰品等能在办公室直接使用的商品，或者方便带回家的小件商品为主，一般不会网购日用品、家居商品等。

### 3. 配送时间固定

商务区域工作人员的上班时间一般为工作日的早上 9 点到晚上 6 点，其他时间和周六日会存在无法收件的问题，所以要求配送时间与工作时间一致。该区域配送集中度高、单量较大、单位时间配送效率高，对于末端物流来说易于整合和管理。

### 4. 快递单量的不均衡性

该区域因为工作时间和休息时间的差异，导致快递单量会集中在周一或者小长假之后的第一个工作日，工作日与休息日包裹量的差异较大，需要站点负责人合理调配资源。

### 5. 生鲜产品需求逐步增大

与高校相比，商务区上班族对外卖生鲜产品的需求量较高，该类商品的时效性要求极高，一般由外卖系统或者即时配送系统来完成。

#### 🔍 实训内容

（1）走访校内快递点，通过与校园菜鸟驿站及其他快递点老板或工作人员交流的形式，了解校园末端物流服务的变化。

（2）对参与的学生进行分组，每组学生进行组内讨论并分析不同末端物流场景的特点和优缺点。

（3）通过走访站点和查询资料，完成报告并形成汇报材料。

#### 👍 任务考核

| 组号： | 填写人员： | | | | 日期： | | |
|---|---|---|---|---|---|---|---|
| 评分项目 | 评分点 | 1组 | 2组 | 3组 | 4组 | 5组 | 6组 |
| 实训室规则 | 遵守实训室规章制度（10分） | | | | | | |
| 职业素养 | 衣着干净整齐（5分） | | | | | | |
| | 精神面貌佳（5分） | | | | | | |
| | 积极参与团队合作（10分） | | | | | | |
| 职业技能 | 了解校园快递服务的变化路径（20分） | | | | | | |
| | 能够清晰地说出不同末端区域物流的特点（20分） | | | | | | |
| | 完成完整的调研报告（30分） | | | | | | |
| 合计得分： | | | | | | | |

# 任务二
# 末端物流的发展历程

> ▶ 任务描述
>
> 随着我国物流行业的规范化和集约化发展，末端物流在其中承担的意义日益凸显。对于现阶段末端物流发展情况及模式，同学们有必要深入地学习，通过分析末端物流发展过程中面临的问题和难题，认识到末端物流行业的升级发展，能够为菜鸟驿站的发展和管理带来怎样的启示。假设你是菜鸟驿站站长，如何适应行业发展趋势，更好地响应客户需求，为其提供更加极致的服务体验？请同学们通过搜集资料和讨论分析，撰写解决方案。

## 一、末端物流的产生背景

根据国家邮政局发布的报告，2016年至2020年中国包裹数量变化如图1-2所示，包裹数量逐年增加，每年的增长率都在25%以上。2019年国家快递从业人员突破300万人，全年包裹数量突破600亿件，在如此巨大的包裹数量下，快递从业人员在包裹的派送上存在着巨大的压力。因此，末端物流基础设施也在不断完善，特别是作为新零售下末端物流基础设施的菜鸟驿站也在不断发展，在各个社区、校园、商务区的场景里，菜鸟驿站越来越多，极大缓解了快递公司包裹派送的压力，提高了包裹的派送效率。菜鸟驿站通过整合形成更加规范、标准、整洁的末端物流服务站点，不仅提高了包裹派送的安全性和便捷性，也大大提升了客户的物流服务体验。

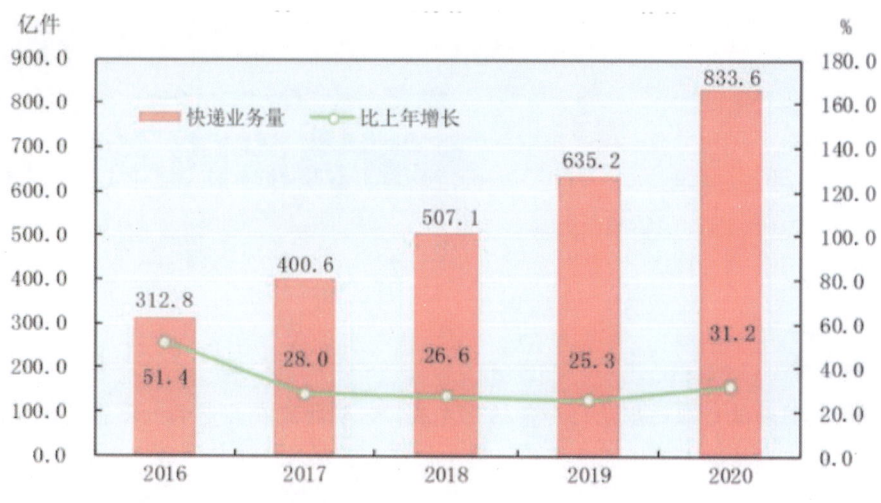

图 1-2　2016 年至 2020 年中国包裹数量变化趋势

## 二、末端物流的发展现状

总结国外的末端物流实践过程，发现主要模式有：（1）共同配送，通过若干个企业联合对某地区集中配送，节省社会资源；（2）便利店合作，在社区、办公楼等便利店设置快递柜，形成终端物流合作模式；（3）自设终端物流中心，不依赖于其他机构，企业自建终端物流中心。

近年来，中国末端物流配送的发展趋势是，强调服务创新，提升服务能力，推进智能投递设施的应用，以及鼓励快递末端集约化服务。企业层面，越来越多的电商企业和物流企业开始大力投入末端物流建设，例如菜鸟在高校建立服务驿站、投入无人车配送等。

完善、高效的末端物流服务也开始促进传统商业的发展与转型。百货商场、连锁超市、便利店等传统零售企业依托原有商业资源，借助完善的末端物流体系，充分发挥线上线下功能差异化优势，引导产业的创新升级。2018 年，北京居然之家与阿里巴巴集团宣布达成新零售战略合作；2020 年，银泰百货与饿了么蜂鸟即配升级"定时达"服务，门店 5 千米范围内的订单最快 1 小时送达。以先进的末端物流体系为依托，通过资源整合和流程优化，能有效推动传统产业的跨界和协同发展。

## 三、末端物流发展面临的问题

末端物流的快速发展，在满足客户对包裹交付的服务需求的同时，也面临一系列的问题，如运营成本高、从业人员缺乏、管理规范性差、包裹垃圾回收处理难等。

### （一）运营成本高

近些年，快递服务点租金价格上涨导致末端站点运营成本上升，据数据统计，快递加盟网点租金成本已占运营成本的 20% 至 25%。而寻找一块合适的经营地点也并不容易，快递网点作业时间经常到凌晨，经常遭到社区业主投诉。此外，为了保障包裹处理效率，提升服务体验，随着包裹量的增加，驿站的人员成本也在不断攀升。很多末端驿站因为房租成本上涨、人员成本高、包裹派件入不敷出等原因，游走在零利润甚至亏损的边缘。

### （二）从业人员缺乏

随着快递行业的快速发展，快递末端从业人员存在较大缺口，人员招聘的速度远远跟不上对应业务量增长的速度，且末端物流从业人员流动性高，经常出现"用人荒"和雇佣难的情况，尤其是每年春节后，从业人员返岗率仅有 70% 左右，造成很大的员工短缺，给末端物流的时效和服务品质造成影响。

### （三）管理不够规范

随着末端物流行业的快速发展，加上用工的缺乏，多数末端站点还处在完成基础的寄派任务的阶段，对寄派件过程中的服务要求不规范、不统一，难以形成较好的行业服务标准。例如，有的站点往往只顾及短期收益，管理规范性较差，造成包裹丢失、损毁等后果，且在客户服务方面缺乏专业度，从业人员往往没有经过较好的训练，导致客户满意度不高。

### （四）包裹垃圾回收处理难

由于快递垃圾回收处理成本高，尤其是末端站点，需要安排专门人员负责包材垃圾的分类处理和回收，且部分包裹存在过度包装问题，纸箱只有不到 5% 能被重复使用，而塑料袋回收程度更低，胶带、运单、塑料袋都是"回收困难户"。

## 四、末端物流的解决方案

菜鸟驿站是由菜鸟网络牵头建立，面向社区和校园的物流服务网络平台，为网购客户提供包裹代收服务，致力于为客户提供多元化的"最后一公里"物流服务。菜鸟校园智慧物流综合服务中心是菜鸟网络旗下品牌"菜鸟驿站"的专业校园智慧物流平台，依托校园包裹管理系统和输出标准化品牌服务管理体系，为师生提供包裹暂存、包裹寄递、物流实训、学生创新创业实践等一系列综合服务，致力于成为全方位服务于校园管理、师生生活、学校教学实践的校园基础设施。

菜鸟驿站应用的智慧物流末端解决方案，形成了已被广泛应用的快递"最后一公里"服务标准，通过标准的、规范的管理，为广大客户提供多元的快递服务方式，例如到站自取、24小时智能柜、送件上门等包裹服务。在客户收件环节，菜鸟联合快递公司，在数万个菜鸟驿站和快递网点铺设绿色回收箱，通过"回箱计划"推动快递纸箱和塑料包材的分类回收、二次利用，预计每年可以循环再利用上亿个快递纸箱。菜鸟驿站作为物流解决方案具备以下三个特点。

### （一）管理规范性

#### 1. 管理机制

菜鸟驿站设置了健全的驿站门店制度、人员分工和岗位责任、常用服务礼貌用语、站点人员业务规范等管理机制。

#### 2. 客诉处理

菜鸟驿站拥有完整的客诉信息处理链路，包含前端淘宝商家以及快递端物流公司的响应，能保证在客户投诉后产生智能化监控和响应。

#### 3. 信息安全

菜鸟驿站具备安全的信息防护机制，把客户信息加密后进行云存储，本地不留存，最大程度保护客户隐私安全。

#### 4. 信息畅通

菜鸟驿站建立包裹高峰时段信息反馈及应急预案、信息沟通渠道，保障包裹信息畅通，及时处理各类业务状况，平稳度过高峰时段。

## （二）数据信息化

### 1. 数据预测机制

依托菜鸟平台系统，在开学季、毕业季、"双11"等包裹高峰期进行数据预测，精确度以"天"为单位，预测每日到站包裹数量。

### 2. 各项保障机制

依据数据预测结果准备临时场地、人员补充、物料保障，通过与学校沟通，共同解决高峰时段临时场地问题，根据高峰数据进行人员补充，并按照菜鸟物料保障机制，提前准备高峰时段运营所需的相关物料，包括地台、防雨防潮设备等。

## （三）设施智能化

### 1. 实名寄件机

通过刷脸，客户不用线下留存身份信息，相关信息在云端受到高标准的保护，确保了个人隐私安全，且便捷完成开箱验视。

### 2. 智能高拍仪

菜鸟定制，包裹面单实时留存，以安全性为基准，优化体验，提升效率，保护客户隐私信息。

### 3. 智能自提柜

菜鸟驿站智能柜是菜鸟驿站"最后一公里"包裹服务的组成部分，覆盖了包括北京、上海、广州、深圳、杭州在内的全国大中城市，作为上门服务的补充，为客户提供多元可选的取快递服务。

# 五、末端物流的发展

## （一）末端物流发展趋势

末端物流的发展会受到国家政策、电商交易规模增长、科技发展、商业零售变革、客户需求升级等多方面的影响,未来末端物流将以"降本增效"和"客户体验"为核心,呈现重本地服务、细分化场景、集约化配送、绿色化发展和增值服务叠加的趋势。

### 1. 重本地服务

经过几年规模化、多场景的铺设布局和摸索尝试后,区域加盟商可以在各自快递加盟商所属区域联合共建末端网点;部分有区域特点的地产、物业公司从自身服务需求出发,也开始切入快递末端配送市场。

### 2. 细分化场景

末端配送领域经历着由粗放到精细的过程,末端场景通常被分为社区、校园、写字楼等,每个场景在"最后一公里"面对的客户截然不同,配送的需求也大相径庭。面向不同场景,针对细分市场,必须提供差异化末端快递服务。

### 3. 集约化配送

随着农村乡镇快递业务量的逐年快速增加,末端物流以第三方配送、共同配送的方式,探索快递末端集约化服务,加强各大快递企业之间的沟通合作,破解农村地区快递"最后一公里"难题。

### 4. 绿色化发展

中国快递绿色治理进入新阶段,绿色环保成为物流行业共识,包装废弃物对环境造成的影响不容忽视,菜鸟绿色回收计划让包装能够反复使用,使快递包装绿色化、减量化、可循环,稳步推进行业节能减排。

### 5. 增值服务叠加

包裹派揽引来的人流,可以被转换成商流,不仅限于包裹派揽业务,而且可以进一步开发一千米半径内消费客户的其他需求。在末端配送网点的业务范围内可拓展餐饮、本地商圈产品配送、买菜等服务,新形态模式叠加生存。

## (二)末端物流发展模式

物流是国民经济平稳发展的重要基础设施。近些年来,随着新技术、新业态的出现,末端物流在不同的服务场景中也产生了不同类型的服务设施,例如智能快递柜、社区O2O、物流众包、无人配送等新设备、新模式出现在大众视野中。末端物流服务也更加多元化,除了上门服务外,客户也可以选择到末端服务点进行自取。

1. 智能快递柜

智能快递柜是设立在公共场合，可供投递和提取包裹的自助服务设备，为物业公司、社区业主及快递公司搭建一座保证包裹安全投放和收取的桥梁，能够进行包裹识别、暂存、监控和管理，特点是时间配置灵活、效率高、成本低以及安全性高。据国家邮政局统计，截至 2020 年上半年，全国已经建成的智能快递箱有 40.6 万组，通过智能快递箱投递的包裹数量占包裹总数的 10%。

2. 社区 O2O

社区 O2O 是一种打通线上线下社区门店直接配送，同时为快递公司派送包裹的新型消费模式。在各种末端服务探索中，深入社区的各种门店一直被认为是"嫁接"快递收派功能的最好载体之一。在 2020 年全球智慧物流峰会（GSLS）上，菜鸟驿站升级计划宣布正式启动，将从包裹管家升级为集合包裹、团购、洗衣、回收等多重功能的数字化社区生活服务站。

3. 众包物流

众包物流就是利用客户抢单模式，来为附近的客户做快递送货。其模式为电商末端物流配送发展提供了新的动力，灵活地补充现有配送方式，缓解了快递人员稀缺的状况。例如，2020 年饿了么蓝骑士加入天猫"双 11"物流配送的团队中，提供代取包裹服务。

4. 无人配送

1）无人机

无人机快递通过利用无线电遥控设备和自备的程序控制装置操纵的无人驾驶的低空飞行器运载包裹，自动送达目的地。其优点主要在于解决偏远地区的配送问题，提高配送效率，同时减少人力成本。2018 年悬挂物流货箱的菜鸟无人直升机飞过了琼州海峡，打造了高效的空中智慧包裹配送网络。

2）无人车

无人配送车利用人工智能和自动驾驶技术，针对城市的办公楼、小区、高校等订单集中场所进行批量送件，提供安全、方便的快递取寄服务，配送效率高，可满足不同场景的配送需求。2020 年 9 月，在阿里巴巴云栖大会上发布第一款轮式物流机器人"小蛮驴"，武汉多所高校使用无人车开启无接触式配送，在一定程度上它们都提升了配送效率。

### 🔍 实训内容

（1）请调研校园内快递驿站的相关情况，收集校园驿站出现的问题，结合末端物流发展趋势，给出你的优化建议。

（2）前往菜鸟驿站了解目前 IoT 设备的应用程度，与小组成员讨论 IoT 设备在驿站运营中的优势和劣势，并给出你的应用体验。

（3）结合行业发展趋势，提出你对菜鸟驿站服务体验升级的建议，并形成解决方案，完成汇报。

### 👍 任务考核

| 组号： | 填写人员： |  |  |  | 日期： |  |  |
|---|---|---|---|---|---|---|---|
| 评分项目 | 评分点 | 1组 | 2组 | 3组 | 4组 | 5组 | 6组 |
| 实训室规则 | 遵守实训室规章制度（10分） |  |  |  |  |  |  |
| 职业素养 | 衣着干净整齐（5分） |  |  |  |  |  |  |
|  | 精神面貌佳（5分） |  |  |  |  |  |  |
|  | 积极参与团队合作（10分） |  |  |  |  |  |  |
| 职业技能 | IoT设备的优劣势分析（20分） |  |  |  |  |  |  |
|  | 报告完成度（20分） |  |  |  |  |  |  |
|  | 汇报的全面性和专业性（30分） |  |  |  |  |  |  |
| 合计得分： |  |  |  |  |  |  |  |

# 项目测评

（一）选择题

1. 末端物流是直接为终端客户提供寄取件服务的物流环节，其具备以下哪些特点？（　　）

　　A. 高效性　　　　B. 安全性　　　　C. 交互性　　　　D. 便捷性

　　E. 规模经济性

2. 当前末端物流发展面临的问题有哪些？（　　）

A. 安家难盈利难　　B. 场景化投递难　　C. 从业人员缺乏　　D. 管理不够规范

E. 包裹垃圾污染

3. 未来末端物流的发展模式有哪些？（　　）

A. 智能快递柜　　B. 社区O2O　　C. 众包物流　　D. 无人配送

E. 送货上门

（二）简答题

1. 结合对菜鸟驿站的实地调研，简述末端物流的服务流程。

2. 末端物流的发展会受到国家政策、电商交易规模增加、科技发展、商业零售变革、客户需求升级等多方面的影响，简述未来末端物流的发展趋势。

# 项目结语

随着物流行业的快速发展，菜鸟驿站作为末端物流基础服务设施越来越多地出现在社区、校园、办公楼、乡镇等不同场景里，极大地提高了包裹的派送效率，提升了客户寄递包裹的服务体验。菜鸟通过不断整合和升级，强化末端物流服务能力，促进末端物流的规范化、智能化发展，极大地改善了末端物流"最后一公里"的派件难、服务差等问题。末端物流的能力建设日益重要，本项目在基本概念、服务流程、特点、发展历程及发展趋势等方面对末端物流进行了系统的介绍，为后续末端物流相关知识的学习夯实基础。

# 项目二
# 末端物流监管要求及案例

## 项目概述

当前,社会经济和移动互联网高速发展,电子商务凭借便捷、高效、实惠等特点,渗透到生活中的各个方面,成为人们生活中必不可少的一部分。在电商蓬勃发展的背后,客户对物流时效、物流服务质量等提出了更高的要求,尤其是末端物流服务,也就是人们常说的"最后一公里"。由于末端物流服务的对象是客户,末端服务质量直接影响最后环节的客户消费体验,在不断提升末端物流服务质量的同时,末端物流也暴露出"泄露用户信息""危险化学品泄漏""配送不及时""暴力分拣"等问题。因此,针对从事末端物流服务工作的人员,熟知并遵守国家相关监管规定,按照规范要求进行操作,显得尤为重要。

## 技能导图

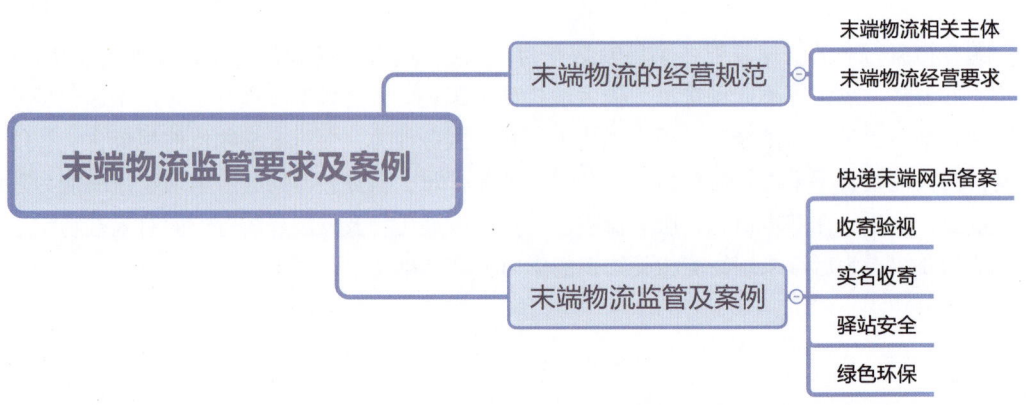

# 任务一
# 末端物流的经营规范

> ▶ **任务描述**
>
> 在互联网高速发展的背景下,物流业也在飞速发展,共同促进我国经济的繁荣发展,而末端物流在物流行业发展过程中起着至关重要的作用。与此同时,末端物流也存在着许多问题,如经营管理不规范、服务人员的素质有待提高等,这些现象严重制约了行业的可持续性发展。请同学们通过查找资料和走访校园驿站,了解末端物流行业规范和末端物流相关主体,并搜集快递末端常见的不规范现象,提出相应的解决方案,分组进行总结汇报。

## 一、末端物流相关主体

电商业务和快递公司的蓬勃发展,对行业的规范管理和整合发展提出了新的要求。不断有相关文件出台鼓励快递末端的发展,鼓励快递企业开展投递服务合作,建设末端物流快递综合服务场所,开展联收联投,促进末端物流配送、服务资源的有效组织和统筹利用,鼓励快递物流企业、电子商务企业、与连锁商业机构、便利店、物业服务企业、高等院校等开展合作,提供集约化配送、网订店取等多样化和个性化服务。末端物流监管的法律法规日益完善,基于其活动和特点,将末端物流的相关主体分为寄件人、快递公司、收件人和末端驿站。

### (一)寄件人

#### 1. 寄件人的权利

寄件人对快递公司有给付请求权。给付请求权是指请求债务人按照合同的约定或法律的规定履行义务的权利,是债权人实现权利、取得利益的基本方式。寄件人有权请求快递公司及时将包裹送到收件人手上。

寄件人对快递公司还有损坏赔偿请求权、合同解除权和查询权。

2. 寄件人的义务

寄件人应向快递公司准确、如实地告知收件人和寄送物品的基本情况，否则所产生的法律后果由寄件人自行承担。寄件人不得寄递行业主管部门及其他行政管理部门规定的禁限寄物品，否则快递公司有权拒绝收寄。寄件人还有支付快递公司服务费用的义务。

## （二）快递公司

1. 快递公司的权利

快递公司提供快递服务，有权按照相关规定收取合理的快递服务费，还有拒绝返还快递服务费的权利。当快递公司提供快递服务没有任何过错而收件人无故拒绝受领包裹时，快递公司有权拒绝返还快递服务费。

2. 快递公司的义务

快递公司提供的快递服务主要有收寄包裹、运输包裹和投递包裹3个环节，在不同环节中具有不同的给付义务。

（1）在收寄包裹环节，快递公司在收寄包裹时有对包裹进行验视的义务。

（2）在运输包裹环节，包裹会被分拣、封发、装载和运输，不管处于何种处理进度中，快递公司都有对包裹谨慎规范处理、妥善恰当保管的义务。如果在运输环节中发生了快件毁损、灭失等情形，快递公司应承担相应的赔偿责任。

（3）在投递包裹环节，快递公司的义务主要有：①按照约定安全、快捷、及时地将包裹递送给收件人并获得签收。②及时通知收件人收取包裹，并允许收件人当面验收包裹内物品。有告知收件人当面验收包裹、查看内容物的义务。③当收件人未能及时收取包裹时，免费为其再次递送。根据我国快递服务行业标准和国家标准的相关规定，当收件人第一次因故未能及时收取包裹时，快递公司应该免费至少为其再递送一次。当收件人两次仍未收取包裹时，快递公司可以代为保管或要求其到业务网点自行领取。

## （三）收件人

1. 收件人的权利

收件人有请求和及时投递包裹的权利，有签收包裹的权利。

### 2. 收件人的义务

收件人有在快递公司与其联系时给予配合、及时受领给付、告知寄件人快递公司履约情况、验收包裹后签字确认等附随义务。在到付快递服务合同中，收件人应在签收包裹时或者在约定时间内支付快递服务费用。

## （四）末端驿站

快递末端配送虽然距离最短，但是耗费的成本却是最高的，因此末端配送"最后一公里"成为行业普遍关注的焦点和痛点。菜鸟驿站打通了商业链路的各个环节，提升了用户体验，解决了快递末端"最后一公里"服务的难题。菜鸟驿站属于末端物流服务平台，其上游服务快递公司，下游给用户提供包裹暂存、代寄等服务。截至2020年，在全国各个城市，菜鸟驿站已经建设了近4万个站点，一方面为快递公司提供安全集约的快递末端寄派服务，另一方面为广大社区市民和高校师生提供末端物流服务。

### 1. 菜鸟驿站的类型

1）菜鸟社区驿站

菜鸟社区驿站是菜鸟专门服务城市社区的末端驿站，通过开发快递包裹管理系统和输出标准化品牌服务管理体系，支持合作伙伴以"菜鸟驿站"门店的形式为周边居民提供包裹收寄等综合物流服务。

2）菜鸟校园驿站

菜鸟校园驿站是专门服务于校园的末端驿站，为广大高校提供专业的校园智慧物流末端解决方案，通过开发校园包裹管理系统和输出标准化品牌服务管理体系，支持合作伙伴以校园"菜鸟驿站"门店的形式为高校师生提供包裹收寄等综合物流服务。

### 2. 菜鸟驿站的职责和服务

1）代派件服务

菜鸟驿站与快递公司达成合作，受其委托，代快递公司把包裹交付给包裹收件人或收件人指定的代收人。

2）代揽件服务

菜鸟驿站与快递公司达成合作，经其授权委托后代快递公司完成对客户快递包裹的揽收。

3）线上代收件服务

客户在线上电商平台（商铺）购买商品时或包裹在配送过程中，客户可以在菜鸟驿站及其关联公司提供的信息平台上选择授权菜鸟驿站为其代收包裹且在一定时间内进行保管，待客户自提或委托菜鸟驿站上门配送。

菜鸟驿站尝试以共享经济的方式解决快递"最后一公里"问题。菜鸟驿站协同快递公司共同打造了末端网络，通过提供预约上门、免费保管、扫码自提、代寄代收等多元化服务，积极应对客户收件难、快递员重复劳动等问题，从而改善了末端物流的整体服务水平。

## 二、末端物流经营要求

末端物流是物流供应链面向终端客户、将包裹直接送达客户的最终物流环节，承载着交付环节的客户体验。末端物流体系的完善程度、服务能力、服务质量直接影响着客户体验，并关系着客户对末端物流服务的认可度。末端物流经营的合法性、合规性是良好服务的基础，末端物流服务并不仅仅局限于送货，还广泛融入了物联网、云计算、O2O服务、数据分析、共享经济等，在新时代商业发展中有着重要意义。

### （一）快递业务经营许可

近年来，随着我国快递业持续快速发展，快递服务的新模式、新业态不断涌现。为了保障客户的合法权益，规范快递服务站的服务标准，引导行业健康有序的发展，开办快递服务站需依法取得相应许可。

根据相关法律法规要求，快递服务站业务申请许可需要达到的能力条件包括服务网络、业务查询、场地设施、管理制度、保障措施、信息处理等，具体如下。

1. 申请人需要具备以下服务能力

（1）申请人在市区设立的分支机构（服务站管理机构）、开办的快递服务站是其服务网络和运递能力的具体载体。

（2）能够提供寄递包裹的业务咨询、电话查询和互联网信息查询服务，能够提供设置在市区的分支机构名称、办公地址、对外联系电话、负责人等信息。

（3）收寄、投递包裹的快递服务站面积不得小于15 ㎡；有明确的、面积适宜的包裹存放和操作分区，并与外界进行物理隔离；配备提供收寄、投递服务所需的硬件设备；有合法使用快递服务站经营场所的书面材料；配备监控等设备。

（4）有与申请经营的地域范围、收寄投递服务相适应的信息处理能力，能够保存快递服务信息不少于3年。

（5）在省、自治区、直辖市范围内专门从事包裹收寄、投递服务的，有与所合作的经营快递业务的企业签订的书面协议。

2. 申请人需要具备下列服务质量管理制度和业务操作规范

（1）服务种类、服务时限、服务价格等服务承诺公示管理制度。

（2）投诉受理办法、赔偿办法等管理制度。

（3）快递服务站具备包裹查询、收寄、分拣、投递等操作规范。

3. 根据其申请经营的业务范围，申请人需要具备下列安全保障制度和措施

（1）从业人员安全、用户信息安全等保障制度。

（2）突发事件应急预案。

（3）收寄验视、实名收寄等制度。

（4）包裹安全检查制度。

（5）配备符合国家规定的监控、安检等设备设施。

（6）配备统一的计算机管理系统，配置符合邮政管理部门规定的数据接口，能够提供快递服务的有关数据。

（7）监测、记录计算机管理系统运行状态的技术措施。

（8）快递服务信息数据备份和加密措施。

## （二）快递末端网点备案

根据快递行业的现行规定，快递末端网点应自开办之日起20日内，向快递末端网点所在地省级以下邮政管理机构备案，并承担快递服务质量责任和安全主体责任。快递末端网点备案不得弄虚作假。

下面以菜鸟驿站备案为例进行说明。

### 1. 备案原则

备案原则适用于已取得许可省份的社区和校园渠道。

### 2. 备案说明

结合相关规定，需要备案的菜鸟驿站要做如下准备。

（1）在菜鸟系统中申请末端备案：签署备案补充协议。

（2）使用菜鸟安全寄件系统：备案站点需使用安全寄件系统或配置实人认证设备。

备注：后续如有变更，以菜鸟官网更新数据为准。

### 3. 站点备案标准

菜鸟驿站在进行末端网点备案时，需要符合以下标准，如表2-1所示。

表2-1 站点备案标准

| 序号 | 项目 | 具体要求 |
| --- | --- | --- |
| 1 | 经营要求 | 无"三合一""二合一"【吃、住、经营】 |
| 2 | 营业面积 | 操作面积（实用面积）≥ 15 ㎡ |
| 3 | 软件要求 | 使用菜鸟安全寄件系统或配置实人认证设备 |
| 4 | 硬件配置 | 设备要求：监控、消防、长胶手套、防毒口罩、烟感报警、应急照明、货架、地台 |
| 5 | 硬件配置 | 监控设备要求：符合24h全天监控要求、记录保存90日以上，建议使用云监控 |
| 6 | 硬件配置 | 灭火器配置要求：符合GB50140的要求，灭火器不得落地，每25㎡配备一个5kg（灭火等级3A）的灭火器，每个站点最少配备一组（2个）灭火器 |
| 7 | 制度/公示内容 | ①营业时间。②收寄验视制度。③禁寄物品名录。④实名收寄制度。⑤服务标识。⑥损失赔偿办法。⑦投诉受理办法。⑧资费标准。⑨服务种类。⑩服务承诺 |
| 8 | 门头牌 | 品牌统一设计的门头或门牌，门头要求：整洁、无破损、无遮挡 |

### 4. 资料要求

（1）开办者营业执照。

（2）快递末端网点负责人身份证明。

（3）快递末端网点场所的图片资料。

（4）邮政管理部门规定的其他材料。

5. 备案流程

站点备案流程如图 2-1 所示，共有 5 个步骤。

图 2-1　备案流程图

（1）备案申请。登录"菜鸟驿站掌柜系统"，单击"服务中心"菜单下的"服务广场"选项，选择"末端备案"项目，单击"备案申请"按钮，如图 2-2 所示。

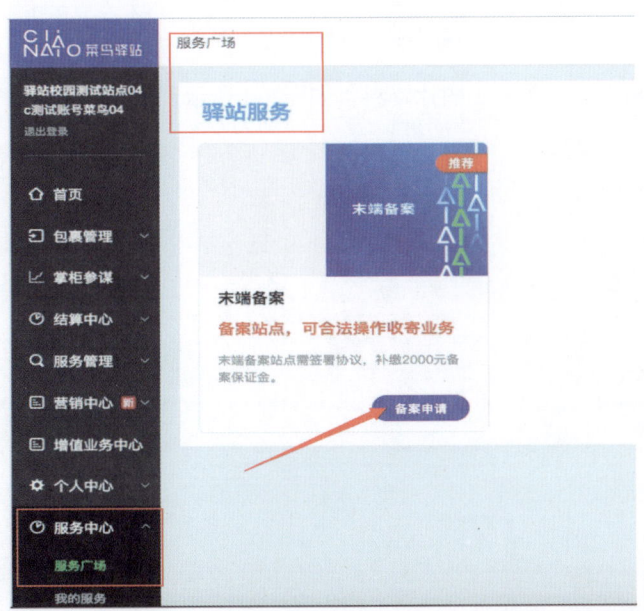

图 2-2　备案申请

（2）资料提交。登录"菜鸟驿站掌柜系统"，按照系统提示填写快递末端网点备案信息，如图 2-3 所示。

注意以下两点。

① 站点地址要精确到门牌号或者室号（例如：××省××市××区/县/城镇××街道××小区 3 幢 1 单元 1102 室）。

② 邮编：填写区邮编或者县邮编。

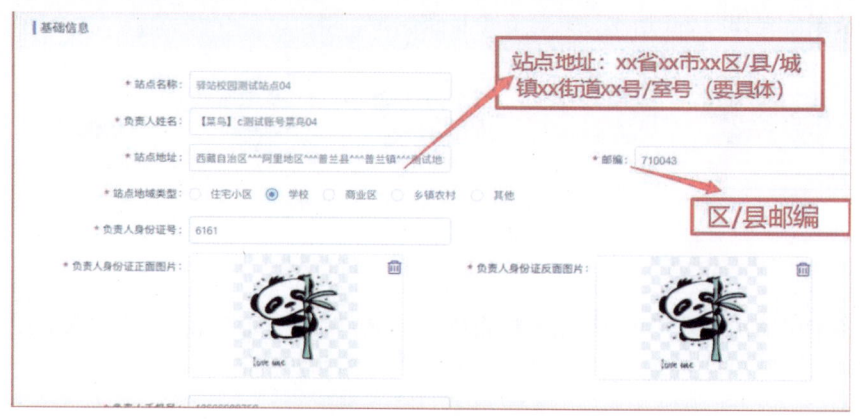

图 2-3　基础信息填写界面

在资料填写完成后，上传相关图片资料，如图 2-4 所示。

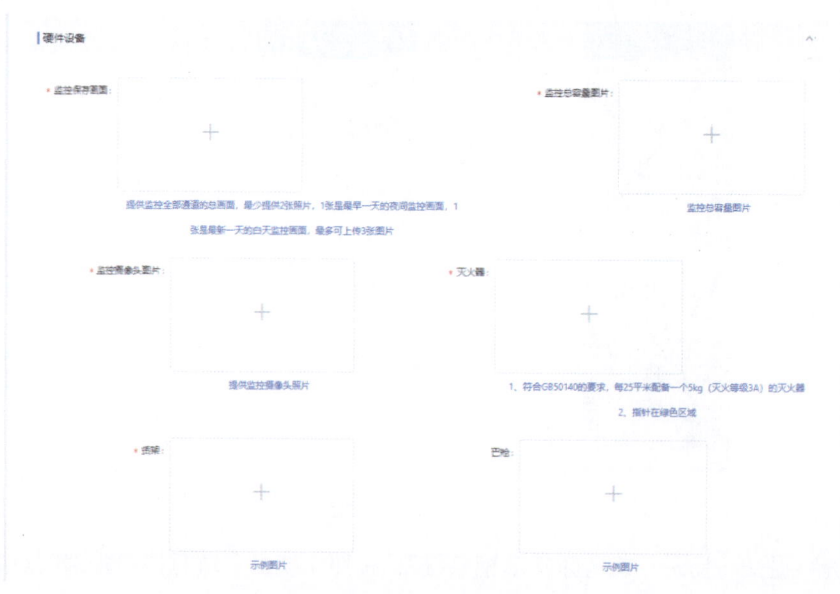

图 2-4　图片资料上传界面

（3）平台审核。在资料填写完整、图片上传成功后，进入图 2-5 所示的平台审核界面。若审核不通过，则申请被驳回至站点。站点要根据驳回原因修改资料，修改后再次提交。若平台审核通过，则进入提交邮政管理局环节。

备案审核环节——服务商和城市经理审核环节。

在站点成功提交资料后，由服务商（目前是区域小二）进行审核。若初审审核通过，则进入城市经理审核环节。若城市经理审核通过，则进入平台审核环节。注意：此环节要确保站点上传的身份证图片和站点负责人相符。

图 2-5　平台审核界面

（4）提交邮政管理局。平台将资料提交给邮政管理局，等待邮政管理局回传备案回执，如图 2-6 所示。

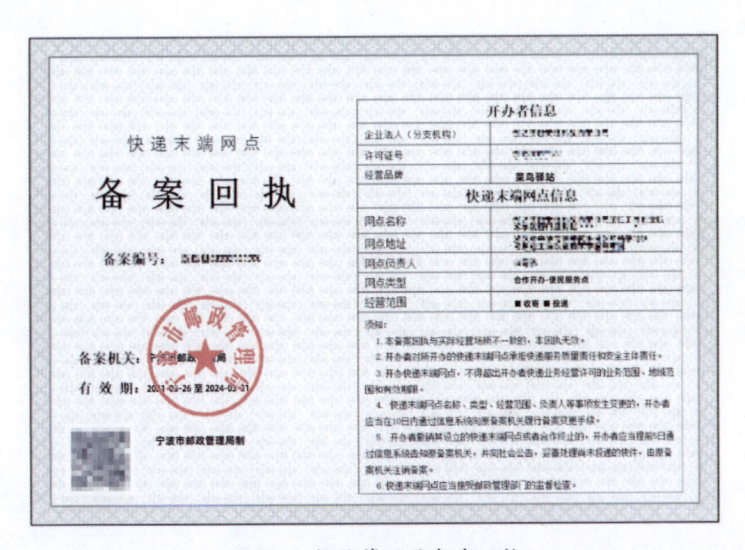

图 2-6　邮政管理局备案回执

针对平台审核通过，但在提交邮政管理局备案时，因资料不合格等原因未审核通过的，平台会直接关闭此流程，并备注邮政管理局反馈。站点应在整改完成后，重新发起流程。

（5）备案完成。邮政管理局审核通过，回传备案回执，流程结束，完成备案。

### 实训内容

发布任务，搜集整理快递末端存在哪些不规范的现象，并对相应现象进行分类。步骤如下。

（1）成立小组。组成5~8人的项目小组，建议男女生保持适当比例，兴趣、爱好等比较均衡，选定1~2人为组长或负责人，其他成员各有分工。

（2）搜集整理。通过走访菜鸟驿站或者网络调研的方式，搜集整理快递末端存在哪些常见的不规范现象，并进行分类汇总。

（3）分析讨论。根据整理的资料探讨产生这些现象的原因是什么、应采取什么措施避免此类事情的发生，最后形成总结报告。

（4）汇报展示。每人提交一份电子文档的实训总结报告，每个小组整理一份PPT，选出代表进行课堂汇报。

（5）教师总结。教师对学生的行动进行点评，并对知识内容进行总结。

### 任务考核

| 组号： | 填写人员： | | | | 日期： | | |
|---|---|---|---|---|---|---|---|
| 评分项目 | 评分点 | 1组 | 2组 | 3组 | 4组 | 5组 | 6组 |
| 实训室规则 | 遵守实训室规章制度（10分） | | | | | | |
| 职业素养 | 组内合理分工（5分） | | | | | | |
| | 课堂表现积极（5分） | | | | | | |
| | 团队合作精神（10分） | | | | | | |
| 职业技能 | 小组调研搜集资料准备充分（10分） | | | | | | |
| | 成果条理清楚，逻辑性强（20分） | | | | | | |
| | 对本任务所学知识掌握情况（20分） | | | | | | |
| 个人实训报告 | 参与调研工作的积极性（10分） | | | | | | |
| | 观点清晰明确（10分） | | | | | | |
| 合计得分： | | | | | | | |

# 任务二
# 末端物流监管及案例

> ▶ **任务描述**
>
> 随着我国经济的发展，特别是电子商务、网络购物的普及，快递已经成为我们生活中不可或缺的一部分。但在"最后一公里"的快递末端服务中所暴露的问题日益凸显，快递末端物流服务质量参差不齐，快件丢失、损坏的事故屡见不鲜。为了推动末端物流更好地发展，构建一个公平、公正、有序的末端服务市场，假设你在经营一家菜鸟驿站，该如何通过管理提高驿站的规范性，以及如何强化员工的合法合规经营意识？请同学们通过学习和资料分析，分组形成解决方案。

行业变革、信息技术更新给末端物流带来派件效率的显著提高、互联网模式的创新以及成本的有效控制。当前，其发展模式主要为末端驿站服务模式、自设终端物流中心模式。不管是哪种末端服务模式，都需要按照国家相关部门的监管要求，按照标准和规范进行运营和操作，确保广大客户的利益。

末端驿站是快递配送中的最后一个环节，也是用户投诉集中、问题频发的环节。根据相关要求，快递末端网点备案、收寄验视、实名收寄、驿站安全及绿色环保五个方面为末端物流监管的重点，下面通过相应的案例逐一说明。

## 一、快递末端网点备案

针对快递末端网点备案的相关规定如下。

（1）经营快递业务的企业或者其分支机构（以下统称开办者）根据业务需要，在乡镇（街道）、村（社区）、学校等特定区域设立或者合作开办的，为用户直接提供收寄、投递等快递末端服务的固定经营场所,属于快递末端网点。

(2)开办者应当在快递末端网点设置快件存放和保管区域,配备相应的通信、货架、监控等设备设施,公示快递服务组织标识,并遵守邮政管理部门的其他规定。

(3)开办者应当自快递末端网点开办之日起20日内,向快递末端网点所在地省级以下邮政管理机构备案。

(4)省级以下邮政管理机构在收到开办者提交的备案材料后,对于材料齐全的,应当在5个工作日内予以备案,并在线生成备案回执;对于材料不齐全的,应在2个工作日内一次性告知开办者补正。

(5)快递末端网点名称、类型、经营范围、负责人等事项发生变更的,开办者应当在10日内通过信息系统向原备案机关履行备案变更手续。

(6)开办者应当对其开办的快递末端网点加强管理、培训,采取有效措施保障用户合法权益,并对所开办的快递末端网点承担快递服务质量责任和安全主体责任。

> **案例分析**
>
> **案例:未及时办理末端网点备案被罚**
>
> 王先生加盟某末端驿站,双方签订了加盟协议。协议约定,王先生应当自末端网点开办之日起20日内向所在地邮政管理部门备案。之后,王先生便忙于经营快递业务。在此期间,该末端驿站管理方未督促王先生办理备案。王先生也未及时进行快递末端网点备案,一心想着好好经营,按照驿站服务规范服务好客户就好了。后来,王先生所加盟的驿站被举报。当地邮政管理部门经过调查,认定王先生未在规定时间内进行备案,让王先生立即停止经营快递业务并限期整改,对该末端驿站处以罚款,最终王先生按照处罚规定交了罚款,并按照要求进行了备案。
>
> 请同学们查找资料,分析王先生的行为违反了驿站经营的哪些规定。假如你作为驿站管理方,该如何避免此类事件的发生?

## 二、收寄验视

针对收寄验视的相关规定如下。

（1）交寄、收寄邮件和快件，应当遵守实名收寄管理制度。

（2）快递企业应当依法验视用户交寄的物品是否属于禁止寄递或者限制寄递的物品，核对物品的名称、性质、数量等是否与寄递详情单显示或者关联的信息一致；予以收寄的，应当按照规定粘贴验视标志。需要用户提供有关书面凭证的，快递企业应当要求用户提供凭证原件，核对无误后，方可收寄。

（3）快递企业应当按照规定对包裹进行安全检查，并对经过安全检查的包裹粘贴安全检查标志。委托第三方企业进行安全检查的，不免除快递企业应承担的责任。

（4）快递企业应当对其提供寄递服务的营业场所、处理场所，包括其开办的快递末端网点、设置的智能快件箱进行全天候视频监控。其中，营业场所、快递末端网点、智能快件箱的视频监控设备应当全面覆盖，处理场所的视频监控设备应当覆盖各出入口、主要生产作业区域。

快递企业保存监控资料的时间不得少于 30 日。其中，营业场所交寄、接收、验视、安检、提取区域及智能快件箱放置区域的监控资料保存时间不得少于 90 日。

### 案例分析

**案例：未按规定开箱验视**

A 驿站新聘了员工小张，A 驿站站长只是口头交代小张要进行实名收寄和开箱验视操作，并未进行详细的培训考核，并且在日常工作中，也未及时检查小张的业务操作是否达到要求，导致小张对开箱验视的重视程度不高。

小张为了避免再次包装，对客户封装好的包裹只是进行简单询问，通常并未开箱验视就收寄。A 驿站站长发现这种情况也未及时提醒、教育，导致小张在日常收寄过程中不开箱验视的行为成为常态。

某日，有客户在该驿站寄递一个平衡车，小张未做任何验视检查便寄出，可是该包裹在分拣中心被扣下，原因是平衡车的电池容量超过快递规定标准，随后快递公司对该驿站做出相应的处罚。

请同学们仔细阅读以上案例，通过查找资料，分析案例违反了哪些行业法规。假如你作为驿站站长，该如何避免此类事件的发生？请同学们分组模拟一次驿站收寄验视。

## 三、实名收寄

针对实名收寄的相关规定如下。

（1）寄递企业应当执行实名收寄，在收寄包裹时，要求寄件人出示有效身份证件，对寄件人身份进行查验，并登记身份信息。

（2）寄递企业应当制定本单位实名收寄的管理制度和措施，并严格落实执行。

（3）除了信件和已签订安全协议用户交寄的包裹，寄递企业在收寄包裹时，应当核对寄件人在寄递详情单上填写的个人身份信息与有效身份证件信息。在信息核对一致后，寄递企业记录证件类型与证件号码，但不得擅自记录在寄递详情单上。

（4）寄递企业采取与用户签订安全协议方式收寄包裹的，应当一次性查验寄件人的有效身份证件，登记相关身份信息，留存有效身份证件复印件。寄件人为法人或者其他组织的，寄递企业应当核对、记录其统一社会信用代码，留存法人或者相关负责人的有效身份证件复印件。寄递企业应当将安全协议及用户身份信息保存至协议终止后不少于1年，并将与其签订安全协议的用户名单送邮政管理部门备案。

（5）对委托他人交寄包裹的，寄递企业应当核对、记录委托方和受托方的有效身份证件信息。

（6）寄递企业应当使用符合国家有关要求的实名收寄信息系统，与国家实名收寄信息监管平台联网，及时收集、录入、报送实名收寄信息，并确保有关信息数据的真实、准确、完整。

> **案例分析**
>
> **案例：未按规定进行实名登记受到处罚**
>
> 某快递企业在B小区开办了末端网点A，客户以该小区业主为主。小张为A网点负责人，也住在该小区，平时与邻居相处融洽，互相也很熟悉。许多客户在该网点寄递包裹时，并未携带身份证，直接要求小张替自己登记。小张不好拒绝，于是经常用自己的身份证替别人登记。
>
> 某天，派出所工作人员到店内检查，登录其寄件信息系统查看包裹单号，发现很多实名登记信息跟面单上寄件人信息不一致。该派出所工作人员当场取证，并将相关证据移送当地邮政管理部门。当地邮政管理部门经过再次调查取证，发现证据确凿、事实清

楚，依据相关条例以未执行实名登记制度为由对某快递企业处以罚款，同时对该企业负责人和 A 网点负责人小张进行相应的处罚。

请同学们仔细阅读案例材料，通过查找资料，分析案例违反了哪些行业法规，这种行为会导致哪些后果。假如你作为驿站站长，该如何避免此类事件的发生？

## 四、驿站安全

针对驿站安全相关的规定如下。

（1）驿站应当具备完善的安全设备。

寄递企业的营业场所安全防范设施配置要求详见表 2-2。

表 2-2 寄递企业的营业场所安全防范设施配置表

| 序号 | 防范区域和部位 | | 配置项目 | |
| --- | --- | --- | --- | --- |
| 1 | 营业场所 | 与外界相通的出入口 | 视频安防监控系统 | 视频监控装置 |
| 2 | | 与外界相通的窗口、通风口 | 实体防范设施 | 栅栏 |
| 3 | | 收费柜台 | 视频安防监控系统 | 视频监控装置 |
| 4 | | | 入侵报警系统 | 紧急报警装置 |
| 5 | | | 实体防范设施 | 防盗保险柜 |
| 6 | | 邮件、快件交寄、接收、验视、提取区域 | 视频安防监控系统 | 视频监控装置 |
| 7 | | 邮件、快件封装、打包、称重区域 | 视频安防监控系统 | 视频监控装置 |
| 8 | | 邮件、快件暂存区域 | 视频安防监控系统 | 视频监控装置 |
| 9 | | 运输车辆装卸区域 | 视频安防监控系统 | 视频监控装置 |
| 10 | | 办公区域 | — | 来电显示电话机 |

（2）安全设备需要经常维护、保养，确保可以有效使用。

（3）住宿、经营不得在同一个营业场所内。

更多关于驿站安全的内容，请见本书项目九。

> 🔍 **案例分析**
>
> **案例：驿站消防安全隐患不可忽视**
>
> 2019年7月21日凌晨，某菜市场对面的一家驿站突发大火，多辆消防车赶赴现场进行扑救。消防人员到达现场后，驿站内正冒着黑烟，有火星从卷帘门内缝中露出。因为未能联系上驿站工作人员，无法打开卷帘门，所以消防人员当即使用破拆工具破门救援。驿站内大部分包裹被烧毁或进水，所幸此次火灾并没有造成人员伤亡。引起此次火灾的主要原因为线路老化，驿站未按规定配置安全设备。近年来，驿站消防安全事故频发，驿站要切实做好消防安全隐患排查整治工作，坚决遏制安全事故的发生。
>
> 请同学们通过案例分析，分组模拟完成一次驿站安全培训。培训重点是造成驿站安全事故的常见原因、安全事故应急处理措施，并通过制定合理可行的安全管理制度提升员工的安全意识。

## 五、绿色环保

快递物流行业与绿色环保相关的重要规定如下。

（1）快递企业和用户应当依照相关规定，防止包裹的过度包装，减少包装废弃物。

鼓励邮政企业、快递企业采取措施回收包裹的包装材料，实现包装材料的减量化利用和再利用。

（2）快递企业应当使用环保材料对包裹进行包装。

（3）包裹的塑料包装袋和普通胶带中的铅、汞、镉、铬总量，以及包裹的塑料包装袋中的苯类溶剂残留应当符合国家规定。

（4）快递企业不得使用有毒物质作为包裹包装的填充材料。

> 🔍 **案例分析**
>
> **案例：菜鸟驿站"绿色回箱计划"，引领绿色新潮流**
>
> 为解决快递包装用量激增造成的资源消耗和环境污染问题，国家邮政局不断推进快递业绿色发展。菜鸟网络积极响应号召，开展绿色行动，菜鸟驿站"绿色回箱计划"倡

导师生把纸箱等快递包装留在驿站，共享给他人寄件时再次使用，发挥示范带头作用，引领快递物流业绿色升级。

南京某菜鸟驿站由院校和菜鸟网络共同建立，位于教学楼附近，面积为 400 ㎡，每天的收寄量在 5000 件以上，在驿站内共设立两个绿色回收台。来驿站取包裹的学生，约 70% 会到回收台拆包裹，平均每天可回收纸箱千余个。

在天津某驿站回收台前，拆包裹的同学络绎不绝。超过 50% 的师生会将纸箱、包装袋放入回收台，每天可回收约 5000 个纸箱。纸箱和填充物由工作人员整理后，供寄件者免费使用，实现校内快递纸箱和填充物"自给自足"。

回收台正成为菜鸟驿站的标配，菜鸟驿站"绿色回箱计划"也成为公众广泛参与的快递纸箱共享行动，菜鸟驿站的绿色行动先后受到国家邮政局等官方部门的认可，并在全国复制推广。

2021 年，菜鸟网络继续推出"菜鸟海洋"公益项目，在校园驿站中部署绿色回收台，并在优质校园驿站配备显示大屏，通过播放环保公益视频，引导用户回收快递纸箱，向大学生群体宣传环保减塑行为。"菜鸟海洋"作为菜鸟网络的公益项目，主要目的为宣传物流行业的环保减塑，保护海洋环境。作为中国物流业绿色发展的倡导者，菜鸟网络正在通过科技创新、模式创新，协同全社会加速绿色物流升级，如图 2-7 所示。

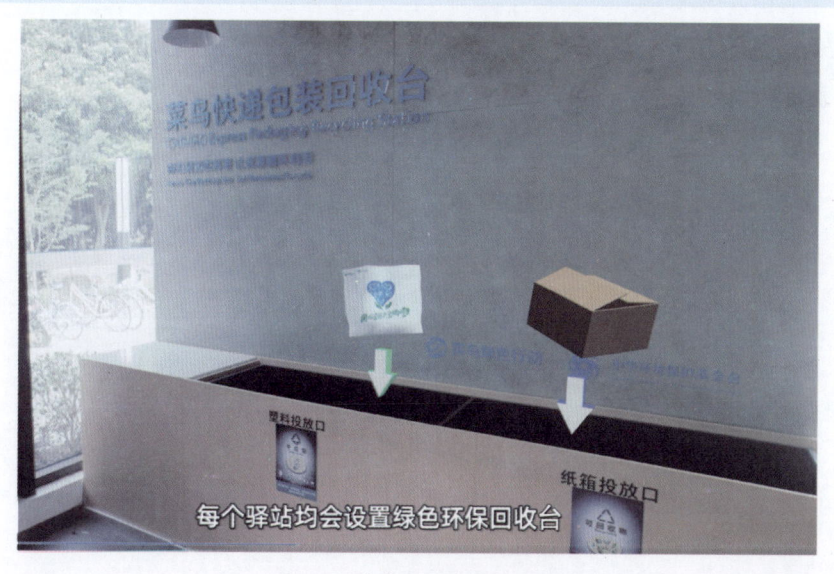

图 2-7　菜鸟快递包裹回收台

请同学们分析上面案例材料并分组讨论,分析社区驿站和校园驿站绿色化应用现状及难点,通过查找资料和走访调研,提出解决方案并进行汇报。

### 🔍 实训内容

(1)成立小组。组成 5~8 人的项目小组,建议男女生保持适当比例,兴趣、爱好等比较均衡,选定 1~2 人为组长或负责人,其他成员各有分工。

(2)搜集整理。通过走访菜鸟驿站或网络调研的方式,搜集整理快递末端相关的物流法律法规有哪些,并进行分类整理。

(3)分析讨论。假设你在经营一家菜鸟驿站,你该如何通过管理提高驿站的规范性,如何强化员工的合法合规经营意识,形成总结报告。

(4)汇报展示。每人提交一份电子文档的实训总结报告,每个小组整理一份PPT,选出代表进行课堂汇报。

(5)教师总结。教师对学生的行动进行点评,并对知识内容进行总结。

### 👍 任务考核

| 组号: | 填写人员: | | | | 日期: | | |
|---|---|---|---|---|---|---|---|
| 评分项目 | 评分点 | 1组 | 2组 | 3组 | 4组 | 5组 | 6组 |
| 实训室规则 | 遵守实训室规章制度(10分) | | | | | | |
| 职业素养 | 组内合理分工(5分) | | | | | | |
| | 课堂表现积极(5分) | | | | | | |
| | 团队合作精神(10分) | | | | | | |
| 职业技能 | 小组调研搜集资料准备充分(10分) | | | | | | |
| | 成果条理清楚,逻辑性强(20分) | | | | | | |
| | 对本任务所学知识掌握情况(20分) | | | | | | |
| 个人实训报告 | 参与调研工作的积极性(10分) | | | | | | |
| | 观点清晰明确(10分) | | | | | | |
| 合计得分: | | | | | | | |

## 项目测评

一、选择题

1. 关于驿站监控设备的描述正确的是（　　）

A. 在营业场所内部应安装全面覆盖、具有红外夜视功能的视频监控摄像头。

B. 图像资料保存时间应不少于10天。

C. 所配置的视频监控摄像头应全天候运转。

D. 营业场所交寄、接收、验视、提取区域和放置智能快件箱区域的图像信息保存时间应大于或等于60天。

2. 关于收寄验视的规定，描述正确的是（　　）

A. 交寄、收寄邮件、快件，应当遵守实名收寄管理制度。

B. 快递企业应当按照规定对包裹进行安全检查，并对经过安全检查的包裹做出安全检查标识。

C. 委托第三方企业进行安全检查的，可免除快递企业应承担的责任。

D. 需要用户提供有关书面凭证的，快递企业应当要求用户提供凭证复印件。

3. 关于快递末端网点备案的相关规定，描述正确的是（　　）

A. 开办者应当在快递末端网点设置快件存放和保管区域，配备相应的通信、货架、监控等设备设施，公示快递服务组织标识，并遵守邮政管理局的其他规定。

B. 开办者应当自快递末端网点开办之日起30日内，向快递末端网点所在地省级以下邮政管理局备案。

C. 省级以下邮政管理机构在收到开办者提交的备案材料后，材料齐全的，应当在10个工作日内予以备案，并在线生成备案回执。

D. 快递末端网点名称、类型、经营范围、负责人等事项发生变更的，开办者应当在10日内通过信息系统向原备案机关履行备案变更手续。

二、简答题

快递末端物流的经营要求有哪些？如果你想开办一家菜鸟驿站，需要做哪些准备？

## 项目结语

当前,电子商务产业迅速发展,在很大程度上推动着快递业的前进和发展,人们一方面享受着便捷的网络购物,另一方面又对快递服务提出了更高要求,尤其是末端物流服务。在快递业务中,配送时效性、安全性等问题已成为快递公司与客户发生矛盾的导火索,此时就需要监管部门进行协调处理。通过相关法律法规进行合理监管,明确规定双方的义务及权利,可以最大限度地缓解矛盾,提高用户满意度,建立双方互惠共赢的保障机制,切实维护客户合法权益,保障客户日渐增长的快递需求。

# 项目三
# 玩转末端"黑科技"——IoT 设备

## 项目概述

2020年,天猫"双11"全球狂欢季成交额高达4982亿元!中国市场的巨大内需动能、数字化带来的创新红利,带动了天猫"双11"的销量,实现了新增长。与此同时,在物流环节,庞大快递量带来的压力必然向末端转移。在面对消费者对末端物流提出的高效、便利、智能的服务需求下,如何处理海量包裹的堆放、高效率配送、"最后一公里"问题,成为物流行业待攻克的难题。菜鸟驿站依托数字化方式的智慧物流解决方案,在不断优化系统功能的基础上,持续推出各类提高末端物流效率的相关设备。智能闸口和高拍仪应用的逐步普及,以及刷脸"秒取快递"智能柜的投入使用,都在很大程度上提高了末端物流操作效率,提升了客户体验。

## 技能导图

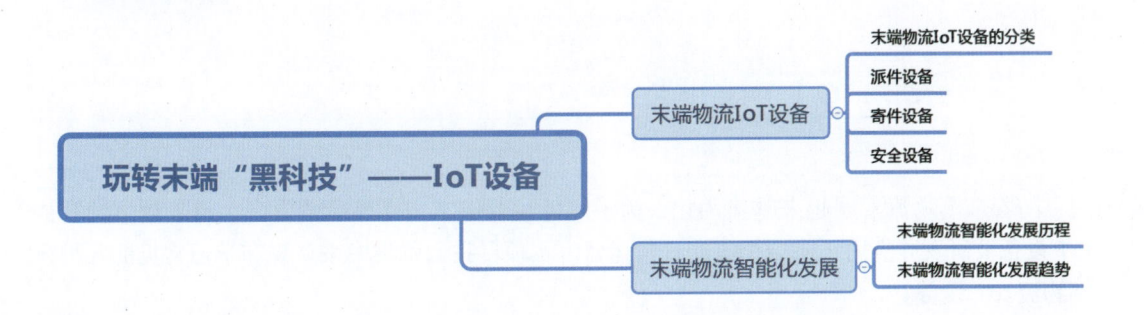

- 玩转末端"黑科技"——IoT设备
  - 末端物流IoT设备
    - 末端物流IoT设备的分类
    - 派件设备
    - 寄件设备
    - 安全设备
  - 末端物流智能化发展
    - 末端物流智能化发展历程
    - 末端物流智能化发展趋势

# 任务一

# 末端物流 IoT 设备

> ▶ **任务描述**
>
> 　　近两年，我国快递业务量以每年 100 亿件的速度递增，快递市场也成为世界上发展最快、最具活力的新兴寄递市场。快递业务量的剧增导致末端压力不断增加，但是爆仓等现象却越来越少，这是因为伴随着信息技术的革新、科技攻坚力量的持续投入，末端物流逐步迈入"智能化"时代。借助于末端物流的智能设备，"秒取、秒收"快递已经成为现实。菜鸟校园驿站服务于校园师生，其对末端物流 IoT 设备的应用更加成熟，请同学们走访本校或周边院校的校园驿站，采集末端物流 IoT 设备照片并通过访谈、采访等形式了解 IoT 设备，对其进行分类，并形成汇报材料。

## 一、末端物流 IoT 设备的分类

　　随着末端物流发展越来越集约化，为了降低运营成本、提高运营效率，越来越多的智能 IoT 设备被研发并应用于末端物流的日常运营。本项目我们就集中来认识和学习常见的几种末端物流 IoT 设备。

### （一）按照设备使用状态分类

　　按照设备的使用状态，末端物流 IoT 设备可分为静止运转设备和动态运转设备。

　　（1）静止运转设备。如云监控、高拍仪、无人自助寄件机、智能快递柜等，这几类 IoT 设备一般固定在驿站的相应位置，不轻易发生挪动。

　　（2）动态运转设备。顾名思义，即设备需要通过流动来完成相应的作业。如便携式打印机、巴枪、菜鸟无人低速物流车（下称小蛮驴无人车）等。便携式打印机在寄件环节可以随身携带，用于面单打印。巴枪是手持式 IoT 设备，可随着工作人员的流动移动使用。小蛮驴无人车需要在指定区域内（如校园、园区等）移动作业。

## （二）按照设备的用户交互性分类

按照设备的交互性，末端物流 IoT 设备可分为交互类设备和非交互类设备。

（1）交互类设备。即在设备作业过程中，需要与用户发生交互完成作业的设备，如无人出库高拍仪、无人自助寄件机、智能快递柜、小蛮驴无人车等。无人出库高拍仪需要用户出示包裹面单及相应取件人凭证信息，机器读取识别后，比对信息确认出库。智能快递柜需要用户输入出库码或者识别取件人脸部后，比对信息确认出库。

（2）非交互类设备。即在设备作业过程中，不需要与用户发生交互即可完成作业的设备，如巴枪、便携式打印机、云监控等。

## （三）按照设备使用的作业环节分类

按照末端驿站的派件、寄件、日常管理等作业环节分类，末端物流 IoT 设备可分为派件设备、寄件设备、安全设备等。

（1）派件设备。如巴枪、便携式打印机、无人出库高拍仪、小蛮驴无人车、智能快递柜等。

（2）寄件设备。如巴枪、便携式打印机、无人自助寄件机、小蛮驴无人车等。

（3）安全设备。如智能云监控，用于末端驿站日常管理。

下面按照设备使用的作业环节分类分别对末端 IoT 设备进行相关介绍。

## 二、派件设备

末端物流的操作分为派件和收件两种。虽然驿站的收件利润更高，但是派件工作才是每一个驿站的"源"，驿站客户体验也多受派件工作质量的影响。为了更好地提升服务意识，需要不断优化派件操作，只有工作人员轻松了，免去烦琐的工作压力，才能更好地服务客户。派件设备分为基础设备、无人出库高拍仪、无人车和智能快递柜。

### （一）派件基础设备

早期快递末端，通过到件分类、编码、上架、入库、发送短信等步骤完成派件操作流程。但随着菜鸟驿站的发展，逐步完善派件系统流程，打通与各家快递公司的数据对接，从而优化入库操作流程，完善代签收系列功能。现在的驿站操作派件流程直接被压缩为到件扫描、上架入库，大大缩短了操作时间，降低了运营成本。

#### 1. 巴枪

随着信息技术的飞速发展，智能硬件在技术、功能和模式上也在不断更新迭代。从之前的传统智能设备到现在的人工智能设备；从最早的手输信息通知取件到表格消息一键导入群发短信；从以前的扫描枪连接电脑传输再到现在的巴枪快速扫描自动传输。更新的不仅仅是设备，更是一种新的操作方式，这种操作方式在提升效率的同时节约了人工成本。

对于驿站工作人员来说，集入库信息录入、在库件查询及出库数据传输等多种管理功能于一体的巴枪能够有效缓解站点包裹管理压力，降低错分率，提高包裹管理效率，为站点的包裹入库、包裹出库、包裹移库、问题件处理、扫码投柜等作业提供强大的数据支撑。巴枪如图3-1所示。

图3-1 巴枪

巴枪操作简单，首先打开巴枪，选择包裹入库模块，然后扫描货架号和待入库包裹条形码，对于淘系包裹系统自动生成订单号、电话号码、货架编码等相关信息，点击确认入库，如图3-2所示。最后将打印机生成的货架标签贴在包裹上，将包裹放入对应货架，整个入库操作步骤就完成了。

图 3-2 巴枪入库操作步骤

## 2. 便携式打印机

在末端驿站的派件工作中，为了给客户提供更好的体验，帮助客户快速地找到自己的包裹，需要对包裹进行编号处理。传统的大头笔手写编号的方式早已被热敏标签淘汰，为解决传统打印机打印不便的问题，菜鸟网络新研发了便携式标签打印机，这种打印机不但可以在驿站打印热敏标签，还可以满足外出收件打印面单纸的需求。

便携式打印机又被称为蓝牙打印机，如图 3-3 所示，打印机应用蓝牙技术，可在主机附近一定范围内随意移动，实现无线打印。相较于传统连线打印机，便携式打印机具有体积小巧、易于携带、便捷高效等特点。

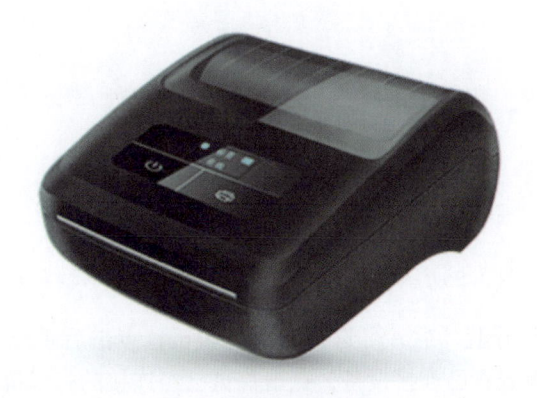

图 3-3 便携式打印机

便携式打印机常用于快件的入库标签打印和寄件包裹的面单打印，在不同场景中承载不同的使用功能。例如，在快件入库时，需要打印入库标签作为客户取件依据；在客户寄件时，需要打印面单，描述货物基本信息；等等。

便携式打印机也可以作为上架小票机，需要结合巴枪或手机完成入库上架操作。其使用步骤如下。

（1）使用手机/巴枪绑定打印机设备。巴枪版绑定入口界面如图 3-4 所示，手机版绑定入口与巴枪版基本一致。点击"硬件设备"选项。

图 3-4　巴枪版绑定入口

（2）选择打印机。如图 3-5 所示，点击右上角"+"按钮。选择打印机，如图 3-6 所示。

（3）连接打印机。打开蓝牙后，可选择附近打印机，点击后系统会尝试连接。连接成功后，可以在硬件设备首页查看已连接设备，点击首页已经连接的打印机，可进入详情页查看信息，具体操作如图 3-7 所示。

图 3-5  点击右上角 "+" 号

图 3-6  选择打印机

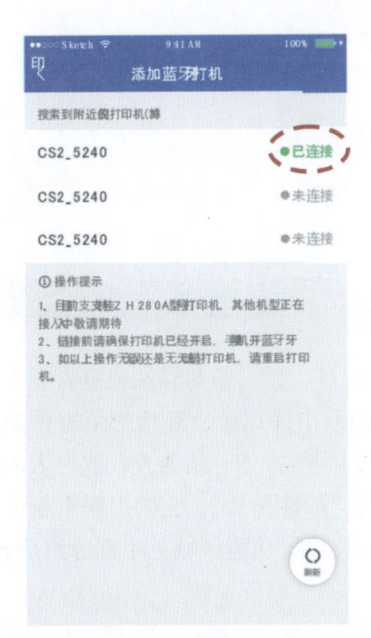

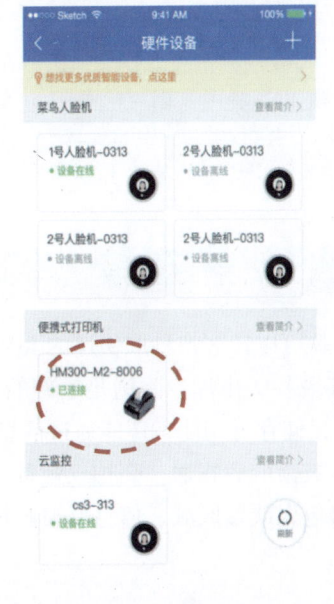

图 3-7  连接打印机

（4）边入库边打印。可以选择边入库边打印模式，通过巴枪和安卓手机扫描包裹单号，可支持打印标签，如图 3-8 所示。

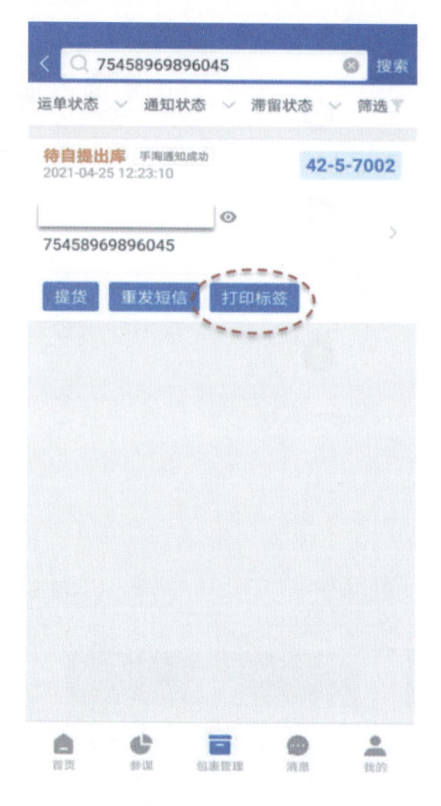

图 3-8　打印标签

## （二）无人出库高拍仪

高拍仪是菜鸟网络推出的一款可以让客户秒取快递的 IoT 设备，该设备与驿站包裹管理系统、云监控系统等连接打通，实现秒级出库。除满足基础的拍照出库以外，还增加了寄件功能、语音提示、未取包裹提醒及云储存等功能，还能通过信息追溯等操作，精准查找取件人的取件时间及身份信息，方便包裹被错取后找回。高拍仪被称为"派件神器"，它的出现革新了驿站的管理方式。高拍仪主要由包裹放置区域、信息反馈区域及拍摄功能区域三个部分组成，如图 3-9 所示。

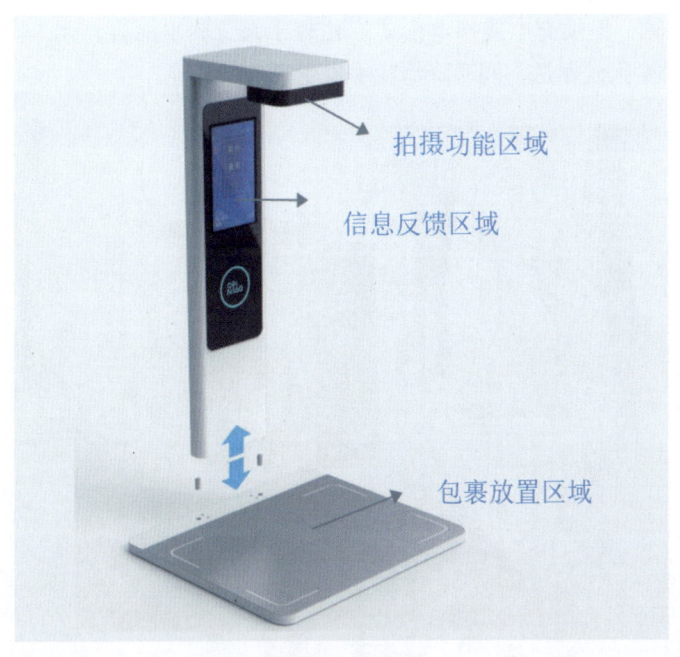

图 3-9　高拍仪

高拍仪的功能操作相对简单，派件出库时，只需要将出库的包裹含条码的一面朝上放在包裹放置区域内，拍摄功能区域扫描识别之后包裹即可出库成功；如果取件人待取的包裹不止一件，则高拍仪会在信息反馈区域自动显示领取人的包裹状态以及还未出库的包裹取件码，提示取件人还有包裹在库内，避免客户往返重复取件；拍摄功能区域通过摄像头识别包裹和身份码之后，系统自动留存出库现场拍摄的包裹及客户信息，以便出现取错包裹问题后及时补救，增加客户包裹安全保障。

## （三）无人车派件

"最后一公里"难题存在已久，为解决如何将包裹快速有效地从物流分拣中心送到客户手中的问题，无人车派件应运而生。2016 年，菜鸟网络首次推出小 G 末端配送机器人。截至 2021 年，小蛮驴无人车经过多次更新迭代，已经在多所高校得以应用。

无人车 G3 系列作为完全自主研发的新一代低速无人驾驶车辆，如图 3-10 所示，整车进行了模块化设计，车辆利用定位、感知、规划、决策、控制等前沿的人工智能和自动驾驶技术，可实现复杂地形的通行、感知避障、规划调度等功能，最高速度可达 30km/h，能实现实时监控、全方位安全保障，提供充电或换电模式。相较于人工骑手而言，无人车除充电外无须休息，可实现 24 小时全天候派送，同时降低骑手发生意外的风险。

图 3-10　G3 系列的无人车

小蛮驴无人车如图 3-11 所示，该车在 G3 系列无人车的基础上进行改进，相较于常规无人车，其在 -10 ℃ ~ 45 ℃环境下均可自由行动；具有五级安全体系、多级防护，在探测到障碍物的安全范围内，小车会立即停止；在"校内窄桩 + 高人流"场景下，也可安全流畅通过。

图 3-11　小蛮驴无人车

小蛮驴无人车需要客户在菜鸟 APP 上对指定包裹选择上门取件，确定送达地点和时间，在预约成功后，驿站收到该订单信息，工作人员将指定包裹放入无人车，系统自动生成取件码并短信通知客户。无人车通过自带的 GPS 定位系统，将行驶路线实时反馈在菜鸟 APP 上，在到达约定站点后会通知客户取件，如果客户无法取件，则无人车在等待数分钟之后，会自动返回驿站。

菜鸟驿站已经在杭州、上海、天津和四川等地的社区和高校校园内使用无人车送快递，让客户享受了智能科技带来的便利。2020 年"双 11"期间，浙江某大学引进 22 台小蛮驴无人车，送出 5 万多件包裹，按每件包裹 20 分钟的时间成本计算，为学生节省了近 1.7 万小时取件时间，验证了"机器人接管末端物流"的可能性。

## （四）智能快递柜

随着物流的不断发展，人们对差异化物流服务的要求也日益提高，包裹的交付时间就是一个典型的例子。面对"双 11"爆仓，以及派件员加班派送、重复派送等问题，智能快递柜的出现缓解了部分压力。

菜鸟智能快递柜如图 3-12 所示，打通了手机软件系统同步功能，派件员在派件时用手机录入包裹信息，打开格口将包裹存入柜子，关闭格口后自动上传信息到平台，客户即可在手机上收到取件信息。客户收到支付宝/淘宝/菜鸟 APP 的系统消息或者短信通知时，可以通过输入取件码、扫描取件二维码两种方式，打开智能柜取出包裹。

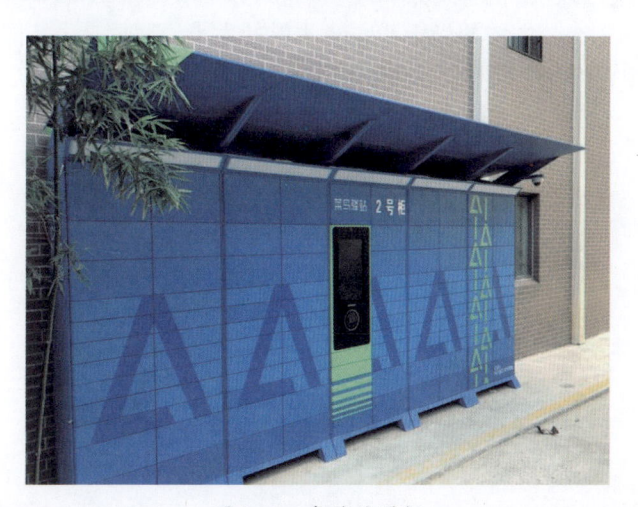

图 3-12　智能快递柜

随着智能快递柜的普及应用和升级，部分柜子已开通刷脸取件功能，客户可以通过实名认证和授权，使用刷脸取件功能。智能快递柜支持 24 小时取件，在解决末端"最后一公里"问题，以及优化快递末端投递服务方面起到了重要作用。

## 三、寄件设备

对于驿站收件来讲，一般会涉及两类场景，一类是客户到站寄件，另一类是上门取件，尤其是上门取件，需要带齐相应的寄件设备。寄件设备一般分为寄件基础设备、无人自助寄件机两类。

### （一）寄件基础设备

随着寄件业务需求和物流科技的不断发展，寄件基础设备包含巴枪（或智能手机）和便携式打印机，一般针对客户到站寄件的场景，两者结合就能满足寄件基础操作。另外，伴随着阿里云智能带来的数据和技术驱动，菜鸟网络在物联网升级后推出的菜鸟裹裹云打印机，在数据传输等方面更为高效，以其全自动打单、打单效率高、兼容性高等优势，会逐渐替代便携式打印机。

菜鸟裹裹云打印机目前有 SC310 桌面款和 SL310 便携款两个型号，SC310 桌面款如图 3-13 所示，其机身占地面积小，大约相当于 iPhone 手机的大小，摆放自由，同时新增下单全自动打印、多人同时打印、语音播报收款等功能，提高了驿站的打单效率。

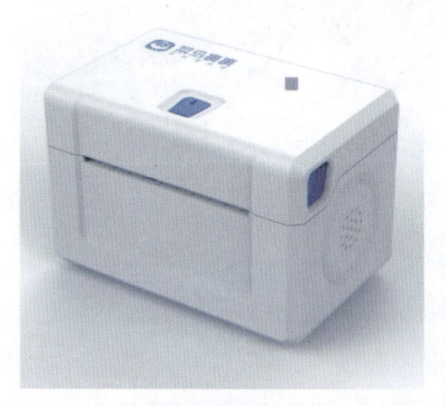

图 3-13　菜鸟裹裹云打印机 SC310 桌面款

SL310 便携款如图 3-14 所示，迷你机身，轻巧便携，同时大容量锂离子电池保障续航能力，相较于便携式打印机，SL310 便携款支持下单全自动打印以及多人同时打印。

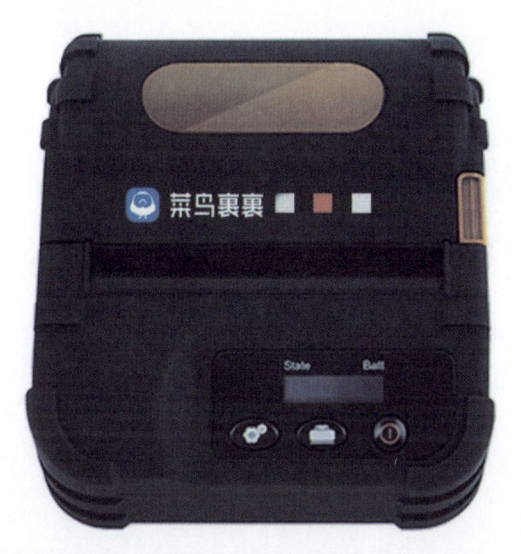

图 3-14　菜鸟裹裹云打印机 SL310 便携款

便携式打印机、菜鸟裹裹打印机 SC310、菜鸟裹裹打印机 SL310 的性能对比如表 3-1 所示。

表 3-1　打印机性能对比表

| 项目 | 菜鸟裹裹云打印机 SC310 | 菜鸟裹裹云打印机 SL310 | 便携式打印机 |
| --- | --- | --- | --- |
| 打印速度 | 150mm/s | 60~80mm/s | 60mm/s |
| 放纸方式 | 自动退纸 | 不能退纸 | 不能退纸 |
| 语音 | 真人语音播报 | 蜂鸣 | 蜂鸣 |
| 通信接口 | 电脑 USB 接口、蓝牙、Wi-Fi 无线 | Type-C 接口、蓝牙、Wi-Fi 无线 | 手机蓝牙 |
| 连接方式 | 1 对 N 连接 | Wi-Fi 条件下可 1 对 N 连接 | 1 对 1 连接 |
| 功能优势 | 兼容电脑、便携式打印机所有功能 | 迷你机身设计，重量仅仅 436g，便于携带打印 | |

下面以菜鸟裹裹云打印 SC310 为例，介绍云打印机的首次连接和使用方法。

（1）登录账号，检查更新

如果使用安卓手机，则可进入包裹侠 APP 的"我"页面，如图 3-15 所示，点击右上角"设置"图标，查看当前版本是否为最新版本；如有新版本（会弹窗），请及时更新，如图

3-16 所示。

如果使用苹果手机，在 APP Store 里面更新到最新版本即可。

图 3-15　包裹侠 APP 的"我"页面　　　图 3-16　包裹侠的"设置"页面

（2）进入云打印机界面

回到首页，点击页面中的"更多"选项，如图 3-17 所示，找到"云打印机"选项，点击进入。

图 3-17　进入云打印机界面

（3）搜索连接设备

下面连接云打印机，将云打印机按照图 3-18 所示接通电源，打开电源开关按钮，指示灯会呈现亮红色。

手机先打开蓝牙和无线网开关，点击"添加新打印机"按钮，点击"手动刷新"选项，界面中出现需要连接配置的设备，名称一般为"CNCP*_**:**:**"形式，点击后面的"连接蓝牙"按钮，如图 3-19 所示。

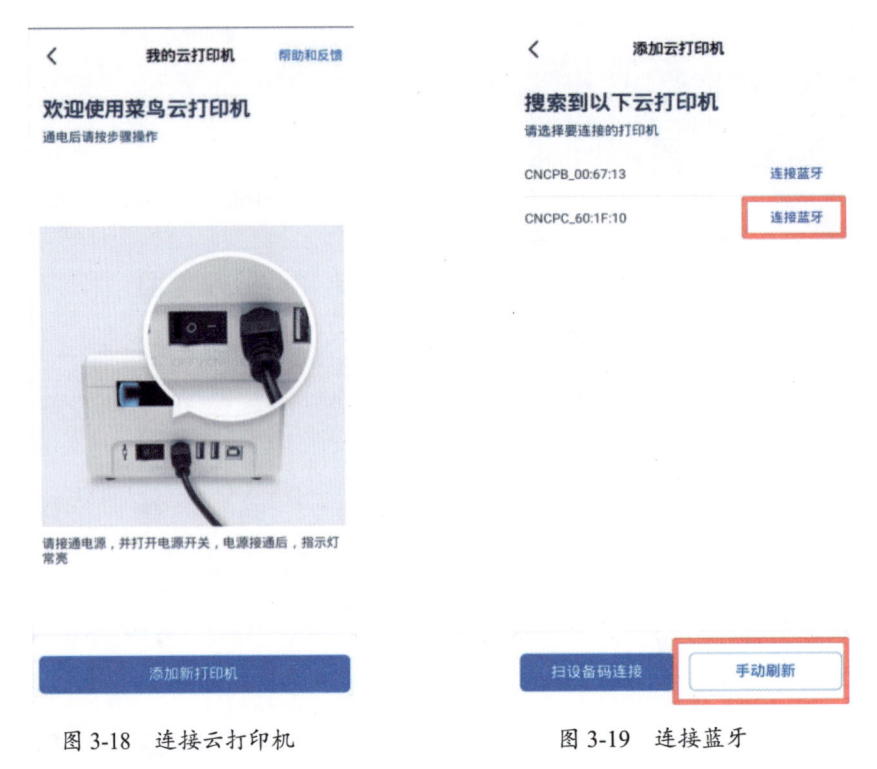

图 3-18 连接云打印机　　　图 3-19 连接蓝牙

如果长时间没有搜索到设备，请尝试重启云打印机，重新打开一下手机蓝牙。

（4）配置 Wi-Fi

蓝牙连接成功后会进入 Wi-Fi 配置界面，选择需要连接的 Wi-Fi，输入密码，点击"确定"按钮，如图 3-20 所示。

配置成功后，云打印机会有成功连接网络的语音提示（该功能仅 SC310 支持）。

在联网成功后可能会提示在线升级，指示灯闪烁是正常现象，等待三五分钟即可，在升级过程中手机可以正常进行后面的步骤：配置打印机名称，选择组织关系，完成配置。

（5）进行基础设置

点击"代寄点"选项来配置信息，如图 3-21 所示，需要填写打印机名称，选择"组织关系"列表和"取号选择"列表，如图 3-22 所示。

"强制实名"开关：打开该项，在客户扫码下单时会弹窗要求填写身份证信息（仅首次需要）。

"离线通知"开关：打开该项，如果云打印机网络断开了，则包裹侠 APP 会收到通知提醒。

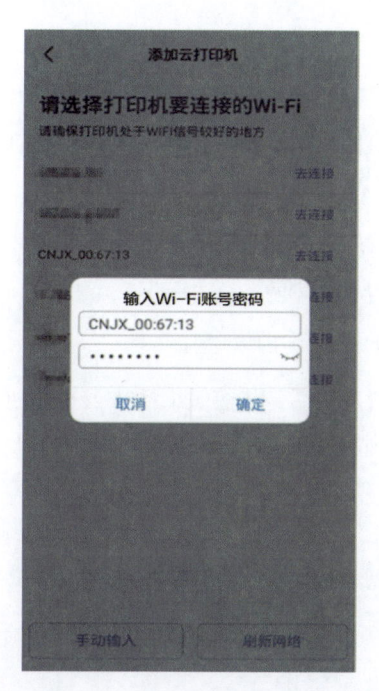

图 3-20　连接 Wi-Fi

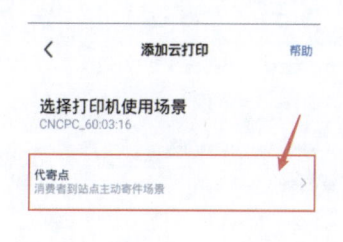

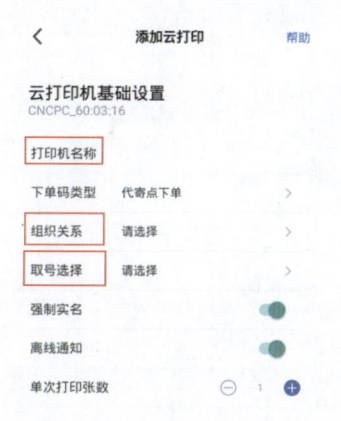

图 3-21　代寄点配置界面　　　　图 3-22　云打印基础设置界面

完成配置后会提示绑定成功。

如果你的页面和图不一致，或者一片空白，则可能你没有代寄点身份，或者没有登录代寄点接单小件员的账号。请联系上级网点注册代寄点，或者使用代寄点接单小件员账号登录"包裹侠"APP再进行配置。

配置好之后如果想修改配置，则可以在修改后点击右上角的"保存"按钮，会提示修改成功，如图3-23所示。

（6）打印下单码

配置成功后，将热敏纸插入云打印机，在软件里选择打印机，可以打印下单码，如图3-24所示。用户使用淘宝/支付宝/菜鸟APP扫码下单后，会自动打印出面单，在用户支付快递费之后，云打印机（SC310）也会语音提示到账金额。

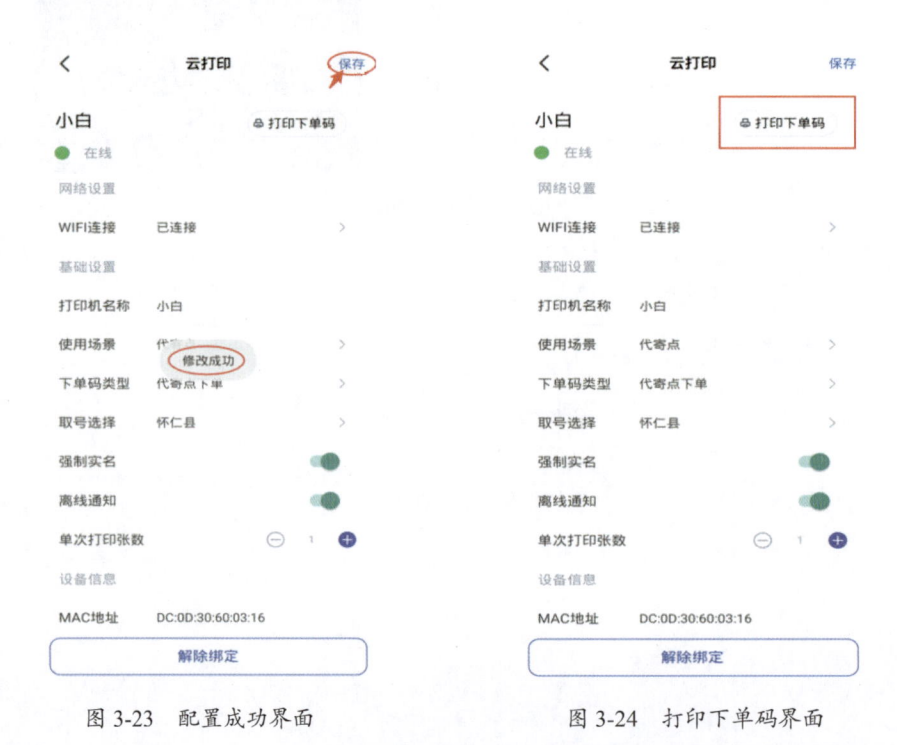

图3-23　配置成功界面　　　　　　　图3-24　打印下单码界面

## （二）无人自助寄件机

无人自助寄件机是菜鸟于2020年推出的最新"黑科技"寄件设备，如图3-25所示。无人自助寄件机的使用场景广泛，无论是写字楼、小区门口、楼栋物业等都可摆放。相对校园而言，学生宿舍、教学楼、综合办公楼等地方的无人自助寄件机能为远离驿站的在校师生提供便利。

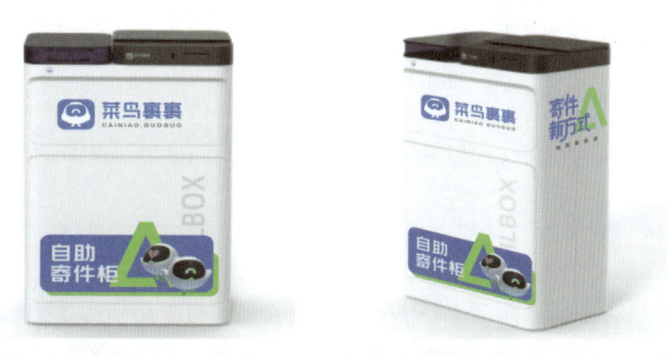

图 3-25  无人自助寄件机

无人自助寄件机的操作使用非常便捷，具体流程如图 3-26 所示。寄件人可通过淘宝、支付宝、微信、菜鸟等方式扫码填写下单信息，直接对准机器便可完成人脸识别验证，完成实名认证；随后将包裹放在称重台上进行称重，打印出电子面单，确认寄件信息无误后将包裹投入储存柜，根据提示进行在线支付，完成寄件操作。

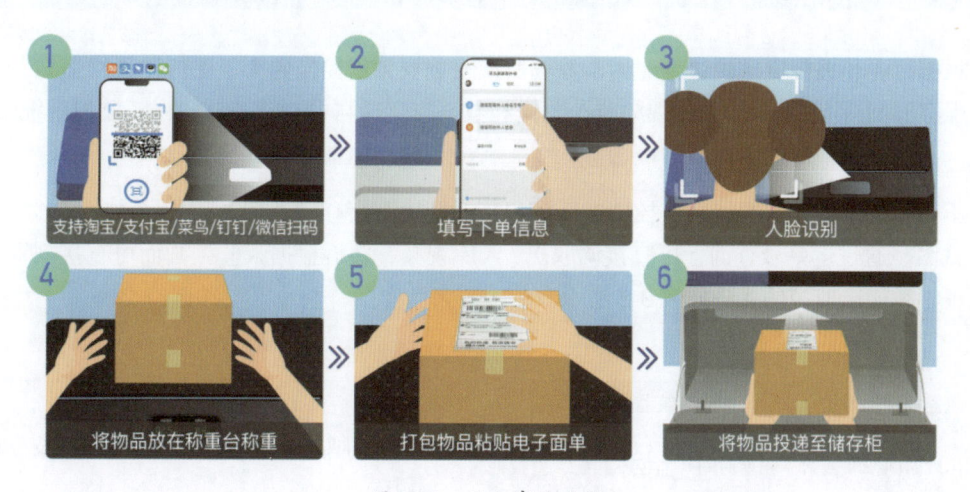

图 3-26  无人寄件流程

驿站核验流程如图 3-27 所示，驿站小件员根据排班每天在固定时间到寄件机进行物品揽收操作，打开寄件机之后，对每个包裹进行开箱核验，检查是否有违禁物品，确认无误后将包裹统一送往网点，网点揽收之后，对所有包裹进行分类处理并进行派送。

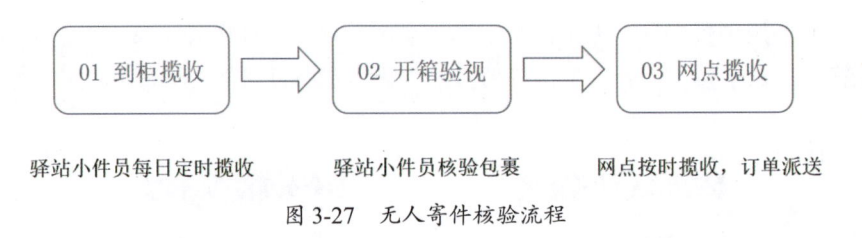

```
01 到柜揽收  →  02 开箱验视  →  03 网点揽收
驿站小件员每日定时揽收   驿站小件员核验包裹   网点按时揽收，订单派送
```

图 3-27　无人寄件核验流程

## 四、安全设备

驿站作为人流量较大的场所，安全隐患值得注意。一旦发生快件丢失、索赔等情况，不仅要面临经济上的损失，还会造成末端客户服务体验的降级。对于末端门店数量较多、受众人数多、增速快、位置分散、督导管理人员少的行业特性，安全设备的使用必不可少。监控设备是最基础的安全设备，能够保证驿站和包裹的基本安全，随着"云技术"的开启，云监控相比常用监控也显现出更大的使用价值。

### （一）智能云监控

根据行业相关规定，快递企业的营业场所应安装视频监控摄像头，保持全天候运转，图像资料保存时间应不少于 30 天。视频监控图像和数据应实现与中心管理部门视频监控系统联网。为此，菜鸟推出了智能云监控的概念。

不同于传统监控，智能云监控精准匹配出库时间，支持移动查询、智能回放，能够随时调取并截图。通过运单号查询，可直接调取出/入库视频，客诉根据云监控画面可直接判责，无须取证。智能云监控的优势如表 3-2 所示。

表 3-2　智能云监控的优势

| 传统监控使用现状 | 传统监控存在问题 | 智能云监控优势 |
| --- | --- | --- |
| 根据出库时间按帧搜索 | 出库时间与监控不匹配，查找耗时 | 监控精准匹配出库时间，支持智能回放，支持重复搜索 |
| 客诉举证需要查询 | 增加额外举证查询时间 | 客诉根据云监控画面直接判责，无须额外取证查询 |
| 查监控必须使用 PC 端 | 地点固定，紧急情况不能及时响应 | 移动端可查询、实时响应、可随时调取并截图 |
| 品牌型号参差不齐 | 不符合存储及可调取的需求，且价格偏高 | 同款最低价、统一供货，符合最高安全标准 |

## （二）智能云监控的特点

### 1. 智能回放——快速检索

智能云监控通过系统平台，在搜索栏输入包裹的运单号，即可立即筛选出该包裹入库扫描、出库扫描和分拨扫描的视频，点击对应视频即可查看并支持随时截图，如图 3-28 所示。

图 3-28  智能回放

如果无法获取运单号，则可通过选择指定日期、操作员名称等参数筛选包裹视频。点击选择不同的摄像头，能够从各角度查看快递到站、上架、入库、出库的路径。相较于传统监控的逐帧搜索，查找不精准等问题，智能云监控只需花费 2 分钟，即可通过系统定位，精准搜索视频。

### 2. 移动监控——随时观看

传统监控必须在 PC 端查看，查看地点固定，不够便捷，而智能云监控如图 3-29 所示，可以实现移动端实时查看驿站情况，切换账号同步管理多家驿站，驿站工作动态、实时情况尽在掌握。

在移动手机端登录驿站掌柜，选择云监控模块，即可实时查看门店情况，开启音频可收集现场信息。对于菜鸟驿站而言，云监控可以有效防止安全事件的发生，提高应急处理的能力，追溯取证也更加方便、快捷。

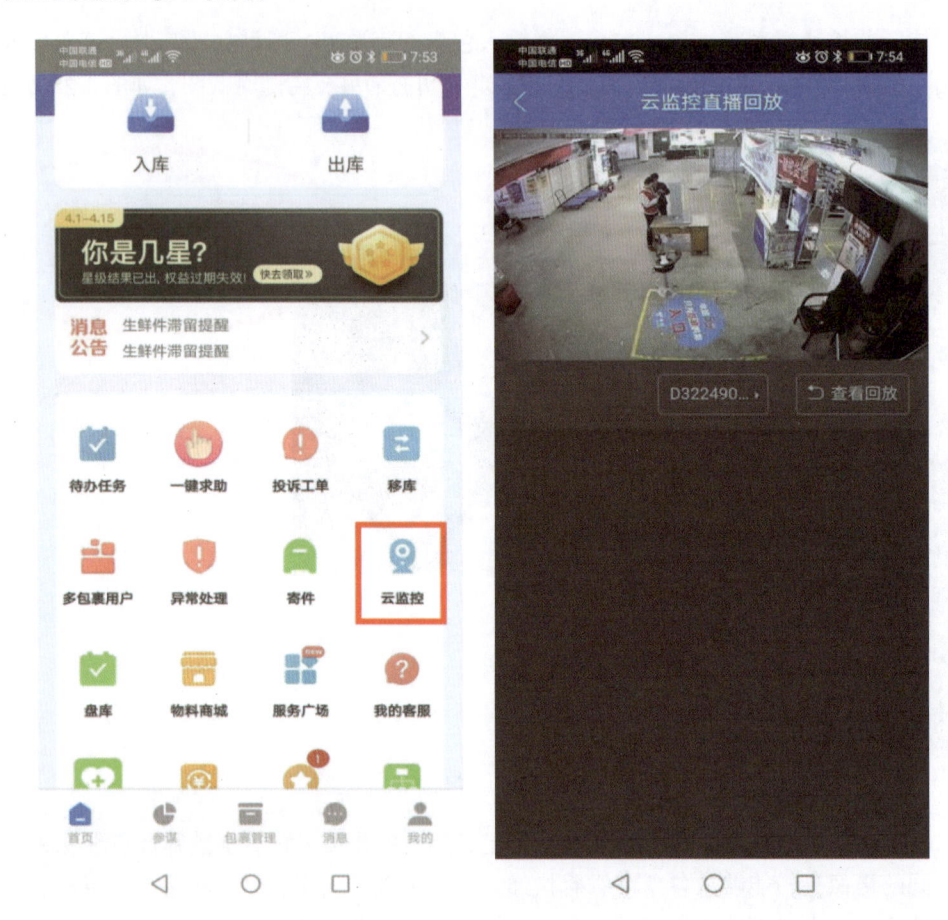

图 3-29　云监控

### 3. 高拍仪联动——360°全方位监控

菜鸟高拍仪只保留包裹面单照片，不会保留客户照片，打通与云监控之间的数据连接通道之后，可以在出库环节实现"实时身份核验（身份码）＋面单留底＋监控留底"的全方位安全出库，有效解决安全追溯难题，如图 3-30 所示。

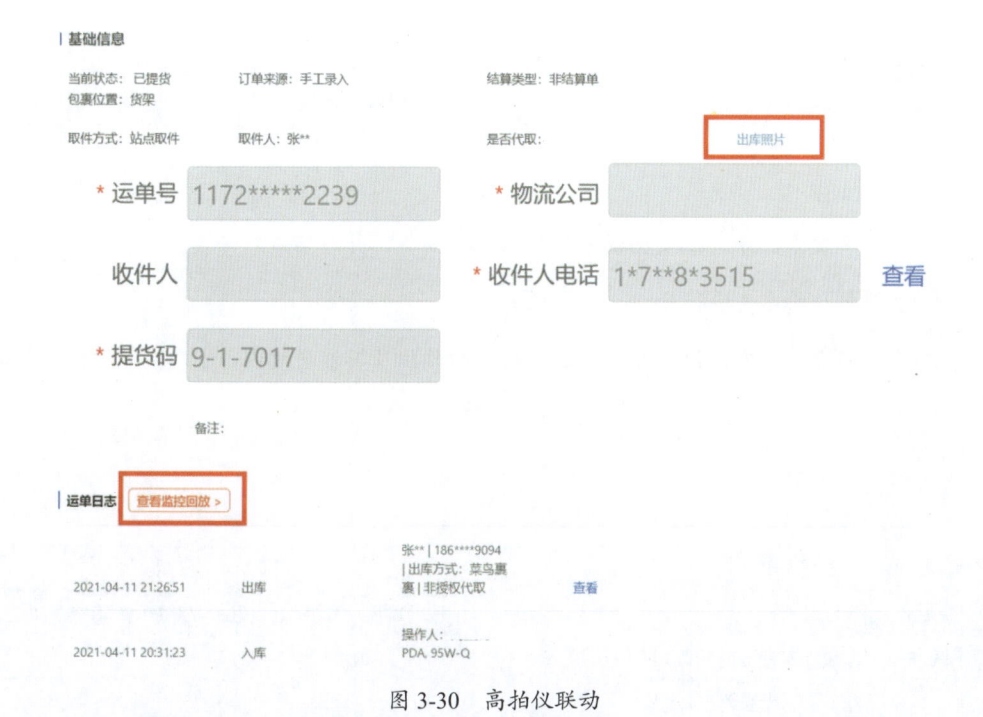

| 基础信息 | | |
|---|---|---|
| 当前状态：已提货 | 订单来源：手工录入 | 结算类型：非结算单 |
| 包裹位置：货架 | | |
| 取件方式：站点取件 | 取件人：张** | 是否代取： 出库照片 |

*运单号 1172****2239　　　　　*物流公司

　收件人　　　　　　　　　　　*收件人电话 1*7**8*3515　　查看

*提货码 9-1-7017

　备注：

运单日志 查看监控回放 >

2021-04-11 21:26:51　出库　　张** | 186****9094
　　　　　　　　　　　　　　　出库方式：菜鸟裹
　　　　　　　　　　　　　　　裹 | 非授权代取　　查看

2021-04-11 20:31:23　入库　　操作人：
　　　　　　　　　　　　　　　PDA, 95W-Q

图 3-30　高拍仪联动

与此同时，还可以在后台查看包裹的面单照片和云监控出库快照，通过信息比对，解决包裹安全及溯源问题。

> ▶ **拓展阅读**
>
> 末端物流"最后一公里"之困
>
> 　　传统的配送过程中，快递员需要提前联系收件人然后送货上门，若恰巧收件人不在，快递员还需二次上门。而智能快递柜、代收点的出现，快递员经过收件人的同意即可在快递柜或者代收点寄存包裹，提高了末端配送的效率，整合了末端服务。
>
> 　　菜鸟驿站是面向社区、校园的第三方末端物流服务平台，在为客户提供包裹代收、代寄等服务的同时，还投入使用了智能快递柜、无人车、无人机等物流"黑科技"，为消费者提供多元化的"最后一公里"服务。截至2021年，"黑科技"在一、二线重点城市得到普遍、成熟的应用。
>
> 　　因此，资金和适配性成为影响末端物流引入科技设备的主要因素，需要充分考虑末端网点的规模、每日单量、受众群体及快递员的利益，平衡投入与效益产出的关系。

> 那么，随着快递行业科技含量的不断提升，越来越多的智能化设备是否能够取代末端配送人员，未来是否需要真正的无人化？对此，你怎么看呢？

## 🔍 实训内容

（1）根据发布任务，搜集整理菜鸟驿站末端设备，并对其进行分类。

（2）对参与的学生进行分组，选出组长。

（3）每组进行组内讨论，并分析这些设备的作用及其演进过程。

（4）每组选出一个代表对该组观点进行阐述分享。

## 👍 任务考核

| 组号： | 填写人员： | | | | 日期： | | |
|---|---|---|---|---|---|---|---|
| 评分项目 | 评分点 | 1组 | 2组 | 3组 | 4组 | 5组 | 6组 |
| 实训室规则 | 遵守实训室规章制度（10分） | | | | | | |
| 职业素养 | 衣着干净整齐（5分） | | | | | | |
| | 精神面貌佳（5分） | | | | | | |
| | 积极参与团队合作（10分） | | | | | | |
| 职业技能 | 资料准备充分完整（20分） | | | | | | |
| | 对相关设备的认识准确、深入（25分） | | | | | | |
| | 观点阐述思路清晰合理（25分） | | | | | | |
| 合计得分： | | | | | | | |

# 任务二
# 末端物流智能化发展

> ▶ **任务描述**
>
> 　　智能，这个词汇寓意是人们生活的诸多方面都将进入机器操作时代，从前人们想不到、不敢想的场景开始出现在人们的生活中。在很多年前，你能相信在网上可以买到衣服、不出门就可以吃饭吗？现在可以。因为智能配送时代已经来临！
>
> 　　随着数字技术的日趋成熟，末端配送从无到有，设备从传统到人工智能，人脸识别技术普及，无人车和无人机出现……末端物流已经开始朝着智能化甚至无人化方向不断发展，并呈现出多姿多彩的功能来服务于民众的生活。因此，末端物流与我们的生活息息相关，请同学们通过走访站点，调研驿站工作人员和客户，了解客户的服务需求，结合物流信息科技设备，总结末端物流智能化发展的现状和问题。

## 一、末端物流智能化发展历程

　　末端物流配送俗称"最后一公里"配送，是提升消费者体验的关键。但是在末端物流初期存在运输效率低、人力成本高、取件排队时间长、快递丢失风险高等问题，随着更多智能化物流设备的使用，这些问题在一定程度上得到解决。

　　早期的快递流转基本全部依靠人工，如：包裹到件之后，需要人工填单、编号上架；包裹配送时，快递公司没有整合，造成人力成本高、配送效率低下；包裹签收时，需要人工一一核对，也需要客户签字确认，导致取件排队长、客户等待时间久等问题。

　　随着数字技术的日趋成熟，末端物流配送也逐渐向智能化方向发展。客户包裹收寄由开始的人工填单转变为电子面单，自动打印生成，数据同步上传系统平台；客户可以实时查询物流动态，确保及时收货。

包裹到件之后，可以通过手持设备扫描面单上传信息到平台，系统自动分配货位编号上架；入库上架成功后，可以群发短信通知客户取件；客户到站取件，高拍仪设备支持客户自主取件出库；在部分场景下，无人车、无人机能够实现上门派件；同时，智能柜支持 24 小时随时取件。与此同时，智能快递柜载入人脸识别技术，不仅可以提高客户的取件效率，还可以降低包裹的丢失率。

伴随末端物流的整合发展，末端物流将完成从人工操作—传统智能设备—人工智能设备的应用升级。末端物流人工操作、传统智能设备、人工智能装备的对比分析，如表 3-3 所示。

表 3-3　末端物流人工操作、传统智能设备、人工智能设备的对比分析

| 人工操作 | 传统智能设备 | 人工智能设备 |
| --- | --- | --- |
| 人工填单，编号上架 | 人工扫描上传 | 到件自动扫描机自动扫描并上传 |
| 人工分拣 | 分拣机半自动分拣 | 全自动分拣机自动分拣 |
| 人工骑车派送 | 机器助手群发取货短信 | 无人车、无人机上门派件 |
| 打电话通知 | 智能柜验证码取件 | 智能柜人脸识别取件 |
| 排队取件，签字确认 | 人工扫描出库 | 网点高拍仪扫描智能出库 |

从表 3-3 中我们可以看出，末端物流行业的智能化由传统智能设备向人工智能设备演进成为趋势，人脸识别、图像感应等各种人工智能技术已经在末端物流智能设备中逐步应用，具有学习力的人工智能机器人应用场景也越来越多。

## 二、末端物流智能化发展趋势

### （一）末端配送无人化

近几年随着电商、互联网的不断发展和完善，无人驾驶、车联网等"黑科技"应用渗透到各行各业。物流行业纷纷加速向智慧型产业转型，智能化已经成为全行业转型升级、降本增效的基础，而无人配送就是末端物流行业自动化、智能化发展的典型代表。因此，无人车、无人机的末端应用范围会逐步扩大，身份验证、人脸识别等技术也将实现大众化应用。

### 1. 无人车配送

随着自动驾驶技术的快速迭代、5G 网络的逐步商用，无人车配送将会从传统的旧商业模式逐步升级优化，最终形成无人化的新生态。

1）简单应用场景

在发展初期，无人车较多应用在诸如高校、产业园等地方，满足部分（如信件、药品、夜宵等）快递需求，并开始拓展无人售货车、校园快递车等商业模式。在此阶段着重打造客户心智，推出无人车概念，探寻无人车运营管理规范等。

2）旧模式优化

在该阶段主要提升无人车在复杂场景运行的能力，同时降低单车运营成本。通过无人车应用，降低配送成本，提升商家快递、外卖份额及服务质量；应对劳动力短缺现状，解决配送人员需求大、流动大、雇佣难等问题；与此同时，探索客户与无人车的网联功能，提供定制化配送，提高配送效率。

3）新生态形成

结合 5G/自动导航技术、城市新兴智能基础设施等，形成无人一体化服务设施，整合零售、物流、安防等多业态模式，形成无人车配送新生态，提供更高效、更优质的多元化服务。

### 2. 无人机配送

随着生活节奏不断加快，人们对物流配送的运输效率要求越来越高，越来越多的企业开始尝试利用无人机进行配送，以突破地面运输的限制。未来，伴随着技术、成本、政策等方面瓶颈的打破，无人机送货时代或将渐行渐近。

虽然使用无人机运输货物已经有成功案例，但是距离空中物流真正走入日常生活还有一段距离。要想实现无人机物流配送，离不开无人机数据链系统、无人机飞行控制导航系统（飞控）、无人机自主控制技术三大关键技术的支持。面向高动态、实时、不透明的任务环境，无人机能够做到感知周边环境并规避障碍物、机动灵活并容错飞行；按照任务要求，无人机可以自主规划飞行路径、自主识别目标属性、用自然语言与人交流等。

这一切都需要依靠新技术的升级，而 5G 时代的到来，意味着为全新的无人机物流配送插上翅膀。例如通过无人机采集的 4K 高清视频等数据的实时传输，可以飞到哪看到哪，降低控制时延，方便工作人员远程操控等。

有专家称，无人机物流配送，是通往下一时代的入场券，各企业也在加速对无人机物流配送的研究。相信随着技术的不断进步，无人机业务落地的步伐会越来越快，新的物流时代指日可待。

## （二）智能装备多样化

随着大量包裹的常态化，以及不同场景个性化需求，多元化配送、多元场景解决方案将成为未来末端配送的服务趋势。目前已有常规的智能快递柜，未来还可能出现如菜鸟智能小盒等智能装备，如图3-31所示。菜鸟智能小盒是一款容量自由伸缩、自带摄像头、与后台系统连接的智能硬件，占用空间小，安装地点可以位于客户家门口，未来可以实现快递与客户的零距离、零打扰，达到送货上门，且不受客户时间限制。

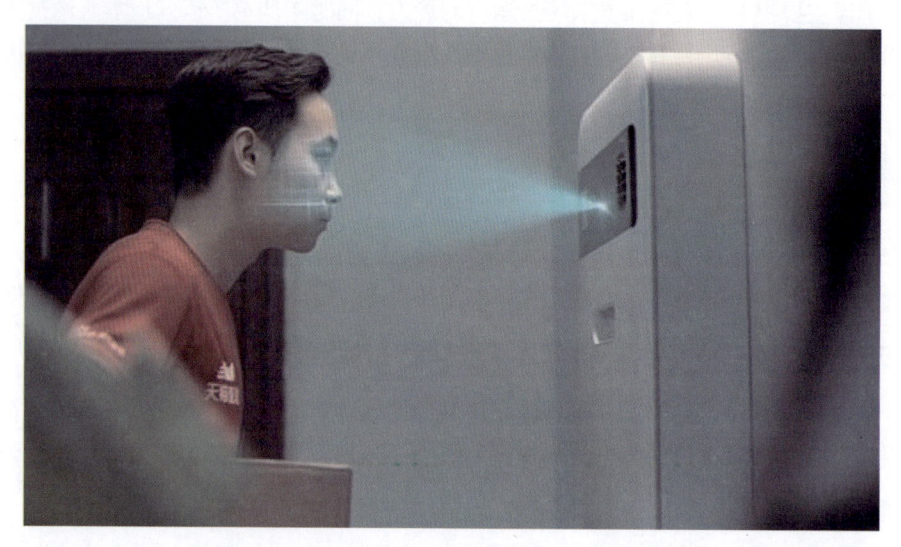

图3-31　菜鸟智能小盒

## （三）服务场景多元化

### 1. 服务市场细化

随着末端客户物流服务要求的不断升级，末端物流服务从无到有，从有到精，正在经历着由粗放到精细的过程。末端物流配送场景通常被分为社区、校园、写字楼、工厂园区等，而每个场景在"最后一公里"面对的客户都截然不同。配送需求不同，配送要求和复杂程度也不尽相同。因此，未来面向不同场景，会有越来越多针对细分市场的末端快递服务商出现。

### 2. 业务范围多元化

目前的趋势表明，仅限于上游快递电商的快件派揽业务已经无法满足一公里半径内客户的需求，末端配送网点的业务范围必须拓展其他个性化服务。贵重物品代收、即时配送，售卖生鲜、鲜花、特产零食等附加产业的出现都充分表明，末端物流的业务范围正在向多元化发展。此外，由于代收点的便利性，生活增值的相关服务，如家政、维修、水电费代缴等业务，也将成为潜在发展市场。

### 3. 场景多元化

社区作为一个重要的具有代表性的末端市场，具备人口密集、人流量大、网购高频、配送刚需等特点。部分电商、快递和第三方企业通过设置自提点代收的方式来缓解快递末端配送问题，以包裹代收业务的方式来构建一个社区的流量入口。

而社区的应用场景也将不再局限于收发快递的基础服务，开始向广告以及社区O2O业务等领域探索，基于社区客户需求，开拓商业、零售、家政甚至金融服务。例如，针对中高端社区的需求，提供家电清洗、保养、家政清洁等生活服务。

## （四）智慧物流绿色化

随着快递行业从单量暴增到规模化稳定增长的转变，以及服务质量的升级，绿色物流已经成为物流行业的共识，无论是改变包装耗材，还是搭建整合物流服务平台，越来越多的物流企业将绿色物流理念纳入运营过程中。绿色化是物流行业发展新阶段催化的内生需求，这背后不仅有技术发展降低成本的动力，也有企业自我发展、感知到社会责任的驱动。因此，末端物流绿色化在行业环境下势在必行。

未来末端物流发展还将在以下四方面继续发力：一是快递末端"政策力"持续释放，进一步促进末端物流的公共化、平台化和集约化发展，推动快递末端整合管理的进一步规范；二是新型模式"商业力"持续加强，智能快递柜投递率持续增长，新型末端在派送效率方面深化效能释放；三是服务升级"智能力"持续彰显，智能闸口和高拍仪应用即将普及，刷脸"秒取快递"的智能柜也将逐渐增大投入力度；四是区域共配"协同力"持续积蓄，共同配送、协同下乡进村，实现成本共担、网络共享，将助力解决快递企业独自进村经营费用高、运营难的问题。

> **拓展阅读**
>
> **无人机送快递，会成为日常生活"标配"吗？**
>
> 　　近些年，人工智能的重要落地场景之一是助力智慧物流体系的加速发展。作为智慧物流体系的一个重要分支，无人机物流正是机械化、自动化和智能化发展的结果。
>
> 　　物流行业各企业纷纷发布使用无人机运输货物的新闻，无人机与电商之间的"联姻"备受瞩目；在疫情防控中，无人机更是"鞠躬尽瘁"，全力奋战在抗疫一线。在物资运输压力剧增、无接触配送需求爆发的背景下，无人机展现出的灵活、便捷、安全、高效的配送价值不可小觑。种种实验的成功似乎表明，无人机送货时代渐行渐近。然而，回归现实，无人机技术还有待完善，城市空域管制、无人机运营许可证获取都是无人机送货应用的瓶颈；与此同时，无法大规模飞行、无法商业化等现状也让无人机的应用受到限制。
>
> 　　虽然无人机送货目前仍然存在许多问题，难以迅速地全面普及，但是，无人配送在疫情防控中的大展身手，令这一行业吸引了更多资本与企业的关注，从而为未来发展奠定了良好基础。展望未来，特色生鲜、医疗冷链的物流业将因为无人机的逐渐普及，进入全新的速度升级时代；地质条件相对复杂的地区，无论是高山还是海岛，甚至是难以修路的地方，用无人机可以完成更多物资运输和补给；城市无人机物流配送会面向B端（组织或企业）配送一些对时效性要求较高的高价值物品。
>
> 　　因此，未来伴随着技术、成本、政策等方面瓶颈的打破，无人机业务落地的步伐会越来越快。无人机送快递成为日常生活"标配"还会远吗？

> **实训内容**
>
> （1）发布任务，以"末端物流智能化发展"为主题进行探讨。
> （2）对参与的学生进行分组，选出组长。
> （3）每组进行组内讨论末端物流现存问题及未来的发展趋势，并做成PPT。
> （4）每组选出一个代表对该组观点进行阐述分享。

## 任务考核

| 组号： | 填写人员： | | | | 日期： | | |
|---|---|---|---|---|---|---|---|
| 评分项目 | 评分点 | 1组 | 2组 | 3组 | 4组 | 5组 | 6组 |
| 实训室规则 | 遵守实训室规章制度（10分） | | | | | | |
| 职业素养 | 衣着干净整齐（5分） | | | | | | |
| | 精神面貌佳（5分） | | | | | | |
| | 积极参与团队合作（10分） | | | | | | |
| 职业技能 | 资料准备充分（20分） | | | | | | |
| | PPT主题明确，思路清晰（25分） | | | | | | |
| | 对末端物流智能化发展有深入的认识（25分） | | | | | | |
| 合计得分： | | | | | | | |

# 项目测评

### （一）选择题

1. 能免去撕单留底的麻烦，满足拍照出库、语音提示、云端照片永久储存，并且还能随时精准查找到取件人的取件时间及身份信息的派件设备是（  ）。

　　A. 巴枪　　　　　B. 无人出库高拍仪　　　　C. 无人车　　　D. 智能快递柜

2. 寄件机是菜鸟网络于2020年推出的最新"黑科技"寄件设备，寄件人可通过（  ）等寄件流程完成寄件。

　　A. 扫码填入寄件信息　　　　　　　　B. 人脸识别

　　C. 电子称重　　　　　　　　　　　　D. 线上支付

### （二）简答题

1. 简述未来"黑科技"的发展如何平衡末端配送投入与盈利关系？

2. 驿站是人流量最大的场所之一，信息安全存在很大隐患。随着"云"的新启，云监控相比常用监控显现出更大的使用价值。请简述云监控的特点与优势有哪些。

## 项目结语

随着 5G 商用时代的到来，基于新技术、新零售，全球化的物流新赛道已经开启。此番出道的菜鸟"黑科技"天团，让新物流"分钟级配送"深入千家万户，并提供更多的新零售服务场景，提升配送效率，实现末端物流的智能化、无人化。智能时代终将到来，"黑科技"将不可避免地取代人工，因此，科技的便利对行业从业人员提出新的要求，物流人应该接受并学习先进的科技文化知识，成为这些"黑科技"的操控者，成为这个茫茫智慧洪流里必不可少的一员。

# 项目四
# 玩转末端派件

**项目概述**

近年来,电商行业持续火爆,给快递行业带来强劲的驱动力,快递业呈现出持续上升的趋势。同时,信息技术的发展,也为快递企业带来了增值效应。随着经济活动越来越以客户需求为中心,"客户第一"的理念在末端物流服务过程中逐步显现。尤其是末端派件的效率和质量决定了客户对末端物流服务的满意度,而派件效率和质量的提升不仅依赖于末端场景的整合升级,同时依赖于派件标准化操作、派件信息化和智能化的发展趋势。

**技能导图**

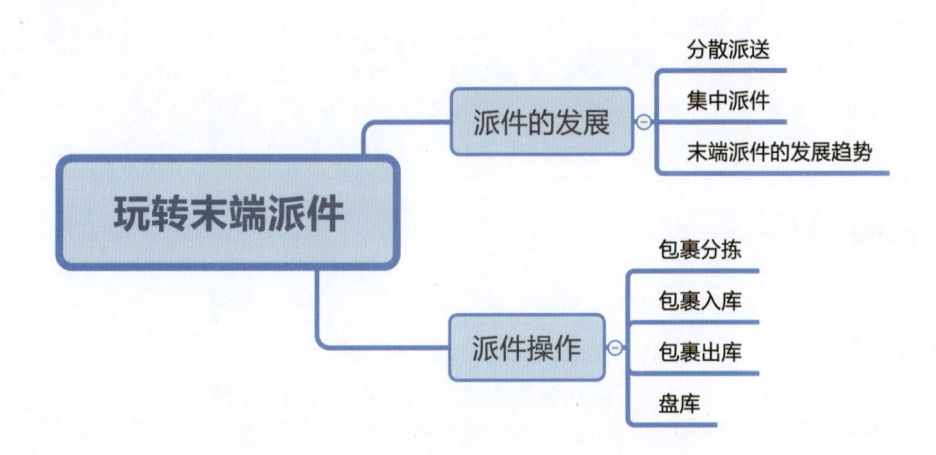

```
                              ┌── 分散派送
                  ┌─ 派件的发展 ─┼── 集中派件
                  │            └── 末端派件的发展趋势
玩转末端派件 ──┤
                  │            ┌── 包裹分拣
                  │            ├── 包裹入库
                  └─ 派件操作 ──┤
                               ├── 包裹出库
                               └── 盘库
```

# 任务一
# 派件的发展

> ▶ **任务描述**
>
> 我国快递业兴起于20世纪90年代末期。自2013年以来，我国网购进入飞速发展阶段，但在很长一段时期里快递业经常出现暴力分仓、爆仓、丢件、破件、服务差和客户投诉率高等事件，导致末端"最后一公里"配送难的问题成为大众的重要关注点。伴随着物流行业和科技的进步，物流末端派送逐步向标准化、智能化方向发展，都极大地提升了包裹的派送效率和客户体验。
>
> 那么，未来包裹的末端派送又将如何发展呢？请同学们通过搜集资料和走访站点，了解末端派件的发展历程以及现状，并通过市场调研和分析，进行分组讨论，围绕末端派件智能化、多元化以及绿色化发展的难点和痛点，给出对应的解决方案。

## 一、分散派送

我国快递行业"最后一公里"在很长一段时间里都主要是以分散的派送模式为主的，即每个快递企业"各自为政"——自行建立包裹中转、配送系统并各自派件。

### （一）分散派送模式的优点

（1）各快递企业可以保障各自包裹派送员的收入。在分散派送模式下，各公司包裹派送人员不需要将派件提成分享出去，保证了自己的收益。

（2）各快递企业的末端派件不会过多依赖第三方平台（如自提点、快递柜等）。

（3）各快递企业的资源规划、包裹信息、客户信息等信息流转环节少，相对保密性更好。

## （二）分散派送模式的缺点

（1）末端网络分散。在分散派送模式下，各快递企业的末端配送网络建设叠加重复、配送路线交叉，一定程度上造成了城市环境污染及交通拥堵，同时也造成社会运力资源的浪费。

（2）难以应对"爆仓"现象。每年快递高峰期（如"双11""618""年货节"等）与平时相比，各快递公司的末端网点工作的员工数量、车辆资源等的不均衡性，导致末端网点常常出现快递"爆仓"等问题。快递公司在高峰期需要大量投入资源以应对"爆仓"问题，而高峰期过后这些资源的闲置、浪费情况严重。

（3）配送效率低下。在包裹派送环节，当派送区域为居民区、商务区、工业区、学校和医院等区域时，一旦区域内路况复杂、行人车辆出入频繁，会导致末端配送车辆、快递员停车困难。当多个快递公司的快递员配送车辆进出频繁时，更会加剧小区内交通拥堵，让客户等待时间变长。一旦不能在客户约定的送货上门时间内送达，更会导致无效配送、重复配送。这些都是包裹分散配送导致的配送效率低下问题。

（4）规模效益较差。写字楼、工业园区周末与节假日的包裹数量会明显降低，单个快递企业日均的末端配送订单量小，无法形成物流聚集效益，配送车辆满载率低，导致末端配送效率低，人员及设备成本高。

（5）从业人员参差不齐。快递业作为劳动密集型行业，一线人员流失率较高，快递公司的招聘要求各不相同，员工培训制度不够完善，部分员工专业素养和服务意识不够，导致客户满意度降低、投诉问题增加等，各快递公司之间的服务质量也千差万别。

（6）社会资源浪费。各快递企业都有独自的特色，但缺乏合作共赢精神，"各自为政"可以收获利益，但却不能节约成本，从社会层面上看，造成了社会资源的浪费，更不利于快递业往高效、绿色的道路上发展。

## 二、集中派送

在物流术语定义中，集中派送（Concentralized Distribution）是指由几个物流据点共同制订协作计划，共同组织车辆设备，对某一区域的客户进行配送。在快递行业中，集中派送是指集合多家企业的包裹配送订单，这些企业既包含快递公司，又包括自营配送的电商企业，还有一些第三方物流企业，通过设置集中末端节点（如菜鸟驿站、自提快递柜）在末端配送区域将配送订单整合，再在集中末端节点通过增强集货、分拣、暂存、自提、送货上门等服务功能，提高包裹的配送效率、降低了包裹的配送成本，提升社会化效益。

## （一）集中派送模式的优点

### 1. 节约成本

集中派送可以将同区域内包裹整合起来，形成规模效益，避免了各个快递企业因单次配送量少和多次、反复配送带来的成本增加。

### 2. 提高派件效率

集中在末端节点设置自提功能，方便客户灵活自取包裹，减少用户的等待时间，减少因客户无法取件造成的多次配送问题，可以大大提升派件效率。

### 3. 升级末端服务

在分散派送情况下，各快递公司派件场所环境简陋，客户服务意识淡薄；集中派送将末端场景整合升级，为客户提供干净整洁的服务场所和多元化的派送方式。随着末端物流的发展，市场越来越以"客户体验"为服务宗旨，要求末端派送更加人性化、便捷化。

## （二）集中派送模式的缺点

集中派送通过末端驿站整合各大快递公司的包裹，由于派送服务统一交由末端节点完成，大多数客户可以通过智能快递柜、驿站取件的方式进行自提取件，而对于有上门需求的客户来说，末端网点难以在同一时间段内满足大量需求。另外，上门派件也会增加末端网点的运营成本。

# 三、末端派件的发展趋势

末端派件经历了从"各自为政"到"整合升级"的发展阶段，未来伴随着经济、技术等环境因素的影响，末端派件将呈现以下趋势。

## （一）智能黑科技引领末端配送潮流

近年来，随着人工智能、5G技术的突破发展，末端物流配送"黑科技"不断地推陈出新，刷新了广大客户对于传统配送模式的认知。无人车、无人机、机器人等高科技成果陆续在各地试点运行并掀起议论热潮。"黑科技"IoT 设备不仅能在应急物流领域发挥着重要作用，未来随着其技术的不断升级和优化，将越来越多应用于高档小区、偏远山区等场景，解决"最后一公里"配送难问题。尽管现在智能化设备存在投资和运营成本高、配送货物类型受限、配送路径单一的问题，但随着技术的不断升级和迭代，智慧物流在末端派送场景的应用必将成为趋势。

## （二）多元化配送服务齐头并进

派件模式的整合发展以及末端物流能力的不断升级，催生出越来越多的个性化客户需求，适合不同需求的多种配送方式才能满足末端物流的服务要求。例如，在高校、办公楼等年轻人多的区域，支持自助取件的智能快递柜更受欢迎；在老年人居多的旧小区，上门派送可以很大程度解决老人取件困难的问题；在人口分散的地区，可以通过整合优化末端网络提升派送效率、降低成本，等等。5G 时代，伴随着通信技术和物联网技术的变革，如何通过多元化的配送方式为客户提供高质量高时效的优质服务，是末端物流未来一段时间面临的主要课题。这就要求不管是快递公司还是末端网点，在共享经济常态化发展的大背景下，要不断思考和创新，致力于末端物流多元化服务能力的建设。

## （三）节约型、绿色型末端配送势在必行

人类的可用资源有限，随着每年快递包裹量的逐步攀升，绿色物流的理念近年来一直被提倡和强调，国家出台了一系列的政策鼓励物流和快递业务使用绿色包装材料、循环使用包装等。同时，国家邮政局等十部门联合发布的《关于协同推进快递业绿色包装工作的指导意见》，将每年 11 月的第一周作为"绿色快递宣传周"，旨在通过绿色环保意识提升、共享平台搭建、绿色回收材料应用等措施，努力做到节约资源、减少环境污染，从而实现物流行业的可持续发展。末端配送环节作为物流业务中最贴近客户的一个环节，更需要时刻向客户传递"低碳、环保、绿色、节约、高效"的配送理念。

### 🔍 实训内容

（1）实地调研。组织学生收集一定区域内快递公司信息，包括不局限于其经营情况、业务数据、员工分工等；了解快递员工作状况、收入等情况；走访区域内快递超市或驿站，了解其经营状况、业务单量等信息；向收件客户调查收取包裹的方式，并征询意见或建议。

（2）举例说明。通过调查，对这些不同场景下各种派件方式有进一步了解，同学可举例说明某种派送方式的现状、优缺点并进行分析。

（3）提出意见和建议。通过以上同学对不同场景的介绍分析，选出更高效、便捷的派送方式，并对未来末端派件趋势提出自己的意见和建议。

## 👍 任务考核

| 组号： | 填写人员： | | | | 日期： | | |
|---|---|---|---|---|---|---|---|
| 评分项目 | 评分点 | 1组 | 2组 | 3组 | 4组 | 5组 | 6组 |
| 实训室规则 | 遵守实训室规章制度（10分） | | | | | | |
| 职业素养 | 衣着干净整齐（5分） | | | | | | |
| | 精神面貌佳（5分） | | | | | | |
| | 积极参与团队合作（10分） | | | | | | |
| 职业技能 | 学会正确分析末端派件的市场环境和竞争对手（20分） | | | | | | |
| | 能够合理描述不同场景下各种派件方式（20分） | | | | | | |
| | 有较好的沟通能力和语言表达能力（30分） | | | | | | |
| 合计得分： | | | | | | | |

# 任务二
# 派件操作

> ▶ **任务描述**
>
> 派件是包裹运输投递过程中的最后一个环节。如何在包裹到达驿站前做好充分准备,以及如何在包裹到达驿站后高效、正确地完成分拣、出入库和盘点作业,是驿站工作人员需要熟练掌握的业务技能。请同学实地走访驿站站点,了解派件各环节的操作规范,熟悉派件流程,并针对派件体验提出你的优化建议并说出理由。

驿站的末端派件操作主要分为四个环节,分别是到站包裹分拣、包裹入库、包裹出库以及盘库作业。

## 一、包裹分拣

### (一)认识分拣

1. 分拣的概念

分拣,是按照货物品类、派送位置等进行分类归置的一个作业过程。简单理解快递业的分拣作业,是根据包裹的派送要求,迅速、准确地将包裹集中然后进行分类,等待配装,以便其快速流转到下一个环节。

2. 分拣的目的

将包裹正确有效地分拣,能够提高配送服务质量和效率。尽可能利用最低的成本将包裹最迅速地配送给客户,是分拣作业最终的目的及作用。

### 3. 分拣的分类

按照分拣手段的不同，可以将其分为人工分拣、半自动化分拣和自动化分拣三大类。

（1）人工分拣，是指分拣作业由人来进行，即人通过单元设备（如托盘、周转箱等）配合完成配货作业，如图 4-1 所示。这种分拣方式成本低、操作简单，但同时效率也低，适合业务量不大的场景。

图 4-1 人工分拣

（2）半自动化分拣，大多指在自动转送带两边配备操作人员进行配合分拣，是一种人和机械相结合的分拣方式。这种分拣方式可以减轻人工劳动强度，相比人工分拣方式效率更高，但是半自动化分拣投入成本较高，同时也会出现错拣和漏拣的情况。

（3）自动化分拣则是指货物从分拣开始到结束，包裹所有的分拣作业均是分拣机器按照人提前设置好的指令自动完成，如图 4-2 所示。这种分拣方式的分拣效率非常高，分拣货物品种和数量不受限制，但缺点是投入和运维成本很高，适用于物流分拨中心这样需要大批量处理的生产场景。

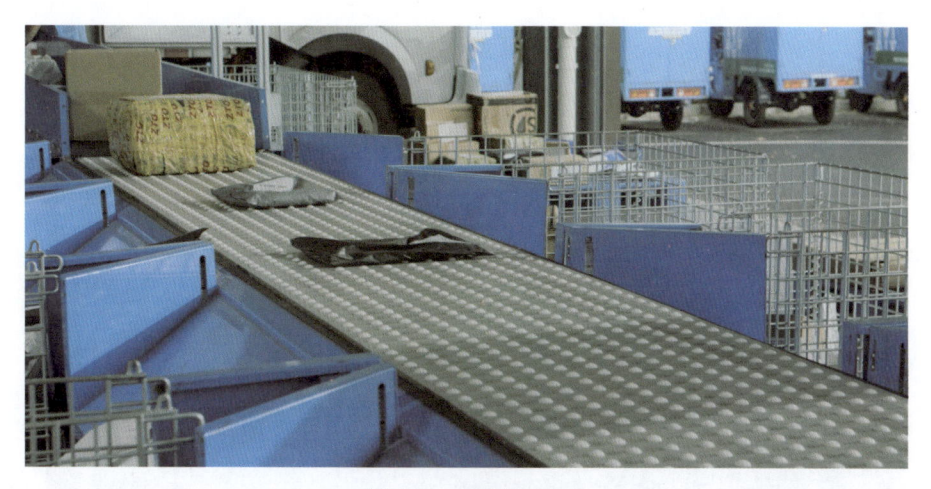

图 4-2　自动化分拣

## （二）末端分拣操作

本书的主要研究对象是作为末端服务提供者的菜鸟驿站，受包裹数量和场地规模的制约，菜鸟驿站末端分拣一般采用人工分拣方式完成。当包裹到达驿站时，需要进行卸货、拆包和分拣操作，分拣流程如下。

### 1. 到件准备

对驿站内卸货区域进行清理，准备好包裹分拣操作的相关设备与工具，如剪刀、中转筐（图 4-3）、推车等。

### 2. 卸货及拆包操作

在驿站的卸货区域进行卸货、拆包和检查操作。进行卸货操作时，需要确认车内无遗漏；卸货完成后，对包裹数量进行清点、核对，然后完成拆包操作；最后需要对所有包裹进行外观检查。在此过程中，需对包裹轻拿轻放。

### 3. 包裹分类

分拣人员根据包装大小、外形以及面单信息进行包裹分类，首先将包裹按类型分为普通包裹和特殊包裹，其中特殊包裹是指到付代收件、水果生鲜件、错分件及破损件等。

为方便上架分层、分类摆放，分拣时根据驿站的货架层数设置将普通包裹分为如下 5 个类别（目前菜鸟驿站普遍的货架为 5 层）。

图 4-3　驿站中转筐

（1）体积中等或偏大、质量轻，外形规则的盒子，如图 4-4 所示。

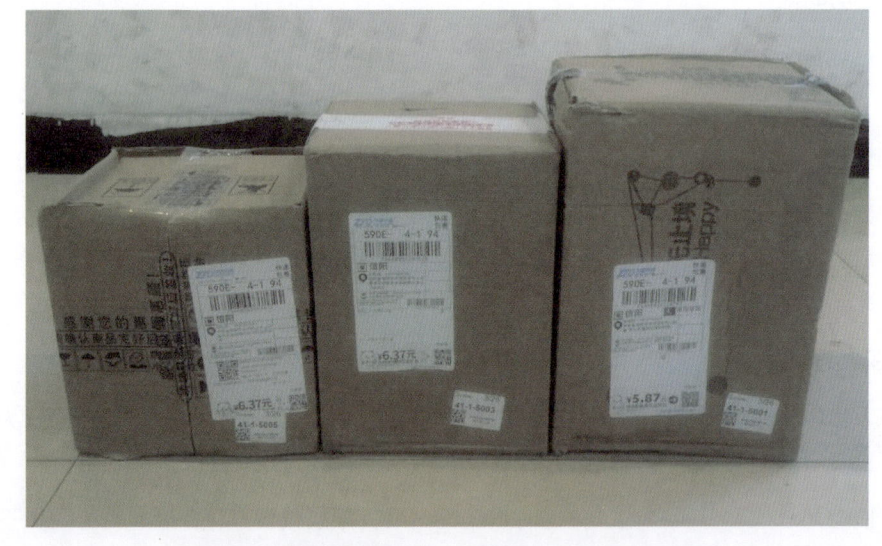

图 4-4　体积中等或偏大、质量轻，外形规则的盒子

（2）体积较小、质量较轻的盒子，如图 4-5 所示。

图 4-5　体积较小、质量较轻的盒子

（3）防水袋、文件袋，如图 4-6 所示。

图 4-6　防水袋、文件袋

（4）体积稍大、质量略重的盒子，或套有防水袋的盒子，如图 4-7 所示。

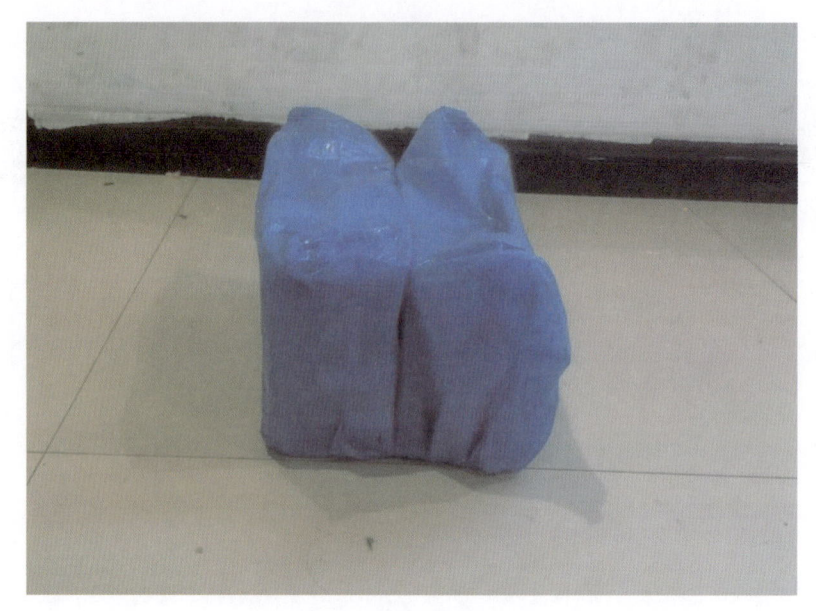

图 4-7　体积稍大、质量略重的盒子，或套有防水袋的盒子

（5）质量重，并且体积很大的包裹，如图 4-8 所示。

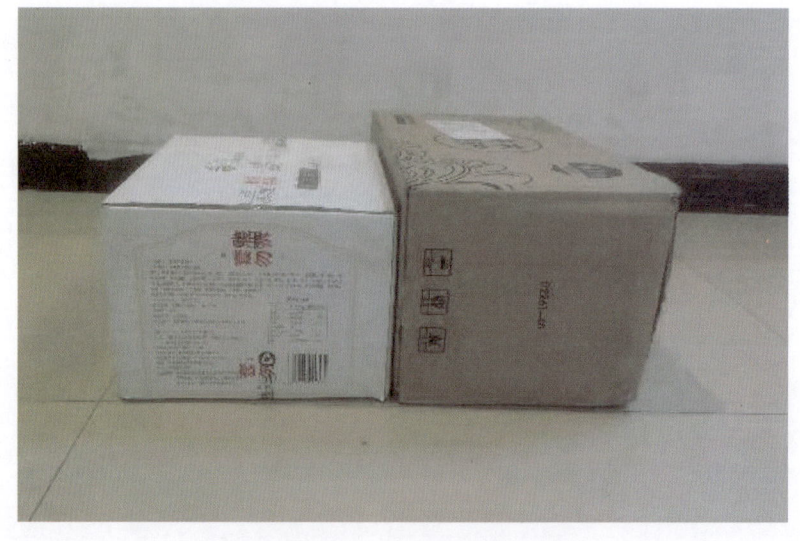

图 4-8　质量重，并且体积很大的包裹

## 二、包裹入库

包裹入库需使用相应的设备及软件操作完成，菜鸟驿站入库需要的硬件设备是菜鸟网络专用的 OCR 巴枪（下文简称巴枪）或安卓系统手机、标签打印机，软件是"驿站掌柜"APP 和"小邮局"系统。

### （一）入库准备

入库工作开始时，需要先对相关设备和软件进行设置。

**1. 巴枪、手机入库设置**

入库可用巴枪或者安卓系统手机进行操作，其设置方法分别如下。

（1）巴枪操作。拿出库内巴枪，登录账号密码后，进入巴枪首页界面，如图 4-9 所示；然后点击"入库"按钮，进入入库操作界面，如图 4-10 所示。

图 4-9　巴枪首页界面　　　　图 4-10　巴枪入库操作界面

（2）安卓系统手机操作。在安卓系统手机上安装菜鸟网络的"驿站掌柜"APP（安卓系统需要支持"驿站掌柜"APP 的 4.4.6.6 版本或更新版本），登录账号后进入软件首页，如图 4-11 所示，点击"入库"按钮进入入库操作界面，如图 4-12 所示。

图 4-11 "驿站掌柜"APP 首页　　　　图 4-12 "驿站掌柜"APP 入库操作界面

## 2. 上架标签打印设置

驿站内使用的蓝牙小票打印机是连接库内巴枪或安卓系统手机的，入库时能自动打印取件码标签，支持边入库边打印等方式，十分方便、快捷。在打印之前，需要先进行打印模式和标签格式设置，其步骤如下。

1）设置上架标签打印模式

进入菜鸟驿站 PC 端"小邮局"系统，点击"个人中心"菜单栏，选择"操作设置"选项，可以进行上架标签打印模式的设置，一般选择"边入库边打印"模式，如图 4-13 所示。在打印模板中选择左一的"3 寸打印机"模式，选中相应的标签样式后右下角会显示打钩，如图 4-14 所示。

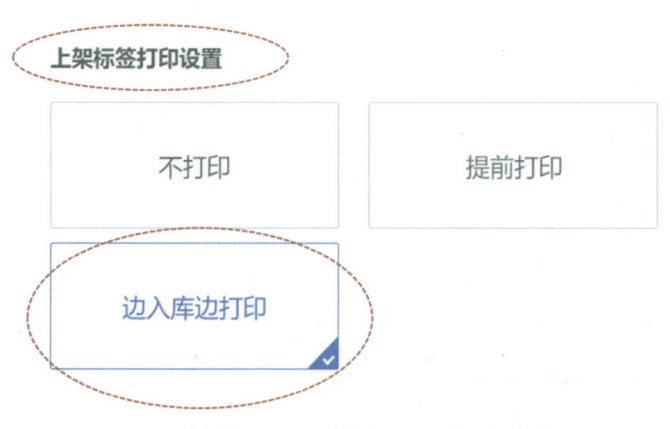

图 4-13 上架标签打印的设置

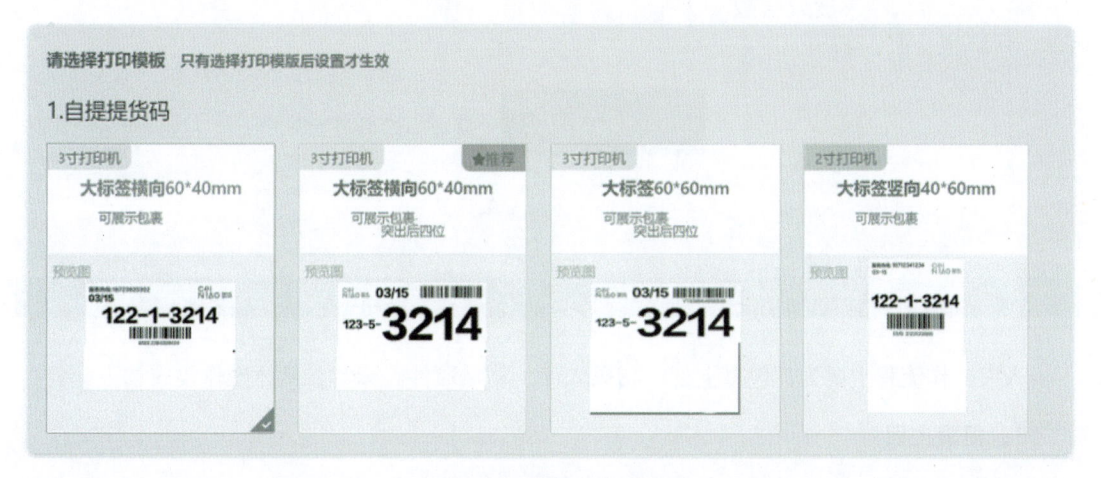

图 4-14 选择打印模板

2）设置取件码标签格式

将蓝牙小票打印机和巴枪或安卓系统手机"驿站掌柜"APP 连接好后（连接方法可参考打印机说明书），需要在 PC 端"小邮局"系统后台对货架标签格式进行设置。进入"小邮局"系统的"个人中心"菜单下选择"操作设置"选项，在"入库模式"列表中选择"货架＋数字序号"模式，如图 4-15 所示，点击"我的货架设置"链接，设置系统货架，如图 4-16 所示，输入货架数和货架层数后进行保存。注意：设置的货架数、货架层数必须大于实际库内数量，否则将无法入库。

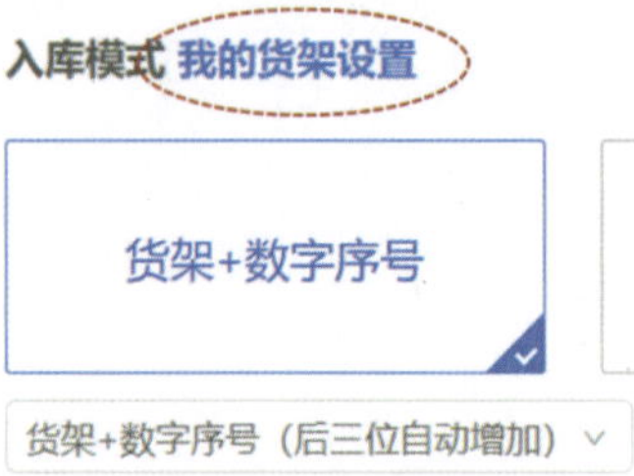

图 4-15　系统入库模式设置

图 4-16　系统货架设置

## （二）入库操作

入库操作流程主要为：包裹上架、扫码入库、粘贴取件码标签。具体操作要求如下。

### 1. 包裹上架

在前文所述的包裹到站后的分拣操作中，已将包裹按外形和包装进行了分类，现以 5 层货架为例，如图 4-17 所示，将同类别包裹按以下规则分别摆放在货架不同层位上。

（1）货架第一层（最上层）：放体积中等或偏大、质量轻，外形规则的盒子，包裹个数为 1～15 个。

（2）货架第二层：放体积较小、质量较轻的盒子，包裹个数为 1～20 个。

（3）货架第三层：放防水袋、文件袋，包裹个数为 1～30 个，将包裹竖向排列。

（4）货架第四层：放体积稍大、质量略重的盒子，或套有防水袋的盒子，包裹个数为 1～15 个。

（5）货架第五层（最下层）：放质量重并且体积大的包裹，包裹个数为 1～10 个。

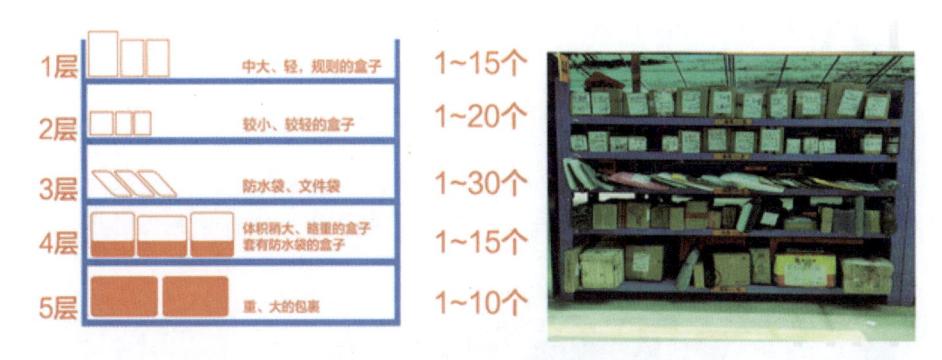

图 4-17 包裹上架摆放对照图例

目前，菜鸟驿站的普通包裹标准货架设置为 5 层，上架时需整齐排放并注意安全，如图 4-18 所示。大件货物货架视情况设置为 4 层，部分货架也可根据驿站需要灵活设置为 6 层或 7 层，本书不做详细列举。

图 4-18 普通包裹标准货架

## 2. 扫码入库

使用巴枪或安卓系统手机"驿站掌柜"APP，进入"入库"界面后，准备上架扫描操作，步骤如下。

（1）核对货架对应的编号后扫描货架层码。

（2）扫描包裹包装上的运单条码（注意：不是商品条码），并检查包裹派送地址，如果某包裹不属于本驿站派送范围，应将该包裹从货架取下并放到问题件区域，并在问题件处理中实施退回操作。

（3）包裹入库扫描成功时，巴枪/手机会发出"滴"声，表示该包裹已成功扫描，如图 4-19 所示。

图 4-19 包裹入库成功

（4）如果巴枪/手机已连接到蓝牙小票打印机，打印机会按包裹扫描顺序自动打印标签。

## 3. 粘贴取件码标签

在驿站中，货架的层数不同，取件码标签在包裹外包装上的粘贴位置也不相同。除了要注意将标签按包裹摆放顺序依次平整地贴在包裹包装外侧上，还要注意粘贴标签时，需要核对标签上的快递单号和包裹运单号是否一致，防止错误粘贴。根据货架层次不同和人的视线高度不同，相应标签贴放位置要不同，具体货架层数与包裹标签粘贴位置说明如下。

（1）货架第一层（最上层）：将标签贴在纸箱右下角。

（2）货架第二层：将标签贴在纸箱右下角。

（3）货架第三层：将标签统一贴在防水袋右上角。

（4）货架第四层：将标签统一贴在视角的俯视面右角处。

（5）货架第五层（最下层）：将标签统一贴在视角的俯视面右角处。

## （三）入库编码

为了提高取件效率，菜鸟驿站提供"货架+数字序号"以及"货架+运单号后四位"取件码标签模式，适合不同的场景应用。

### 1. "货架+数字序号"模式

"货架+数字序号"模式，是以入库包裹扫描时间依次排序的，在该模式下，货架上的包裹应该按序号排列，便于查找。该模式按照每层货架最多放置数量的不同具体分为"后两位自动增加"和"后三位自动增加"。

1）货架+数字序号（后两位自动增加）：包裹入库时扫描货架条形码，系统自动生成"货架+数字序号"的提货码，其中第一个数是货架号，第二个数代表货架层数，第三个数的第一位为入库是星期几，第二位始终为0，最后两位为入库序号。如图4-20所示，取件码122-1-3014代表122号货架第1层货位，星期三入库的第14号货物，菜鸟驿站标准货架高度为2m，每层货架最多入库99个包裹，每层货架的包裹数量有所限制，便于客户领取包裹。

图 4-20　菜鸟驿站上架标签示例

2）货架+数字序号（后三位自动增加）：包裹入库时，扫描货架条形码后，系统自动生成"货架+数字序号"的提货码，前两个数与上一种标签一样，第三个数的第一位代表星期几，后三位按顺序从001到999自动增加。每层货架最多入库999个包裹。如图4-21所示，取件码123-5-3214代表123号货架第5层货位、星期三入库的第214号货物，上面条码为包裹快递公司及运单号，方便查看核对。货架+数字序号（后三位自动增加）可以压缩驿站的占地空间，提高单位包裹放置量，但由于包裹数量多，会导致客户取件难以查找。

该种模式的缺点是，如果存在超过一周的滞留件，入库包裹序号会重复，导致拿错件等情况发生。这就要求驿站工作人员及时对包裹进行盘点，并合理处置滞留件。

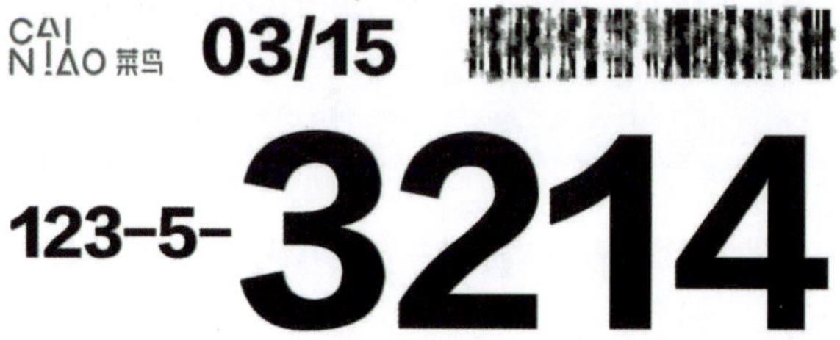

图4-21 菜鸟驿站上架标签示例

### 2. "货架+运单后四位"模式

包裹入库时，使用巴枪或手机"驿站掌柜"APP扫描货架条形码及运单号后，系统自动生成"货架+运单号后四位"的提货码，并由蓝牙打印机自动打印。该种模式的优点是便于站点操作，也不会存在入库包裹序号重复的情况；缺点是货架上包裹不能按照顺序排列，客户取件查找困难。

> **▶ 拓展阅读**
>
> 菜鸟驿站对于淘系包裹数据打通，巴枪入库操作可以直接扫描入库即发送短信，无须重新进行手机号码的输入，大大提升入库效率。同时，对于非淘系包裹，利用巴枪OCR技术，通过对电子面单上手机号码做解析，自动识别手机号码，减少手工录入，降低人工出错率。
>
> 浙江某校园南区菜鸟驿站，日均到站包裹5000单，通过巴枪高效入库，及时短信通知客户取件；同时使用"货架+数字序号"模式，客户可以根据取件码迅速在货架上找到包裹，显著提升客户的取件效率和服务体验，保障包裹的快速流转。

## 三、包裹出库

包裹出库是包裹从驿站代存到送达客户手中的一个作业过程。目前因为驿站的信息化设备应用程度不一，分为非开放式取件与开放式取件两种方式，其对应的出库操作方式也不相同。

在入库过程中，站内工作人员在使用巴枪/手机"驿站掌柜"APP扫描包裹时，包裹信息实时同步更新到"菜鸟"APP上，并触发短信通知客户。短信内容包含驿站名称、取件截止时间、取件码和联系电话，如"【菜鸟驿站】您的××快递公司包裹已到武汉××菜鸟驿站店，请21:00前凭6-5-3022取件，详询136××××××××"。

### （一）非开放式取件

此方式适用于非开放式驿站站点，即站内工作人员帮助客户找件。客户通过扫描站点专属二维码、使用"菜鸟"APP一键取件或提供收件人手机后四位等方式，核对取件信息，站点找件出库。驿站工作人员根据客户提供的取件码将包裹从货架取下后，需要在店内监控范围内与客户核对收件人信息，并当面清点包裹数量，准备扫码出库操作。

驿站人员打开巴枪或手机"驿站掌柜"APP，进入"出库"界面，扫描包裹运单，确认无误，将包裹给客户，如图4-22所示。

图4-22 非开放式取件

随着驿站集约化的发展，非开放式取件模式由于受限于场地出库窗口的数量、出库操作人员的数量、出库工作人员的业务熟练程度等因素，在客户集中取件时常常造成较为严重的排队现象，已经无法适应客户高效自取的体验要求了，因此，越来越多的菜鸟驿站逐步升级改造为开放式取件模式。

## （二）开放式取件

在开放式菜鸟驿站站点，客户可以自助取件。客户凭短信取件码或在"菜鸟"APP查看取件码后，根据货架号、层号标志指引，自行在站内相应区域的货架查找包裹，然后在高拍仪前进行身份核验和运单拍照完成取件操作。这种方式因其取件高效、便捷、准确，受到越来越多客户的欢迎。

高拍仪出库操作流程是：客户可以在"菜鸟"APP中，打开"身份码"信息，将手机屏幕和包裹运单面一起朝上放置在高拍仪托盘上，点击屏幕上"取件"按钮，高拍仪会对客户身份码和包裹运单进行扫码、拍照、上传，客户完成包裹自取操作。如图4-23所示为高拍仪取件场景。

图4-23 开放式取件

> **▶ 拓展阅读**
>
> 2021年3月21日，在××学院菜鸟驿站，同学齐某凭收到的短信取件码前往驿站自助取件，到站后在取件码对应的区域货架层上未找到自己的包裹，认为其包裹已丢失，遂向驿站工作人员咨询。
>
> 驿站工作人员在得知情况后，向齐某询问运单号，通过运单号在"驿站掌柜"系统里查询显示该件已在3月20日20时43分出库。齐某说不是本人签收，客服首先对齐某进行安抚，告知驿站会处理好包裹问题。随后在取件记录查出该包裹是使用郑某身份码出库的，再次通过云监控查看出库视频，经齐某确认，此包裹已由齐某的同学帮忙代取但没有告诉他。
>
> 驿站工作人员首先向齐某说明原委，并跟进确认齐某收到包裹。其次，驿站工作人员在平台上对此次异常出库情况进行详细描述，描述内容需说明该包裹已出库，且确认已经到收件用户手中，并提供以下至少一种图片进行举证。
>
> （1）提供包裹已经出库的证据图片，比如工作台系统出库记录截图、提货照片或视频截图（注意：单纯的系统出库记录截图无效）、收件人手写签收面单的截图。
>
> （2）以短信的形式与客户进行联系，确认包裹已被提取的短信沟通截图。

## 四、盘库

### （一）认识盘库

#### 1. 盘库的定义

盘库，又称盘点，是指定期或不定期地对驿站内的包裹进行清点。该环节通过扫描货架上的包裹运单，逐层逐个清点货架上的包裹，查看与系统内的包裹记录是否一致。盘库过程中发现异常件要及时处理。

#### 2. 盘库的方法

（1）定期盘库，是指选择每天固定时间段进行盘库，如驿站营业开始或结束时进行盘库。

（2）不定期盘库，是指按照驿站的管理和运营需求，不定期进行包裹的盘点和检查，比如在包裹交接、异常件增多等情况下进行的盘库。

## （二）盘库操作

每次盘库后，系统都会留下包裹的盘库记录。盘库的具体操作流程和方法如下。

### 1. 盘库前准备

在进行库内盘点操作前，需要确认盘库操作是否需要给客户发送滞留件短信。如图 4-24 所示，进入 PC 端"小邮局"系统，点击"个人中心"菜单栏下的"操作设置"选项，进入该页面中，在"盘库滞留件短信通知设置"部分进行。可选择"盘库后发通知"按钮或"盘库后不发通知"按钮，在"通知类型"字段下拉列表中选择滞留件统计类型（"滞留件 1 天以上"是指昨日之前的在库包裹；"滞留 2 天以上""滞留 3 天以上"以此类推）。

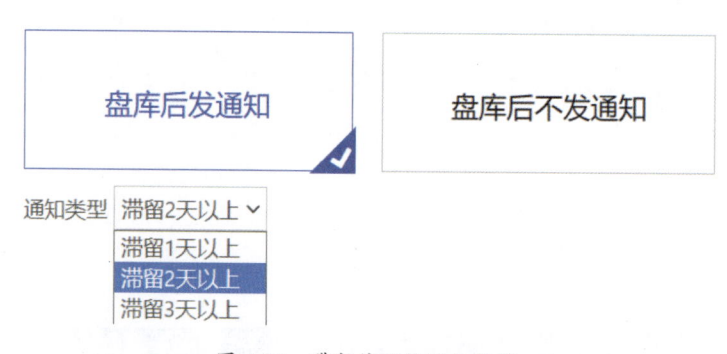

图 4-24 滞留件短信通知设置

（1）盘库立刻发短信，指确认货架盘点完成后，根据站点选择的滞留件统计方式，自动重发短信。为了避免打扰客户，夜间盘库短信将在次日 10 点发送。

（2）盘库后不发短信，指确认货架盘点完成后，不会给滞留件客户发短信。具体操作：在"盘库滞留件短信通知设置"下，将是否触发短信设置为"盘库后不发通知"，再开始盘点操作。

### 2. 盘库操作步骤

以巴枪操作盘库为例。打开巴枪首页界面，如图 4-25 所示；选择"盘库"功能按钮，进入盘点界面，显示"×××正在库存盘点"，如图 4-26 所示；再选择"未盘点货架层"下数字，比如图上的"68",进入"未盘点货架层"界面,出现库内当前未盘点的所有货架编号、层数及相应位置上需盘点的包裹数量,如图4-27所示。在图4-27中,巴枪上显示"未盘点货架层"下第一条记录为"10-2,此层71个包裹",其含义是驿站内10号货架的第二层上需盘点包裹数量为71。

图 4-25　巴枪首页界面　　　　图 4-26　巴枪盘库界面　　　　图 4-27　未盘点货架层界面

此时,需要盘库操作人员依次走到相应货架位置前面,核查需要盘点的货架位置上实际包裹数量和巴枪上的数量是否一致。如一致,点击"未盘点货架层"下该货架层数对应的"确认无误"按钮,系统会自动给客户发送滞留件短信(如设置盘库不发短信,则不会发送)。如不一致,则进入盘库异常件处理流程。

## (三)盘库异常件处理流程

### 1. 包裹数量不一致

即在盘库过程中,操作人员发现某货架层位上包裹实际数量与巴枪显示数量不一致。这种情况一般由三种原因导致，一是有包裹没有做入库扫描直接放到了货架上，二是包裹做了出库扫描但是客户并未取走，三是将其他货位的包裹错误放到该货层了。

处理方法：发现错误后，点击巴枪"未盘点货架层"界面下该货架层数对应的"逐单盘点"按钮，再按住巴枪扫描键，将该层货架上的所有包裹进行逐一扫描。

如巴枪显示绿色"已盘点"字样，表示该包裹曾经已盘点过，不需要处理。如巴枪提示"无包裹信息"，表示该包裹可能在上架前没有做入库扫描，或是已做出库扫描但未被取走，这两种情况都需要操作人员到 PC 端系统上查询运单号相应记录进行核查。如巴枪显示"货架错误"，说明该包裹位置摆放错误，操作人员将其放在巴枪提示的正确货位上即可。将该货架层位上所有包裹扫描完毕后，查看"盘库"界面"未盘库包裹"数字信息，如仍有包裹记录，说明该包裹不在本货位上，需要进行核实与查找。

2. 滞留件处理

如图 4-28 所示，在巴枪"盘库"界面中，点击"未盘点包裹"下数字，比如图上的"1133"，进入"未盘点包裹"界面，查看库内现有的所有滞留件及滞留时间，将其找出后联系客户尽快取走或做退回处理，保证包裹处理的时效性以及库内货位的正常流转。

图 4-28　巴枪"盘库"界面

## 实训内容

2020年,淘宝"双12"购物节高峰期间,在12月17日晚,某高校菜鸟驿站工作人员在对包裹进行盘库的过程中,发现35号货架上有一批13日入库的包裹已滞留3天以上未处理,导致快递公司派送时效即将产生超时处罚。但是站内每天晚上10点半都会进行盘库和再次通知收件人取件,为什么还会出现这样的情况呢?处理步骤如下。

(1)经查看工作日志并分析发现,35号货架滞留的13日包裹是当晚23点入库的,而16日站内人员盘库时间早于23点,导致盘库时该批包裹滞留包裹时未满3天,故未电话联系客户处理。

(2)电话联系客户取件。站内人员针对该批滞留包裹,逐个电话联系收件人告知包裹位置,询问包裹未取的原因,并通知收件人及时取件。

(3)站内人员及时联系该批滞留包裹的快递公司,将客户拒收或需要改地址的快递交接给快递员处理。

(4)工作人员对该批滞留包裹再次进行登记,并提醒次日工作人员留意并协助处理。18日中午,13日滞留件处理完毕。

## 任务考核

| 组号: | 填写人员: | | | | 日期: | | |
|---|---|---|---|---|---|---|---|
| 评分项目 | 评分点 | 1组 | 2组 | 3组 | 4组 | 5组 | 6组 |
| 实训室规则 | 遵守实训室规章制度(10分) | | | | | | |
| 职业素养 | 衣着干净整齐(5分) | | | | | | |
| | 精神面貌佳(5分) | | | | | | |
| | 积极参与团队合作(10分) | | | | | | |
| 职业技能 | 熟悉各快递公司的时效规则(30分) | | | | | | |
| | 学会制定滞留件处理方案(20分) | | | | | | |
| | 及时与快递公司和客户进行沟通联系(20分) | | | | | | |
| 合计得分: | | | | | | | |

## 项目测评

**(一) 选择题**

1. 以下哪项不属于集中派送的优势?(　　)

   A. 节约成本　　　　　　B. 末端派送网络资源分散

   C. 升级末端服务　　　　D. 提高派件效率

2. 在站内入库操作中,体积中等或偏大、质量轻,外形规则的盒子应放在货架的第(　　)层?

   A. 货架最上层　　　　　B. 货架中间层

   C. 货架最底层　　　　　D. 随意放置

**(二) 判断题**

1. 入库时,在货架第一层,应将取件码标签贴在俯视面右角处。(　　)

2. 某日盘库时,操作人员发现某货架层位上包裹实际数量与巴枪显示数量不一致,可以先不处理,累计一周清理一次。(　　)

**(三) 实践题**

在驿站内,完成派件操作,按"包裹分拣—包裹入库—包裹出库—盘库"的顺序进行全流程练习。操作要求达到熟练程度。

## 项目结语

不断提升末端快件的派送服务效率和服务水平是保障驿站客户服务质量和升级末端物流服务能力的重要手段。驿站操作人员需要对派件各环节的操作进行学习,熟练运用各种设备和系统,并在实际运用中不断总结、思考和复盘,及时获知行业前沿发展资讯和趋势,结合新技术的应用,强化末端派件能力的建设。

# 项目五 玩转寄件

**项目概述**

菜鸟驿站致力于为客户提供物流"最后一公里"的多元化服务，除了包裹代收和派送业务，寄件也是驿站的重要业务。因此，寄件业务服务要求驿站能持续适应客户多变的服务需求，建设末端物流运力，不断升级末端物流服务体验。逆向物流是伴随着网购业务衍生的一种物流形态，退换货属于逆向物流的一种，在末端物流寄件场景中占据重要份额，菜鸟驿站支持线上线下下单，操作便捷，拥有寄件机等IoT设备，致力于为客户提供智能化、人性化、安全的寄件服务，提升末端服务水平。

**技能导图**

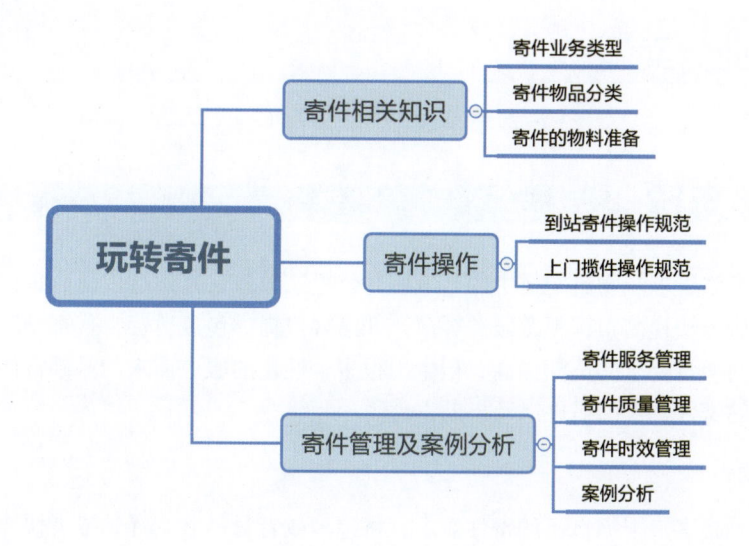

```
                         ┌─ 寄件业务类型
              ┌ 寄件相关知识 ─┼─ 寄件物品分类
              │              └─ 寄件的物料准备
              │
              │              ┌─ 到站寄件操作规范
玩转寄件 ─────┼ 寄件操作 ────┤
              │              └─ 上门揽件操作规范
              │
              │                      ┌─ 寄件服务管理
              │                      ├─ 寄件质量管理
              └ 寄件管理及案例分析 ──┤
                                     ├─ 寄件时效管理
                                     └─ 案例分析
```

# 任务一
# 寄件相关知识

> **▶ 任务描述**
>
> 玩转寄件业务，首先要进行寄件基础知识的学习和积累，掌握寄件物品的种类、不同分类物品的寄件要求、寄件时效要求以及寄件的物料准备，同时，还需要密切洞察客户的需求。提供专业的、便捷的、多元化的物流服务，是末端物流寄递业务的发展趋势。下面以菜鸟驿站为例，帮助同学们熟悉寄件业务知识，如寄件业务类型、寄件物品分类和寄件的物料准备，从而识别不同的寄件需求，为寄件业务升级优化提出更好的解决方案。

## 一、寄件业务类型

### （一）按照业务场景划分

菜鸟驿站专注于末端物流配送中的"最后一公里"服务，其站点广泛分布在城市的社区和高校内，上游服务快递公司，下游服务客户，并给客户提供包裹暂存、代寄等服务。随着下游客户物流服务对质量要求的不断提高，衍生出很多个性化的服务需求。基础寄件业务按照场景可以划分为到站寄件、上门揽件以及自助寄件。

#### 1. 到站寄件

到站寄件是指客户根据自己的寄件需求，将包裹或者物品拿到驿站或者快递代收点，在驿站工作人员的指引下通过网上下单、实名认证、物品验视、货物包装、称重计费、打印面单等操作，完成包裹的寄出，如图5-1所示。

在菜鸟驿站内，都有驿站专属的寄件二维码，客户寄件时可以线下使用菜鸟APP扫描二维码。扫码后会跳转到"驿站寄件"下单页面，下单完成后在驿站工作台录入包裹相关信息，由驿站称重并打印电子面单。扫码寄件对客户来说，无须手写，体验好，效率高，下单更便捷；对驿站来说，扫码下单可以减少操作时间，提升寄件效率，节省成本，降低出错率，提升服务质量。

图 5-1 到站寄件服务

到站寄件的优点在于客户可以在站点营业时间内，自由安排寄件时间；缺点在于不能提供个性化服务，例如，对于大件物品，客户需自主搬运到站点。

2. 上门揽件

上门揽件是指客户在线下单，选择小件员上门取件，然后小件员根据客户的下单需求，及时上门取件，并完成寄件标准流程操作，其目的在于通过建设末端物流上门运力，升级寄件服务能力，来满足消费者更高的物流需求。

上门揽件业务的履约情况直接关系到客户的服务体验，菜鸟驿站通过接单后揽收率、及时回单率、订单完结率以及爽约率的指标对驿站进行考核。因此，针对上门揽件业务，驿站不但需要进行合理的人员配置和物料准备，还需要业务规范培训和管理。上门揽件业务工作要求如图 5-2 所示。

上门揽件业务的优点在于提供末端物流寄件的多元化服务，满足客户的个性化需求，提高客户的便捷性。例如，校园驿站可以解决校园大、重件以及毕业季大件上门等问题。缺点是难以对揽件过程进行监督管理，上门揽件业务要求小件员在客户家中或者指定位置完成寄件业务操作，需要业务员能够独立自主、规范地完成操作，避免因为操作不当引起订单取消或者客户服务投诉等，同时在订单高峰期需要进行合理分单调配，确保及时响应客户，避免延迟履约等情况的发生。

| 上门揽件业务工作要求 | | |
|---|---|---|
| 准备工作 | 人员准备 | ① 人员配置：1人1天最多处理50单；<br>② 日均超过100单以上的站点，必须多准备1至2人，以防短时间爆单、车辆物资问题、员工临时请假等特殊情况；<br>③ 运力人员必须熟悉校园内各个负责区域的楼栋及周围环境情况，以便做到不出问题的互换及临时调动；<br>④ 运力超过2人的站点，必须有专门的分单人员 |
| | 物料准备 | ① 上门小件员必须配置蓝牙打印机、电子秤，工服；<br>② 上门前，必须把包材辅料准备齐全，当场打包、当场称重、当场付费 |
| 日常工作 | 早规划 | ① 早上8:30前，必须打开镖局，查看9:00—11:00的订单；<br>② 对于超区订单，及时在镖局中做"地址修正"；<br>③ 根据订单位置、时效要求，规划第一波取件路线，同时开始电联消费者进行确认 |
| | 及时监控 | ① 站点负责人必须实时监控订单情况，遇到订单突然增多时，要做好小件员的分单调配；<br>② 8:30—9:10、10:30—11:10、13:30—14:10、15:30—16:10，这几个时段要重点进行监控 |
| | 晚收尾 | ① 驿站负责人必须每日19:00后查看订单的完结情况，致电未缴费消费者进行费用缴纳；<br>② 驿站负责人必须每日复盘订单取消情况，判断哪些订单是由于小件员操作不当引起取消的 |

图 5-2　上门揽件业务工作要求

### 3. 自助寄件

物流行业利用技术变革创新发展与服务，从急速送达到无人配送，从预约取件衍生到快递自提柜，现在又有了自助寄件柜。

菜鸟裹裹自助寄件柜是菜鸟网络推出的智能 IoT 设备，提供一站式无人自助寄件服务。截至 2020 年 7 月，该服务已在浙江、山东、河南、福建、四川、江苏、广西、上海、天津和广东等 25 个省、直辖市率先落地，外形如图 5-3 所示。

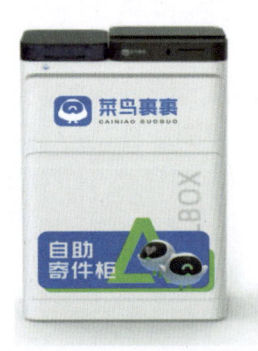

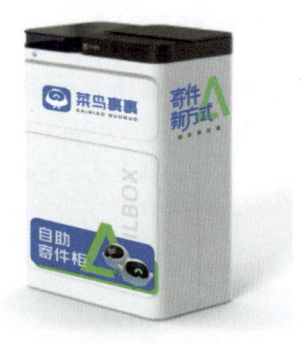

图 5-3　菜鸟裹裹自助寄件柜

菜鸟裹裹自助寄件柜等自助寄件设备的优势有三方面，第一方面是可以随时寄快递，不受驿站位置和取件员时间的限制；第二方面是操作便捷，可以自助称重、支付，让寄件价格更加透明；第三方面是减少人工成本，提高寄件效率。缺点在于自助寄件设备的投放数量有限，导致应用范围较小。但未来随着物流"黑科技"的日益发展和多区域覆盖，智能化的自助寄件服务是末端物流的必然趋势。

## （二）按照订单来源划分

菜鸟驿站的包裹按照订单来源划分，可以分为淘系退换货包裹和散件包裹。

### 1. 淘系退换货包裹

淘系退换货包裹是指淘系（淘宝、天猫、闲鱼）电商平台的退换货寄件包裹。淘宝、天猫等淘系电商平台客户在退货时，通过"我要寄件"的官方推荐寄件服务，可以选择上门取件或者驿站寄件来完成寄件。

该类包裹可以通过淘宝APP下单、菜鸟APP下单等形式快速获取退货信息，无须客户重复填写收件地址、收件人等信息，简化操作流程，提高效率。另外，购买运费险的淘系订单，在首重1千克以内无须支付运费，可直接用运费险抵扣。

### 2. 散件包裹

散件包裹是指除淘系电商平台的发货、退换货订单之外的包裹，包含个人自主邮寄的包裹、其他电商平台的发货包裹等。例如小明邮寄手机给在老家的爷爷，该包裹就属于散件包裹。

# 二、寄件物品分类

随着快递产业的快速发展，末端物流寄件的物品种类越来越丰富，现在可以分为服装鞋帽、生鲜产品、易碎品、文件、特殊物品（如大件物品、贵重物品）等；不同的寄件物品类型在快递包装、时效等方面的要求各不相同。

## （一）服装鞋帽

服装鞋帽品类在每年的网购产品调研中，都占有很高的份额，是消费者最喜欢网购的一类产品。此类产品小件居多，是快递操作中比较常见和简单的一类，除了部分价格昂贵的真丝等物品，大多数对于包装没有特别的要求，装卸、搬运也不需要特别对待。该类包裹一般满足包装基本要求，如防水防潮防破损即可；对于价值较高的服装鞋帽，除了做好正常的包装防护外，建议提醒客户进行包裹保价。

## （二）生鲜产品

生鲜产品具有较强的季节变化性，存储期短，容易腐败变质，对于保鲜技术和运输技术都有较高的要求，生鲜产品快递保鲜的天数除了与产品发货前自身新鲜程度有关，还与生鲜在运输过程中防护措施、温度等因素有关。生鲜产品的运输对温度变化比较敏感，春秋季温度适宜时，一些保存期长的农产品可以承受2～3天的长距离运输；夏天温度高时，包装就需要泡沫箱和干冰袋，即使这样，生鲜产品腐烂的概率还是很高的。

## （三）易碎品

易碎物品在收揽的时候，需要严格按照快递公司的防撞、防摔要求进行包装的安全防护，并在包装显眼处张贴易碎品标识，提醒快递公司规范操作，保障包裹在物流途中的运输安全。

## （四）文件

文件（不包括国家机关公文）一般多为商务合同、函件、证书等，属于重要性、保密性较高的一类物品，对包裹的安全性和时效性要求极高。驿站针对文件的包装有专用的文件快递袋，在包裹揽收的时候确保文件的完好性，同时注意防水、防潮、防火，避免因为包裹损坏、丢失等引起纠纷。

## （五）大件物品

大件物品通常包括网购的家具家电、装修材料，以及开学季、毕业季校园驿站的学生被褥等行李。部分大尺寸、形状不规则的大件物品，对于包装材料和包装方式会提出比较高的要求。大件物品由于体积和质量都比较大，一般都需要工作人员上门揽件并完成寄件服务。菜鸟APP提供30千克以上的快递服务，能够提高大件物品寄送的便捷性、时效性和安全性。

## （六）贵重物品

贵重物品由于价值高，极易丢失，因此在寄件时需要提醒客户进行包裹保价；引导客户不瞒报商品价值，合理保价并及时告知快递公司，避免包裹受损或者丢失后导致的索赔纠纷。

## 三、寄件物料准备

为了保证寄件业务的顺利完成，作为驿站工作人员，需要提前准备好寄件业务流程中应用的相关物料。主要分为打包物料、称重设备、智能终端设备以及打印设备，详细说明如下。

（1）打包物料包含胶带、木框箱、纸箱、快递袋、工具刀等，确保包装操作的顺利开展。

（2）称重设备主要指电子秤等，上门揽件业务需要配备便携式电子秤，保证现场完成包裹称重，并告知客户。

（3）智能终端设备主要是指安装驿站掌柜 APP 的安卓手机，用其进行寄件业务的系统操作。

（4）打印设备指蓝牙打印机、USB 连接打印机等面单打印设备，在包裹寄件的最后环节支持打印面单并完成面单粘贴。

> 🔍 **实训内容**
>
> （1）走访校园附近的菜鸟驿站，了解驿站的寄件业务场景。
>
> （2）采访驿站工作人员，了解驿站常见物品分类以及不同物品的寄件要求。
>
> （3）观察驿站寄件的物料和包裹包装方法，并采集照片。
>
> （4）分组进行头脑风暴，整理采集信息，并制作以"如何做好寄件服务"为主题的PPT。
>
> （5）派出一个代表进行 PPT 汇报，其他小组成员可以提问。
>
> （6）教师总结各小组的表现。

## 👍 任务考核

| 组号： | 填写人员： | | | | 日期： | | |
|---|---|---|---|---|---|---|---|
| 评分项目 | 评分点 | 1组 | 2组 | 3组 | 4组 | 5组 | 6组 |
| 实训室规则 | 遵守实训室规章制度（5分） | | | | | | |
| | 能够实训完成进行卫生整理和打扫（5分） | | | | | | |
| 职业素养 | 衣着干净整齐（5分） | | | | | | |
| | 精神面貌佳（5分） | | | | | | |
| | 积极参与团队合作（10分） | | | | | | |
| 职业技能 | 走访站点观察仔细，能够较全面地采集素材（10分） | | | | | | |
| | 能够和站点工作人员良好沟通，有效了解驿站寄件业务（20分） | | | | | | |
| | 能够积极参与头脑风暴（10分） | | | | | | |
| | 能够对如何做好寄件服务提出建设性意见（20分） | | | | | | |
| | 能够及时发现驿站寄件问题，并给出意见（10分） | | | | | | |
| 合计得分： | | | | | | | |

# 任务二
# 寄件操作

> ▶ **任务描述**
>
> （1）某同学在网购平台买了一双球鞋，但试穿后发现不合脚，跟卖家申请了退货并退款，根据流程，他需要将球鞋通过快递的形式邮寄给卖家，于是他来到了学校的菜鸟驿站退货。假设你是菜鸟驿站的工作人员，接下来应该怎么接待客户，完成到站寄件的操作？
>
> （2）某同学在天猫超市买了一个加湿器，回家试用发现喷雾量太小，联系卖家后协商启动退换货流程，该同学通过淘宝APP选择上门揽件服务。你作为驿站的工作人员，在收到网上订单时如何完成上门揽收的取件服务？上门揽件服务有哪些注意事项？

## 一、到站寄件操作规范

### （一）到站寄件流程规范

根据平台系统设置和操作程序，菜鸟驿站的寄件流程为：客户通过淘宝APP、支付宝APP、菜鸟APP线上或者到站点下单后，完成实名认证，提交包裹开箱照片并上传，验视无异常后，进行称重计费，打印电子面单，经客户核对信息无误后，完成收费并将寄件包裹放置在相应区域，完成寄出。为了更好地服务客户，一般驿站会设置相应的寄件温馨提示，如图5-4所示。

完整的寄件业务流程图如图5-5所示，站点寄件专员需要根据客户下单信息，操作寄件管理系统引导客户规范完成到站寄件业务。

随着菜鸟驿站的规模不断扩大，服务的消费者群体越来越多，为了提升末端物流服务的体验，寄件业务操作流程的升级优化成为必然趋势。标准化寄件操作，可帮助运营人员快速上手。如通过标准化的考核，对驿站寄件服务进行分层。对于服务好的驿站，平台会给予特殊的寄件激励，同时还会为驿站引流；而不达标的驿站，也会有处罚措施。

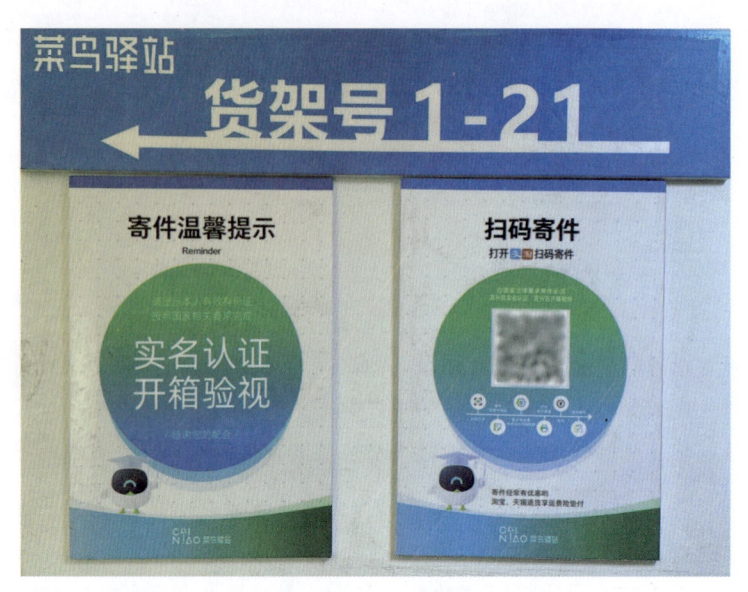

图 5-4　寄件温馨提示

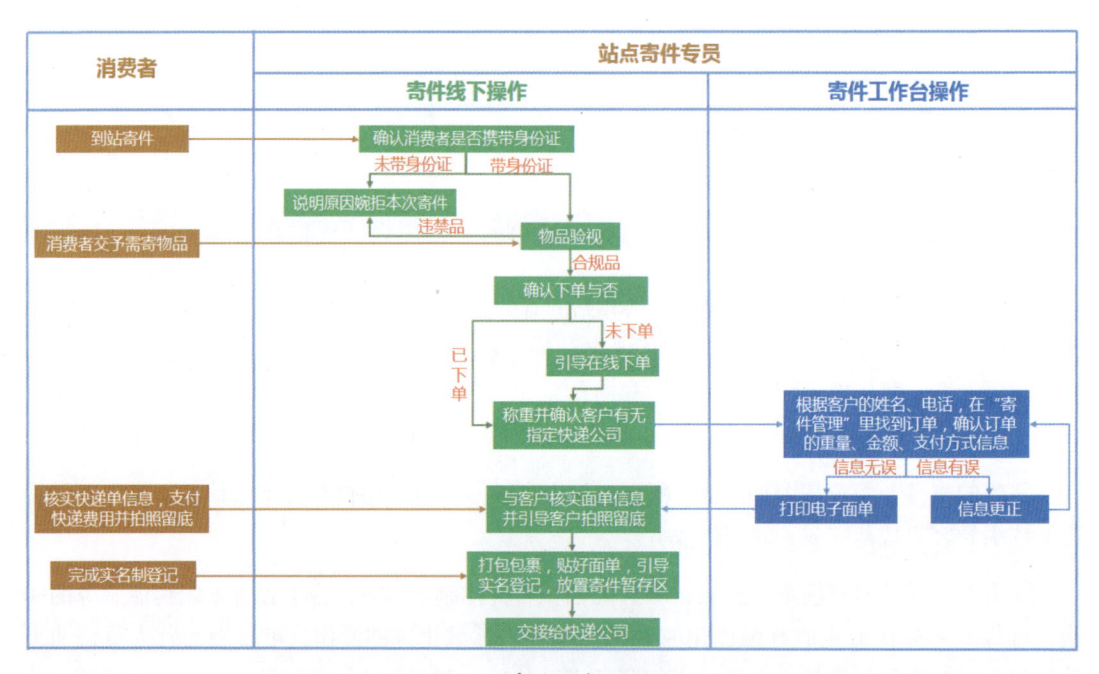

图 5-5　寄件业务流程图

## （二）寄件话术规范

接待是寄件环节的第一个步骤，负责接待寄件的驿站工作人员，需要熟知业务接待话术，能够准确把握客户的需求并提供客户满意的服务，提升驿站的专业形象。以下是日常业务流程常用的接待话术。

（1）当有客户来寄件时，应主动热情地进行服务："您好，请问是需要寄件吗？请问已经在线下单了吗？"

（2）已在线下单时："请问寄件人姓名是？"或"请问您手机号后四位是？"

（3）没有在线下单时："请问您是淘宝退换货吗？如果是，您可以直接选择驿站寄件，使用一键退换货功能；如果不是，麻烦您扫描桌面二维码进行在线下单，下好单了我再来帮您处理，谢谢！"

（4）确认下单信息后："好的，请问您需要邮寄的是什么物品？根据相关规定，我们需要进行开箱验视，请您理解。"

（5）确认好所邮寄物品的属性后，与客户确认打包方式："您好，根据包裹托寄物内容，您所寄的物品采用×××材料，用×××方式打包，您看可以吗？"

（6）得到确认后，对物品进行打包、称重，根据重量、邮寄地点核算寄件费用。

（7）告知客户应付的费用："您好，您的包裹重量为×××千克，按照计费标准，您需要支付×××元，您可以用支付宝支付或者现金支付，谢谢！"

（8）客户支付完成后："好的，感谢您来寄件，您的寄件货品计划安排今天××点发货，预计××天到达，请随时关注快递信息，祝您生活愉快！"

## （三）实名寄件规范

根据国家相关法律法规，为了保证安全，应相关主管部门的要求，以及管控危险违禁品的相关规定，快递寄件严格执行实名制。因此客户到站寄件，应告知客户需提供身份证原件；当客户没有带身份证时，应向客户表示不能寄件的歉意，并耐心向客户解释原因，获取客户的理解；当客户质疑个人信息泄漏时，可将验视页面提供给客户查看，并当面扫描身份证消除客户疑虑；扫描后，应及时将证件归还客户，并提醒客户妥善保管，避免重要证件丢失；当客户存在实名寄件疑问时，耐心向客户说明实名寄件规范要求，取得客户的认可和配合。

寄件实名认证有以下几种途径，如图 5-6 所示。

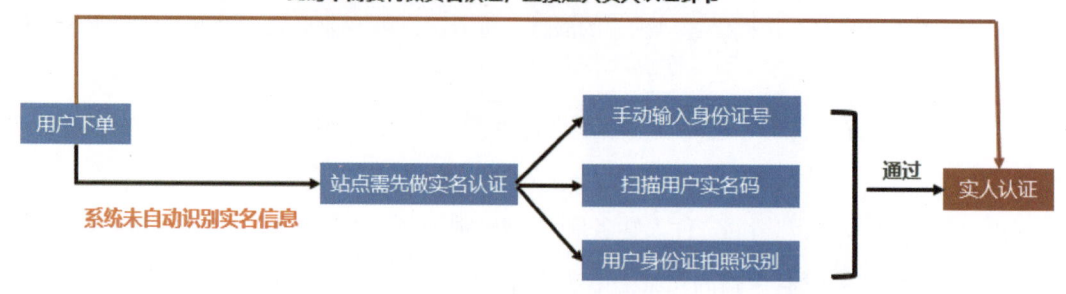

图 5-6　寄件实名认证途径

菜鸟驿站为了对客户寄件实名进行监督管理，客户必须完成寄件实名认证操作，且小邮局系统提示"已认证"才能完成寄件。

小邮局系统实名后认证的界面如图 5-7 所示。

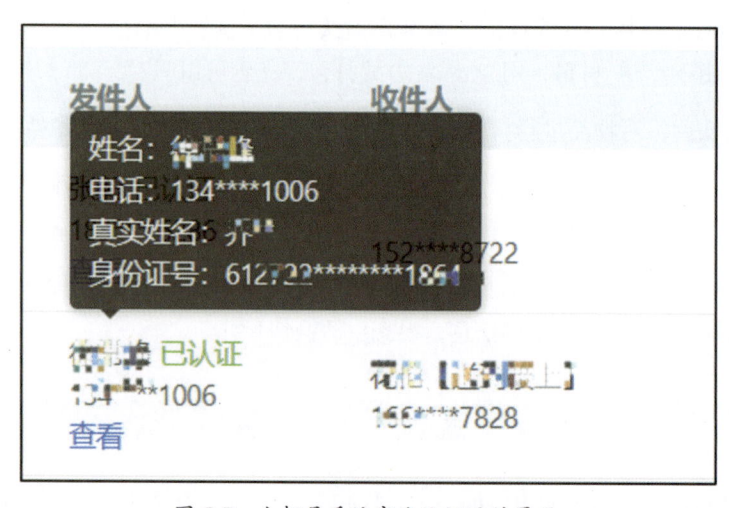

图 5-7　小邮局系统实名认证后的界面

## （四）开箱验视规范

根据有关主管部门的政策要求，进一步加强寄递渠道安全规范管理，自 2016 年起快递企业需严格执行"三个百分百"制度，即 100% 先验视、后封箱；100% 实名寄递；100% 通过 X

光机安检。其中对于开箱验视的详细要求和操作规范如下。

（1）应在收寄现场对客户需要寄递的物品进行验视，且验视过程需在监控镜头下进行。

（2）验视时，由寄件人打开封装，或经寄件人同意，由驿站工作人员打开封装，如图 5-8 所示。

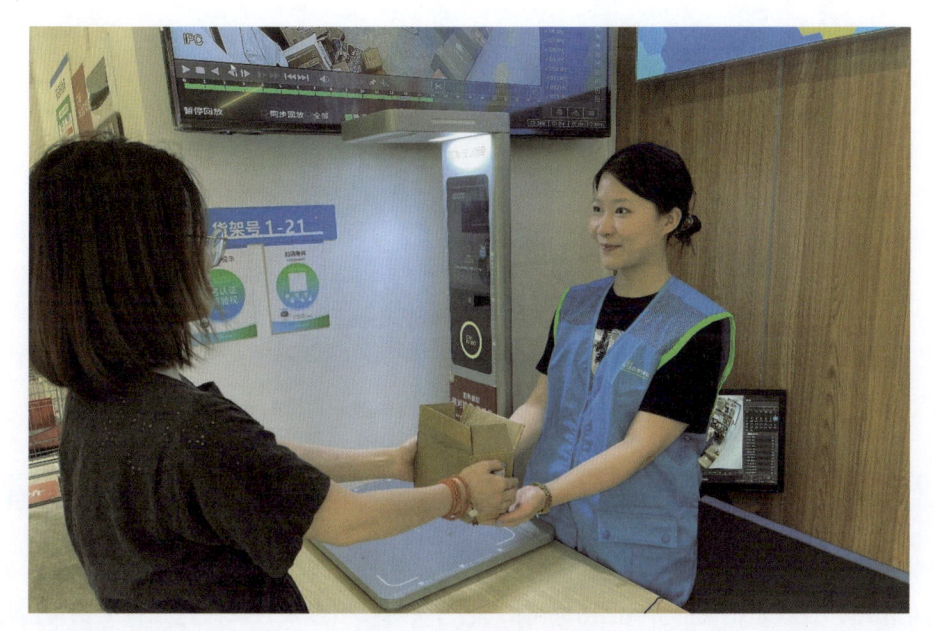

图 5-8　开箱验视示意图

（3）查验客户需寄递的物品、包装物、填充物是否符合国家关于禁止寄递、限制寄递的规定及是否与快递运单上所填报的内容相符。

（4）验视时，快递业务员应注意人身安全，不应鼻腔直接嗅闻或接触，不应用手触摸不明液体、粉末、胶装等物品。

（5）对客户需寄递的物品内有夹层的，应逐层验视。

（6）对于一单多件的快件，每一件物品都需要验视。

开箱验视的目的在于查看包裹是否包含违禁品。因此，需要对快递规定的违禁物品有全面的认识和了解。敬请根据国家相关规定和最新的禁限寄物品目录，执行开箱验视工作。

驿站应按照要求悬挂相应的宣传看板，如图 5-9 所示。

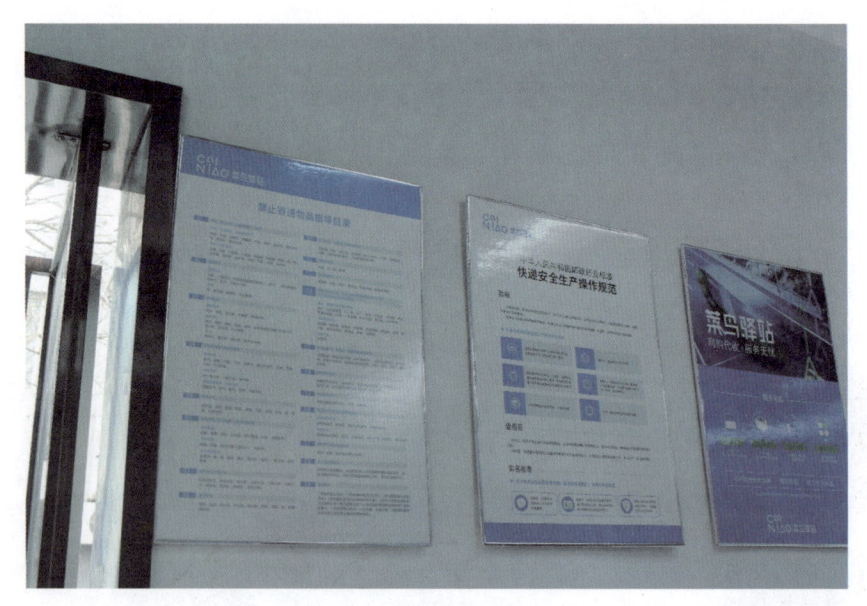

图 5-9　禁限寄宣传看板

## （五）包裹打包规范

包装主要有两方面的功能：一是自然功能，即对商品起保护作用；一是社会功能，即对商品起媒介作用，也就是把商品介绍给消费者，把消费者吸引过来，从而达到扩大销售占领市场的目的。驿站寄件包裹包装主要体现包装的自然功能，主要是针对包裹物品的自然特性，选择合理正确的包装材料，采取正确的包装操作，达到对包裹物品保护的目的。菜鸟驿站对于包裹包装具体的操作规范如下。

（1）打包时，根据邮寄物品的属性和特点，选择适宜的包装材料。

（2）包装货品时选择大小适宜的纸箱，内部货品要充实，无晃动声，严禁"货小箱大"现象，确保胶带不脱落。

（3）包装货品时要确保货品外包装无灰尘、无污渍，确保包装盒无破损。

（4）针对特殊商品，包括但不限于液体（饮料、果汁、瓶装水）、易碎物品（玻璃制品等）、特殊气味的商品，需单独打包，且打包后要包裹一层塑料袋，与其他物品隔离，防止在运输过程中出现破损后，损毁其他快递件。

（5）胶带的粘贴和使用要求：对于外形规则的货品包装，如使用纸箱包装的货品，建议对

5.5千克以下的包装箱，进行"工"字形或"十"字形包装；建议对5.5千克及以上的包装箱，进行"井"字形或"王"字形包装。

（6）包装胶带粘贴要求横竖位置对准、不错位，松紧适度，每条封胶位置环绕一圈胶带，闭合为止，做到该封胶带的位置封好，杜绝浪费胶带。

（7）过小的物品最小包装不能小于运单大小。

（8）严格禁止使用子母包方式打包，即指两个独立的物品通过简单捆绑、缠绕方式组合到一起成为一件物品。

（9）包装好的货品外观要求整体美观结实、无松散、无凸凹不平的现象。

近年来，伴随着网购业务量的不断增长，国家行业层面加强对绿色包装的推进和落实，按照环保、节约的原则，提倡合理进行包装操作，不得过多缠绕胶带，尽量减少包装层数、空隙率和填充物；鼓励寄递企业建立健全工作机制和回收流程，对包装物进行回收再利用。

2018年5月，菜鸟网络联合32家物流合作伙伴启动"绿色行动计划"，截至2020年，已经在全国高校投放超过10万个绿色回收箱，通过"菜鸟海洋"等活动激励客户对包装材料回收利用，养成"把纸箱留在驿站，让资源循环利用"的习惯。与此同时，绿色包装材料的普及应用是下一阶段绿色环保物流的必然趋势。

## （六）费用核算规范

快递市场上对于包裹的运费核算主要有两种计费方法，一种是按照实际重量计算，另一种是按照体积重量计算。国际快递公司和国内的快递公司一样，在计算出体积重量后，与包裹的实际重量相比，取其较重者计算运费。快递费用由首重费用和续重费用组成，通常都是以千克为计量单位。不满1千克的，则按照1千克收取运费。

$$寄件运费 = 首重 \times 首重价格 + (总重 - 首重) \times 续重价格$$

体积重量是一种反映快件密度的计重方式。低密度的包裹，较之其实际重量，占用的空间更大，因此采用体积重量进行运费的计算较为合理。体积重量的计算公式如下。

$$总重 = 长(cm) \times 宽(cm) \times 高(cm) / 固定基数（一般为6000）$$

对于不规则物品的体积重量，按外包装自然外廓的最长、最宽、最高部位尺寸计算，测量采用cm为计算基本单位，不足1cm则按1cm计算。

此外，对于相同重量，不同地区的费用也不一样。例如，一般情况下，江浙沪的收费标准相较于其他地区更低；不同的快递公司，对首重和续重的收费标准也不尽相同。作为菜鸟驿站的工作人员，不仅要掌握不同的称重方法，同时要熟记各地区的寄件价格，才能准确完成费用核算。

## （七）面单粘贴规范

快递面单是指快递行业在运送货物的过程中用以记录发件人、收件人，以及产品重量、价格等相关信息的单据。目前，市场上普遍使用电子面单，电子面单即热敏标签纸，规格会比普通快递单小，信息比普通快递单更完善，对设备要求低且易于操作。电子面单通过条形码信息，记录快递行业的连续数据，便于包裹的跟踪管理。菜鸟驿站对于面单粘贴的规范如下。

（1）快递面单要求贴于包装好的货品正面中间位置，贴正贴好以便识别，如图 5-10 所示。

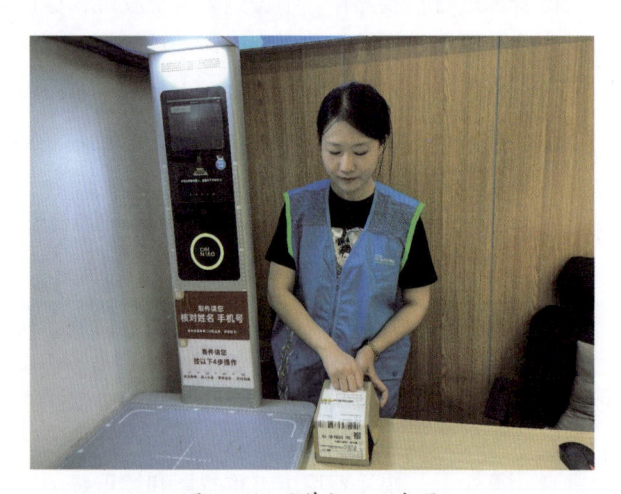

图 5-10　面单粘贴示意图

（2）严禁单件货品贴两张快递面单现象。

（3）严禁将没粘贴快递面单的货品交接出站。

（4）严禁将不同快递公司的货品混放。

（5）信息区域必须粘贴在包裹外包装的最大面，且条码无弯折、无挤压、无变形、无褶皱。

（6）粘贴面单时，应将条码区域与包装接缝处错开张贴，防止条码变形，导致无法扫描识别。

（7）使用小型或特小包装，无法保证整个面单处于一个平面时，必须使面单的"目的地＋条码"区域位于包装盒最大平面，且在同一平面上。

（8）易碎标签、安检标签、安检印章不得覆盖面单信息。

具体面单粘贴标准如图 5-11 所示。

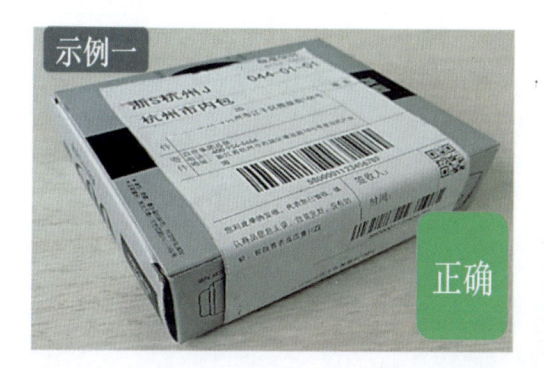

图 5-11　面单粘贴标准

## （八）寄件包裹快递交接规范

与快递公司交接寄件包裹时，需按照规范进行收件交接登记（见表 5-1），建议快递公司在站点现场直接做揽件扫描操作。

表 5-1　收件交接登记表

| 日期 | 快递公司 | 收件数量 | 快递员签名 | 交接人签名 | 备注 |
| --- | --- | --- | --- | --- | --- |
|  |  |  |  |  |  |
|  |  |  |  |  |  |
|  |  |  |  |  |  |

# 二、上门揽件操作规范

上门揽件与到站寄件的区别主要在于需要小件员必须在规定时间段内到达客户指定位置，进行包裹的揽收，虽然在业务流程上与到站寄件流程类似，但上门揽件由于业务场景的转换，仍具有一定的特殊性。上门揽件的操作规范主要包括上门揽件流程规范、上门揽件着装规范、上门揽件工具准备、上门揽件时间规范、上门揽件收费标准以及上门揽件异常处理。

### （一）上门揽件流程规范

上门揽件要求取件员在规定时间段内到达客户指定位置，完成相应的取件服务。菜鸟驿站上门揽件业务标准流程涵盖以下7个步骤。

（1）查看订单信息，接单5分钟后联系客户核对信息。

（2）前往约定地点，上门取件并核验客户的身份证件。

（3）当面开箱验视，完成包裹包装。

（4）当面进行称重和运费确认。

（5）当场打印面单并完成面单的正确粘贴。

（6）引导客户完成费用结算。

（7）揽收成功，放置包裹等待快递公司取件。

具体上门揽件操作流程如图5-12所示。

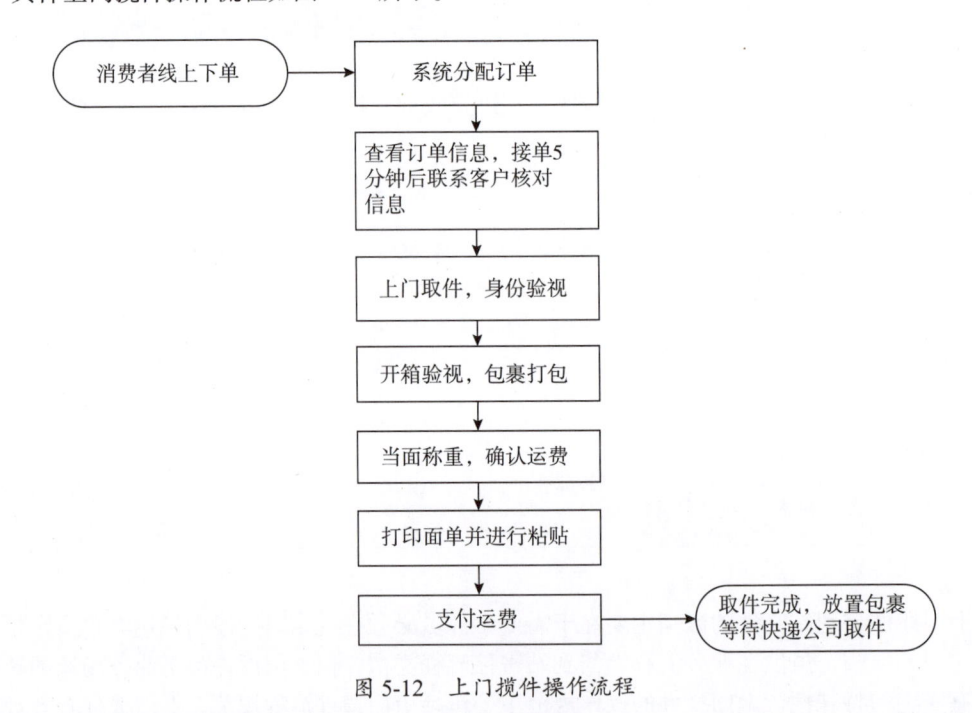

图5-12　上门揽件操作流程

## （二）上门揽件着装规范

统一标准的着装和良好的仪容仪表，能够给客户留下良好的印象，也能反映出驿站服务的专业性，同时能够有效降低客户的戒备心理，获取客户的信任感，是末端物流为客户提供良好服务的基础。因此，驿站工作人员在上门揽件前需要整理个人仪容仪表，穿戴公司统一服装并佩戴工作牌，确保工服整洁无破损、无明显异味；上门后，主动向客户表明身份，说明来意并出示证件。菜鸟驿站的标准工装如图 5-13 所示。

图 5-13　菜鸟驿站的标准工装

## （三）上门揽件工具准备

上门取件员除菜鸟驿站工服外，还需要配备蓝牙打印机、便携式手提秤、常用包装耗材等，具体如图 5-14 所示。每次上门前，均需仔细检查工具物料是否携带齐全，以及携带设备是否正常可用；上门后，能够独立进行设备的操作使用，完成包裹的包装和称重，并进行费用结算。如遇到设备故障等突发事件，需向客户说明原因并及时给出解决方案。

| 序号 | 名称 | 数量 | 检查重点 |
|---|---|---|---|
| 1 | 蓝牙打印机 | 1台/人 | 电量充足<br>热敏打印纸安装到位 |
| 2 | 便携式手提秤 | 1个/人 | 电量充足<br>功能正常 |
| 3 | 智能终端 | 1个/人 | 电量充足<br>包裹侠软件注册完成并申请电子面单<br>手机与蓝牙打印机连接完成 |
| 4 | 包装耗材 | 按需准备 | 符合取件包装需求的打包袋、胶带足量 |

图 5-14　上门揽件工具准备

## （四）上门揽件时间规范

上门揽件业务通常对时效性要求较高，菜鸟裹裹承诺 2 小时内上门，驿站员工收到揽件提示后，通过包裹侠 APP 查看订单详情，查看路径如图 5-15 所示，并在接单后 5 分钟内电话联系客户，确认寄件需求、上门时间和地点、寄件物品类型，以及询问是否可以提前履约；到达履约地点后，输入取件码，完成包裹包装，当面打单和付款，并且保证当天发出。

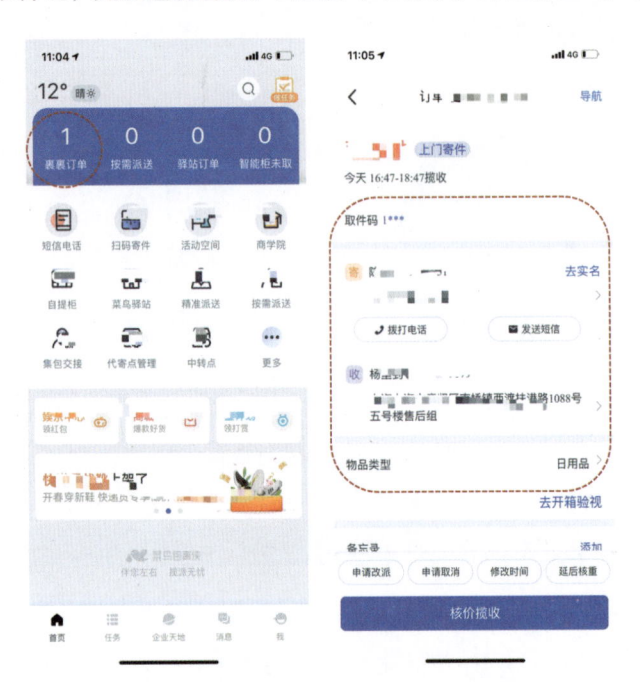

图 5-15　查看上门订单

## （五）上门揽件收费标准

上门揽件可以为客户提供上门寄取服务，对于驿站来说也需要投入一定的人力成本，因此，上门揽件的收费通常会略高于到站寄件。运费的计算公式不变，如下。

$$寄件运费 = 首重 \times 首重价格 + （总重 - 首重） \times 续重价格$$

取件员现场称重，根据菜鸟裹裹官方报价标准计算运费并向客户解释清楚，线上支付可以使用裹裹优惠券或者退货运费险抵扣，如客户对价格不满意，可以取消订单，取件员不得未经过客户同意私自取消订单。另外，菜鸟裹裹上门取件不支持到付，取件员要解释清楚并取得客户理解，也可建议其拨打菜鸟电话进行咨询。

## （六）上门揽件异常处理

### 1. 订单超区处理流程

接单后 30 分钟内，发现订单超出区域，可登录系统网址查找订单并进行地址修改；超过 30 分钟则无法修改地址，可以电话联系客户，向客户诚恳解释原因，询问客户是否可以自行取消订单并重新下单，如客户不愿意取消，站点应该完成履约责任。

### 2. 客户联系不上的处理流程

如果联系不上客户，可能存在未接通、拒接、空号、停机等多种情况，具体解决措施需根据实际情况分析处理。可以分时间段多渠道联系客户，如发短信、微信联系、上门查看等，确实因客户原因联系不上，则需在订单超时之前修改履约时间，同时发送短信告知客户并且保持手机畅通。

### 3. 打印异常处理流程

打印异常一般存在打印失败和面单完成打印后修改地址两种情况。如遇到打印失败的情况，检查单号是否足够，单号不足则进行充值。如遇到面单打印后修改地址的情况，则需让客户重新下单，已有单号联系快递公司回收即可。

### 4. 客户要求转单处理流程

接单后客户因为特殊需求，需要寄发指定快递公司的，可与客户协商采用指定快递公司的快递单号。

### 实训内容

两人分为一组，模拟客户和上门揽件人员完成一次寄件操作，结束后互换角色，完成巩固练习。步骤如下。

（1）穿着统一工服，佩戴工牌，仪容仪表干净整洁，随身配备各项营运工具。

（2）核实客户提供的派件地址是否在服务区域内。

（3）实名认证后，需要对物品进行开箱查验，并拍照上传到驿站系统留底。

（4）为客户提供大/中/小胶带、文件封等基本包装免费服务。

（5）协助客户正确、完整地填写运单各项信息，与客户确认运单信息，请客户在"寄件人签署或盖章"栏内签名确认。

（6）准确填写运单并确定运费后，将寄件方留存联交给寄件客户妥善保存。揽收人员通过专业的手持终端设备上传包裹揽收信息，客户即可实时在线上查询该包裹揽收信息。

## 任务考核

| 组号： | 填写人员： | | | | 日期： | | |
|---|---|---|---|---|---|---|---|
| 评分项目 | 评分点 | 1组 | 2组 | 3组 | 4组 | 5组 | 6组 |
| 实训室规则 | 遵守实训室规章制度（5分） | | | | | | |
| | 能够实训完成进行卫生整理和打扫（5分） | | | | | | |
| 职业素养 | 衣着干净整齐（5分） | | | | | | |
| | 精神面貌佳（5分） | | | | | | |
| | 积极参与团队合作（10分） | | | | | | |
| 职业技能 | 着装仪表符合规范，随身配备各项营运工具（10分） | | | | | | |
| | 能够检查客户身份证，保证实名寄件（10分） | | | | | | |
| | 能够进行开箱验视，准备判别物品类型是否属于禁限寄物品（10分） | | | | | | |
| | 能够合理地对物品进行包装，保证物品安全（10分） | | | | | | |
| | 协助客户正确、完整地填写运单各项信息（10分） | | | | | | |
| | 能够准确确定运费（10分） | | | | | | |
| | 能够通过专业的手持终端设备上传包裹揽收信息（10分） | | | | | | |
| 合计得分： | | | | | | | |

# 任务三

# 寄件管理及案例分析

> ▶ **任务描述**
>
> 2020年9月26日,北京某高校菜鸟驿站客户反映于同年9月23日从该站寄出发往西安的护手霜,收件人收到包裹后反馈是一双鞋子。假设你是菜鸟驿站工作人员,请分析该包裹的错误原因,解决问题并就驿站的包裹错发提出自己的预防管理措施。

末端物流寄件业务涉及的物品品类繁多,场景多样,会经常遇到各种各样的异常状况,只有在面对问题时及时准确地处理,才能确保业务的正常运转;同时,需要强化寄件管理制度,减少异常事件(例如发错件、丢失件、服务态度差等)的发生,提升客户的体验,对末端驿站的运营至关重要。有资料研究表明,寄件管理可以从服务、质量、时效三个维度进行提升。

## 一、寄件服务管理

随着末端物流行业竞争的日趋激烈,价格已不再成为客户选择的关键敏感因素,越来越多的客户更加注重服务质量。

寄件服务的首要原则是服务响应度要高。服务响应度是指客户在物流服务过程中可以及时获得服务,在客户到站寄件过程中需要及时响应,礼貌接待,具体包括避免客户长时间等待、出现问题时迅速解决等。此外,面对客户的投诉需要及时处理,避免推诿责任,要认真听取客户的意见,如实记录并酌情采纳。驿站可以通过接待礼仪培训提高员工素质,强化服务意识,提升服务的关怀性。

## 二、寄件质量管理

寄件质量管理是指驿站应具备专业可靠的服务能力,即为客户提供及时、准确和信赖的物流服务的能力，寄件业务要求能够按照客户要求在有效时间内，将包裹准确、完整地运输和投递到目的地。考量的指标主要有包裹是否完好、送达是否及时、运费是否合理等，这就需要驿站工作人员熟悉行业业务规范，遵守驿站工作制度，用可靠、专业的服务态度影响客户，提升行业服务标准和水平。

寄件质量管理与包裹的安全管理息息相关，也是末端物流运力建设的重要基石。驿站的存储环境、装卸操作、出入库操作等，都是影响包裹安全准确到达目的地的重要因素。因此，驿站业务流程的标准化对于末端物流运力服务保障至关重要。

## 三、寄件时效管理

不管是电子商务正向物流还是退换货逆向物流的寄件，都对包裹的时效性要求较高，客户希望通过快捷、便利的物流服务及时完成电子商务交易。另外，末端物流场景中生鲜产品的寄件需求日益旺盛，商品特性决定其对时效性要求极高。这就要求驿站与快递公司根据每日单量合理安排揽件时间和揽件频率，避免次日发件的情况发生。

上门揽件的时效性还体现在取件员的上门时间上，即从下单上门取件到实际上门揽件的时间。菜鸟裹裹的时效性要求是2小时内上门，不同站点不同时间段上门取货的效率也会有差别，例如当日包裹量多、片区取件订单多都会使取件员的效率受到影响，这就要求站点或者系统能够合理进行资源分配，从而保证时效性。

### 🔍 案例分析

2020年6月26日，杭州某高校驿站用户反映于同年6月25日从该驿站寄出的一本书（《2020年志愿报考指南》）发往亳州，收件人收到的物品不是书，而是衣服。驿站站长核实发现是两个包裹弄混了，于是迅速查看云监控，并回溯寄件经过。

（1）24日晚间系统内单号用完，快递公司无法充值，当天早晨上班时间已催促网点，但未办理充值。

（2）当日早晨到驿站寄件客户共有4位（其中两件衣服系同一地址，为淘系退货，使用快递袋包装；另外一件也是衣服，使用白色泡沫袋原包装；最后一件是书刊，使用快递袋包装），都已在系统内下单，驿站站长对包裹进行标记姓名后妥善放置。

（3）网点拖延至次日上午10点左右才充值单号，驿站站长一起打印出4张面单。

（4）因为当日寄取件单量较大，忙中出错，包裹被签收后接到寄件人反馈包裹邮寄错误。

本次寄错件事件由于驿站站长的及时处理和客户的理解，并没有引起客户的投诉。但是，通过本案例分析，你觉得在寄件操作过程中应该把握哪些要点，以及如何通过加强管理杜绝此类事件的发生？

## 实训内容

针对本任务的任务描述，处理步骤如下。

（1）对于客户表示诚挚的歉意，并承诺立即解决问题。

（2）在驿站寄件系统查询单号，查询同一时间寄件包裹为鞋子的单号并联系收件人或快递员。

（3）根据包裹送达情况与快递员或收件人联系（如已签收，则联系收件人，未签收则联系快递员），找到原来寄护手霜的包裹。

（4）与客户或快递员协商将包裹寄到正确地址，主动承担运费并表示歉意。

（5）联系客户告知他的包裹已找回并发出，请客户帮忙寄出错收的包裹至正确的收件人，并主动支付运费。

（6）跟进确保调换之后正确的包裹客户已收到。

## 任务考核

| 组号： | 填写人员： | | | 日期： | | |
|---|---|---|---|---|---|---|
| 评分项目 | 评分点 | 1组 | 2组 | 3组 | 4组 | 5组 | 6组 |
| 实训室规则 | 遵守实训室规章制度（5分） | | | | | | |
| | 能够实训完成进行卫生整理和打扫（5分） | | | | | | |
| 职业素养 | 衣着干净整齐（5分） | | | | | | |
| | 精神面貌佳（5分） | | | | | | |
| | 积极参与团队合作（10分） | | | | | | |
| 职业技能 | 道歉态度真诚，能够换位思考（10分） | | | | | | |
| | 能够在寄件系统查询订单信息（10分） | | | | | | |
| | 能够查找错件并联系快递员、收件人核实情况（20分） | | | | | | |
| | 能够完成错件的召回或转寄（20分） | | | | | | |
| | 能够跟进错件的全过程处理，直至客户收到正确包裹（10分） | | | | | | |
| 合计得分： | | | | | | | |

## 项目测评

（一）选择题

1. 寄件物品有哪些分类？（　　）

   A. 服装鞋帽　　　B. 生鲜产品　　　C. 文件　　　D. 大件物品

2. 驿站开展寄件业务，需要准备的物料有哪些？（　　）

   A. 智能终端　　　B. 打印机　　　C. 胶带、木箱等　　　D. 称重设备

3. 对于保鲜技术和运输技术都有较高要求的是（　　）

   A. 衣物鞋帽　　　B. 生鲜产品　　　C. 易碎品　　　D. 文件

（二）简答题

1. 开箱验视规范有哪些？

2. 寄件时，客户需要做哪些物料准备？

（三）实践题

通过查阅相关资料，学习关于寄件安全的相关法律法规。

## 项目结语

客户日益增长的多样化、个性化、智能化寄件服务需求，都对末端物流运力建设提出了新的要求。另外，寄件业务需求从客户发起，不同于收件的被动体验，其对服务的感知度会更强，而且贯穿于包裹从揽收到签收的整个过程。本项目立足于末端驿站的业务要求，从寄件相关知识、操作规范、寄件管理三方面展开阐述，并结合任务实训和案例分析，致力于为末端物流寄件服务管理提出相应的解决方案。

# 项目六
# 玩转客服

**项目概述**

随着电商的繁荣发展，全国快递物流的业务量不断攀升。2020年，全国快递量累计833.6亿件，同比增长31.2%。在业务量增长的同时，竞争也在加剧，2019年快递价格战打响，尤其是电商包裹。末端物流作为快递物流的最后一公里，成为所有压力的聚集点，迎来最大挑战。很多末端驿站为了降低成本，往往忽视了客服体验。如何在末端物流快速发展的现状下，保障客服体验不断升级，成为每一位菜鸟驿站的从业人员面临的新课题。

关于驿站客服管理的工作内容，我们需要了解：一是客服日常如何接受客户询问；二是丢失、破损、滞留、退回现象一旦发生，客服如何快速处理从而尽量降低客户损失；三是在接到客户投诉后，客服如何快速有效解决客户投诉的问题，从而提升客服体验，最终达到提升客户满意度的目标；四是如何洞察客户需求，并且将其转化到客服工作内容与工作方法之中，特别是如何在客服工作中满足客户的情感需求；五是客服人员在客服发展历程中，以及在对技术预判与客户需求洞察的基础上，如何预测驿站客服发展趋势，提前布局未来的客服定位与工作。

**技能导图**

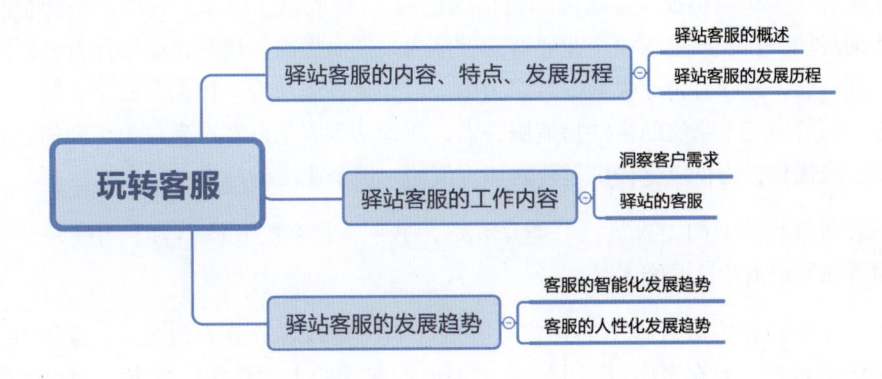

```
                ┌─ 驿站客服的内容、特点、发展历程 ─┬─ 驿站客服的概述
                │                                └─ 驿站客服的发展历程
玩转客服 ───────┼─ 驿站客服的工作内容 ─┬─ 洞察客户需求
                │                      └─ 驿站的客服
                └─ 驿站客服的发展趋势 ─┬─ 客服的智能化发展趋势
                                       └─ 客服的人性化发展趋势
```

# 任务一
# 驿站客服的内容、特点、发展历程

> ▶ **任务描述**
>
> 走入驿站,通过与驿站负责人的交流调研,了解驿站客服的概念、特征、作用,了解客服人员的构成体系,掌握不同层次、不同岗位承担客服工作的人员的具体职责,以及这些人员从事客服管理所需的必备技能。

## 一、驿站客服的概述

### (一)驿站客服的概念

客服即客户服务(Customer Service),从流程角度可以定义客户服务:"客户服务是一个以成本有效性方式为供应链提供显著附加价值的过程。"由此概念可知,客服是一种企业与客户之间的互动活动,在互动过程中企业要有管控能力,进而提高客户对企业的评价;同时客服也是一种管理理念,意味着企业强调以客户为中心,并将客服视为一种竞争战略。驿站是处于买方、卖方之间的第三方物流的末端物流服务点,故驿站客服是以客户满意为导向的,寻求"服务—成本"最优化,为供应链提供显著附加价值的一项企业活动。

驿站客服过程涉及两类人员:一类是客户,另一类是客服人员。为了明确驿站客服的概念,必须要先界定清楚这两类人员。

首先,关于驿站客服过程中的客户。一般而言,驿站客户分为两类,一类是快递公司,另一类是终端客户。但在客服过程中,一方面驿站接到的主要是客户投诉,而快递公司与驿站在此过程中更多的是合作关系;另一方面无论是在取货前由驿站主动发现问题,还是在取货后接到客户投诉后发现问题,都有可能通过包裹的物流信息,追溯到快递公司,此时快递公司与驿站是作为一个整体一同为客户提供包裹服务的，在客服过程中驿站通过与快递公司协调来解决客户遇到的问题。故在驿站客服方面，客服主要面对的客户是终端客户，而非快递公司。

其次，关于驿站客服过程中的客服人员。客服人员是指以提供客户服务为工作内容的客服群体，如图 6-1 所示。客服人员必须具备物流管理专业知识，在此基础上经过专业培训，可以与客户建立互动关系，在客户心中塑造企业形象，负责探索服务需求、收集与分析物流数据、查阅后台监控数据、处理投诉接待和后续调查工作。

图 6-1　驿站客服人员

### （二）驿站客服的特征

#### 1. 从属性

驿站客服的需求是伴随着包裹流通而发生的，这种从属性既表现在合作企业上，又表现在客户上。表现在合作企业上，主要是指影响客户服务的合作企业因素非常多，比如供应链各节点企业的服务时效、可靠性，以及供应链各节点企业间的沟通机制等。表现在客户上，主要是指客户服务一般都发生在客户提出需求或提出投诉之后。

2. 即时性

驿站客服对客户所提供的服务属于非物质形态的劳动，是一种伴随着包裹信息生成的即时服务。

3. 差异性

驿站客服所面对的客户，存在数量多、不固定的特征。不同的客户对服务内容和服务水平的要求不尽相同，这种差异性导致驿站客服具有较强的柔性，要求客服采取"千人千法"的工作策略。

除上述特征之外，驿站客服还具备人工与智能结合、线上与线下共驱的特征。其中，人工与智能结合是指客户的投诉渠道包括线上智能客服与线下人工客服。注意，线上除了有智能客服之外，还有"客诉处理沟通群"可以为客户服务。所以线上与线下共驱是指：一方面线上智能客服可以通过系统工单任务方式把投诉指派给驿站解决，也可以把投诉指派给城市小二解决；另一方面线上"客诉处理沟通群"的群内客服人员会把投诉工单分配给对应的城市小二，然后由城市小二去线下场景中迅速处理解决。由此达到了线上客服系统与线下客服系统协同解决问题的效果。

## （三）驿站客服的作用

驿站客服是基于驿站功能满足客户对末端物流的期望的重要环节与活动。谈到其对驿站运营的作用，主要有以下三点。

第一，维护并提升企业品牌形象，提高客户忠诚度。在客户第一次询问中及时进行解答，既起到安抚作用，又提高客户的服务体验，进而提高客户满意度。稳定的客源是企业生存与发展的根基，是实现企业价值的源泉和动力。客户对驿站客服的严格要求，也将有力推动驿站服务质量的提升。品牌价值的提升，也将最终推动物流行业发展。

第二，持续提高客服水平，提升竞争优势。相对于产品、价格和促销而言，客服的差异性和持续改进，是不容易被效仿的，必将成为驿站在行业内为客户创造更好的服务价值、创造持久竞争优势的有效方式。

第三，降低投诉率，提升驿站服务水平。对于驿站这类服务型企业来说，客户会因派件延误、虚假签收、破损遗失、服务态度等各类原因进行投诉，有效的客服，可以减少客户对驿站的投诉，从而降低驿站因投诉而导致的罚款，有助于全面地提升服务品质。

### （四）客服人员的构成体系与工作内容

驿站从经营场景来区分，分为校园驿站和社区驿站；从经营形式来区分，分为直营驿站和加盟驿站。无论哪种类型的驿站，客服方面的工作内容都是基本相同的。除了驿站之外，末端驿站平台总部的客户运营中心也会有相应的人员负责客服方面的工作。

#### 1. 客服人员的构成体系

1）总部的客服人员

总部的客服组织架构如图 6-2 所示。

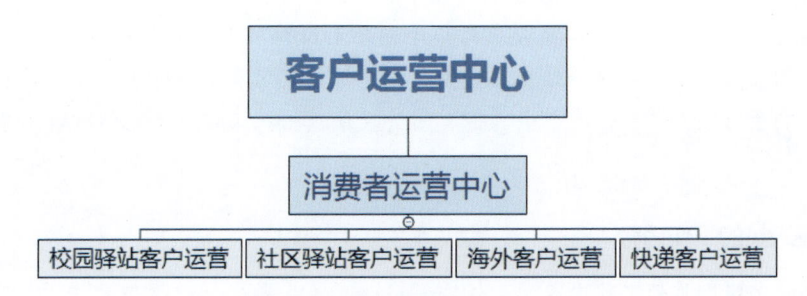

图 6-2　总部的客服组织架构图

首先，总部的客户运营中心下设消费者运营中心。然后，消费者运营中心按照四大业务板块又划分为校园驿站客户运营、社区驿站客户运营、海外客户运营、快递客户运营，其中前三个客户运营板块对应的都是派件业务，快递客户运营板块对应的是寄件业务。上述四大客户运营板块都设有客服人员。

在本书中，我们主要讲解校园驿站客户运营和社区驿站客户运营两大板块。

2）驿站的客服人员

在驿站中，除上门送件员以外的岗位，比如站长、前台经理、综合事项处理员、站内寄件员、上门取件员、库区经理、包裹分拣员、包裹入库员等，都在一定程度上承担了客服的职责。

3）智能客服

智能客服所使用的智能机器人由客户运营中心下设的物流客服中台负责。

下面通过一个案例让大家了解一下，在具体工作中线上智能客服与线下人工客服是如何协同解决问题的。

> 🔍 **案例分析**
>
> 小李同学多次来驿站，都未能找到包裹。工作人员告诉他包裹已经出库，但是小李同学确实没有拿到该包裹，在核对购买信息后确认未曾见到包裹，认为包裹丢失了。于是小李同学通过线上方式联系客服投诉包裹丢失，智能客服收到投诉后，系统判断该包裹价值超过 1000 元，自动接入人工客服进行后续处理，人工客服与小李同学沟通并了解清楚事情原委后，认为驿站有责任。
>
> 人工客服给驿站下发工单，驿站收到工单后及时提供了自己无责的证明。为了核实具体情况，人工客服再次联系驿站，但驿站却一直未接电话。之后，人工客服只能请求城市小二进行处理。城市小二在分别与小李同学和驿站联系后，最终厘清了事情原委，原来这个包裹由小李同学的一位室友代其取走，但他忘记和小李同学说了，答应会尽快把包裹给小李同学。之后，城市小二将真实情况反馈给人工客服，完结投诉工单，判定驿站无责。

### 2. 客服人员的工作内容

1）总部的客服人员的工作内容

校园驿站客户运营和社区驿站客户运营的客服对象主要是客户和驿站站点（包括校园驿站和社区驿站）。

第一，针对客户，主要工作内容是完成客户咨询、客户投诉的处理。在校园驿站中，客户投诉的常见类型是错分件、驿站服务态度较差、货物丢失等；在社区驿站中，客户投诉的常见类型是需要送货上门、包裹丢失、驿站服务态度恶劣等。针对不同投诉类型，处理时效要求不同，一般在电话接听时能即时处理的要求即时处理，不能即时处理的 24 小时跟进处理。

第二，针对驿站站点，主要工作内容：监督站点的服务质量，通过统计投诉率判断站点服务质量是否存在问题；若存在问题，针对站点服务质量进行处罚，处罚方式一般是扣罚保证金、清退等措施，提升站点整体服务质量。另外，对于社区驿站，还会对包裹的链路进行监督管理，一般通过站点指数、出库率等数据指标来完成监管。

2）驿站的客服人员的工作内容

①密切关注菜鸟驿站系统中的投诉信息，做好相关记录，第一时间联系投诉人，核实投诉

内容，了解投诉原因，安抚投诉人情绪，并将投诉情况如实向前台经理汇报。

②关注菜鸟驿站群消息，针对涉及本驿站的群通知、上级提问等消息要及时回复，如超出本人岗位或能力范围，要及时记录，并提醒站长收看、回复群消息。

③关注各快递公司群消息，凡涉及本驿站的问题（如错分件、改地址等），若本人能够直接处理，则第一时间处理并回复，若所遇问题的处理超出本人岗位或能力范围（如涉及罚款或丢件赔付问题），则及时告知前台经理或站长处理。

④做好客户线上、电话与现场咨询问题解答工作。

⑤做好高拍仪出库现场指导与问题处理。

⑥按照站长或前台经理的要求，做好驿站各类数据的调取、统计、计算等工作。

⑦定期协助前台经理设计《菜鸟驿站服务满意度调查问卷》，并在前台经理带领下，面向客户开展调研工作。

3）智能客服的工作内容

智能客服所使用的智能机器人，其工作内容主要是解答常见的客户咨询问题，并完成一些简单场景的工单查询转接工作，减少人工客服的介入，提高投诉处理效率。

### 3. 客服人员的技能要求

1）总部的客服人员的技能要求

总部的客服人员需要具备如下基本技能。

①熟练掌握业务知识，通过在线或热线方式为客户的基础物流服务咨询、物流异常情况反馈、物流信息查询等问题解答，在解答环节中通过智能知识系统、业务文档提供咨询、查询服务，并做好相关服务记录。

②合理地运用沟通与服务技巧，以提升客户满意度，确保服务水平。

③具备在线或热线咨询服务经验。

④熟练使用办公软件。

2）驿站的客服人员的技能要求

驿站的客服人员需要具备如下基本技能。

①拥有良好的职业操守和平和的心态。

②进入工作岗位后，工作积极、主动、热情。

③具备很强的沟通技巧，能够洞察客户需求。

④具备处理复杂问题的能力，充分了解合作企业的规章制度、判责标准及其依据，能与合作企业高效沟通，快速为客户解决问题。

总之，驿站客服的工作是琐碎的，要求从业人员细心缜密。驿站的客服工作是要针对外部合作企业制度的调整不断发生变化的，要求从业人员灵活多变，唯一不变的是在第一时间勇于站出来为客户解决问题。

## 二、驿站客服的发展历程

菜鸟驿站发展至今，驿站客服经历了3个阶段，即模式探索期、岗位规范期、情感触达期，见证了驿站客服从事务型、制度型到关系型定位的发展历程。以下分别介绍驿站客服所经历的各个发展阶段。

### （一）模式探索期——事务型定位

驿站客服的模式探索期正值菜鸟驿站的初创时期。作为快递行业发展衍生的新型末端服务平台，在这个时期，菜鸟驿站的各项服务工作还处于探索阶段，末端站点处于业务先行、运营尝试、流程摸索、制度初建的状态。

这个时期的驿站客服工作是事务型定位的，即以完成各项客户服务具体工作为导向。在菜鸟驿站的初创时期，客服的相关工作，例如处理破损件、处理错分件、处理投诉等，都必须进行，但是只有很少的驿站有专职的客服岗位，即使大型站点也很少设立客服岗位。换言之，在菜鸟客服的模式探索期，驿站各个岗位都需要承担和完成部分客服的工作，所以很少有专职的客服岗位和客服人员，当然也没有形成规范的客服岗位描述和岗位职责。

### （二）岗位规范期——制度型定位

驿站客服进入岗位规范期源于以下两个发展背景。第一，菜鸟驿站初步完成了运营模式确定、运营流程确定、运营制度建设等工作，工作流程逐步完善、站点管理逐步规范。驿站还开发并使用了更多先进技术和设备，例如巴枪、小票打印机、高拍仪、云监控系统。流程管理的规范与完善、技术设备的运用，标志着菜鸟驿站各方面工作从模式探索期进入岗位规范期。第二，末端服务日益发展完善，分工日趋精细，客户对处理时效、服务态度等提出了更高的要求，投诉事件时有发生，驿站急需规范客户服务岗位的工作内容和职责。

这一时期的客服工作也从事务型定位转变为制度型定位。在此背景下，许多大型驿站的客服从其他工作中分离出来，成为一个独立、专职的岗位，并且建立、发展和完善了其岗位描述、岗位职责、岗位规范、岗位权限等内容；中小型驿站虽然仍然没有独立的客服岗位设置，但针对客户工作内容、工作规范、工作职责及工作标准都有了明确的规定。在驿站客服的这一发展阶段，其工作是制度型定位的，客服岗位制度的建立并完善，令客服工作有章可循、有规可依、有记可考、有效可奖。

在这个阶段，菜鸟驿站围绕客服的相关工作，相继出台了客服管理工作的 SOP 流程、岗位工作内容及职责、投诉管理及处理规范等条款，形成了具有末端物流特色的菜鸟驿站客服管理机制，将驿站客服带入了制度化、规范化的发展阶段。

## （三）情感触达期——关系型定位

驿站客服情感触达期的发展背景有如下三点。第一，获得技术赋能的菜鸟驿站，其各项工作、各业务流程都能够顺畅进行，菜鸟驿站可以把更多时间、精力等资源投入驿站客服工作。第二，客户对服务态度、服务时效提出了更高的要求，遇到包裹损坏、延迟、丢失等突发事件时，对服务体验更加关注。第三，伴随菜鸟驿站的技术升级，驿站迎来了智能客服，智能客服能够辅助客服工作，这使得驿站人工客服从记录突发问题、答复解决期限等事务性和机械性的繁杂工作中解脱出来，把更多精力投入与客户的问题沟通、情感安抚、关系维护之中。

这个时期的驿站客服工作也从岗位规范期的制度型定位，转变为触动客户情感和内心的关系型定位。这个时期的驿站客服工作，除了按照各项制度规范完成客服工作内容、履行客服岗位职责之外，还非常注重与客户的心灵交流和情感沟通，能够移情（即换位思考），急客户之所急、想客户之所想，尽心尽力为客户解决各种问题。例如客户在情人节当天送给女朋友的包裹发生了错分问题，客服人员能够感同身受，理解客户急切的心情，在客服工作职权范围内想尽一切办法在当天处理问题，保证客户在情人节当天拿到包裹。再例如，遇到因快递公司失误导致包裹丢失的愤怒客户，驿站客服人员能够换位思考，除了完成解释、先行赔付这些客服工作的规定动作之外，还能够做到不激动、不生气，主动安慰客户，抚平客户心理焦虑，从而实现"客户愤怒而来，满意而归"的逆转。

## 案例分析

一天，客服人员小张正在驿站工作，突然急匆匆走进来一位忧郁的姑娘，她急促地向另一位工作人员询问客服人员是哪位，之后小跑着来到小张面前，说活有些语无伦次。小张主动疏导她的情绪，并且有意识引导她把问题说清楚。小张面带微笑地说："你好！我是驿站客服人员小张，同学你慢慢说、别着急，我尽力尽快帮你解决问题。"看到小张坚定自信的神情，姑娘稍微平静了一点。小张接着问："你遇到了什么问题？包裹找不到了吗？"姑娘又紧张起来，说："我的包裹两天前已经显示从转运站运往驿站了，但是直到现在我还没有收到驿站的取件通知。这个包裹对我来说太重要了，我很着急。"姑娘说着眼泪掉下来了。小张向她要了快递单号在系统中查询，然而并没有该物流信息的更新信息，可以肯定这件包裹没有入库，还在物流公司手中。但是看到姑娘泪眼汪汪，想到她期盼包裹的焦急心情，小张主动联系了快递公司询问包裹现在的位置，结果快递公司也不知道这个包裹现在在哪里，快递公司需要时间询问相关部门和人员情况。

事情处理到这里，查找这件包裹就是快递公司的责任了，但是姑娘的眼泪还是吧嗒吧嗒地往下落，一直在说"这个包裹很重要，是妈妈留给我的遗物，是妈妈留给我唯一的东西……"听到这里，小张突然明白姑娘如此忧虑和紧张的原因，也能感觉到姑娘情绪低落到了极点。小张发自内心地安慰姑娘："别急，这家快递公司很少丢包裹，也许是这几天包裹太多了还没来得及分拣。你心里想说什么就说出来，我可以做一个很好的倾听者，保证保密。"听到这里，姑娘慢慢回忆起了妈妈，她也许在学校里太孤单了，也许不愿意对熟悉的同学讲自己的事情，总之向陌生但愿意倾听她心声的小张讲述了妈妈的故事。就这样20分钟过去了，姑娘讲完了，情绪也平复了很多，沉重快要压弯她的"大石头"终于安全落地了。她需要的只是一个倾听者，一个郁闷情绪的出口，小张此时此刻正是她的倾听者、情绪出口。也许多年之后她不记得自己讲了什么，也不记得小张的面容，但她会记得这个驿站，以及愿意倾听她心声的陌生客服人员。

## 实训内容：

（1）向已学完本任务内容的学生发布讨论题目。一是你认为客服对于驿站来说作用是什么？二是应该如何定义客服的工作内容？

（2）将参与的学生进行分组，每组进行组内讨论。

（3）分组汇报，汇报时间建议控制在15分钟之内，汇报后对各组学生进行提问，老师给出点评。

## 👍 任务考核

| 组号： | 填写人员： | | | | 日期： | | |
|---|---|---|---|---|---|---|---|
| 评分项目 | 评分点 | 1组 | 2组 | 3组 | 4组 | 5组 | 6组 |
| 实训室规则 | 遵守实训室规章制度（10分） | | | | | | |
| 职业素养 | 衣着干净整齐（5分） | | | | | | |
| | 精神面貌佳（5分） | | | | | | |
| | 积极参与团队合作（10分） | | | | | | |
| 职业技能 | 驿站客服管理的作用的分析（20分） | | | | | | |
| | 讨论过程的组织工作（20分） | | | | | | |
| | 小组汇报成绩（30分） | | | | | | |
| 合计得分： | | | | | | | |

# 任务二

# 驿站客服的工作内容

> ▶ **任务描述**
>
> （1）某年1月20日，某高校学生李某按照之前的返校计划，在返校前提前在淘宝上购买了某考研资料，包裹于1月23日到达该校菜鸟驿站，但因为疫情防控原因，学校通知李某延迟返校，导致李某无法正常返校，也就无法按时取得该包裹，而李某正急需这本考研资料进行备考，为此他急得焦头烂额，一时不知道怎么办。于是他拨打了该校菜鸟驿站的客服电话……
>
> （2）王某近日收到一个等待已久的快递包裹，这本来是件很高兴的事情，可他怎么都高兴不起来。原来，王某在事发前3天在某互联网平台上购买了一件上衣，可是在收到的包裹里却只有一条裤子，王某多次联系该平台卖家，没有人帮他解决问题，无奈之下他拨打了快递公司的投诉电话，也被告知投诉无效，王某后来来到驿站，找到了驿站客服……

## 一、洞察客户需求

### （一）洞察客户需求的方法

洞察客户需求的方法有观察法、访谈法、问卷调查法、实验法、仪器测试法等。其中，观察法和访谈法是非常适合驿站客服使用的。这部分内容首先简单介绍观察法和访谈法，之后详细介绍观察法和访谈法在驿站客服各个工作中的应用。

**1. 观察法**

观察法是指在不惊动客户的前提下，对客户行为进行观察记录，研究其行为，并分析其需求的方法。驿站客服可以观察客户遇到各种问题件时的处理方式和处理行为，以便有针对性地开展客服工作。

观察法的关键是不为客户察觉，客观记录客户行为并进行行为分析。其中的难点是行为分析。其基本步骤如下。

（1）分解行为，即对客户所有行为进行分解，直到每个行为片段都只有一个含义。

（2）归类各个行为片段，比如看看哪些是要求物质赔偿的行为，哪些是要求精神赔偿的行为。

（3）对各个行为类型进行分析，比如客户在要求物质赔偿的行为类型中使用什么语言、表现出什么情绪，在要求精神赔偿的行为类型中使用什么语言、表现出什么情绪等。

（4）根据分析结果，采用对应的补救策略。

2. 访谈法

访谈法是指就访谈问题（一般会事前制定访谈提纲），与一位或者多位客户交流看法，分析他们的态度、需求等的方法。这种方法多用于了解客户态度、客户需求等态度和心理问题，例如征求客户对新产品的态度。驿站客服可以使用访谈法了解客户对驿站客服工作的态度、对问题件的处理流程和处理结果的意见等。其基本步骤如下。

（1）制定访谈提纲，通常是几个至十几个问题。

（2）选择合适的访谈主持人，要求主持人具有良好的人际沟通能力和访谈掌控能力，能够引导话题、不偏离主题，能够让所有被访谈者积极发言，并且不针对客户发言做出评价或者肢体暗示。

（3）选择合适的场地和被访谈者。

（4）将所有被访谈者提供的内容转化为逐字稿，对之进行内容分析。内容分析也是一种归类相同含义句子、提取各类句子含义、分析客户的方法。

（5）根据分析结果，采用对应的补救策略。

## （二）驿站客服观察客户的面部表情和肢体语言

在实际工作中，驿站客服在接待每一位客户时都需要观察其面部表情和肢体语言。得益于日常待人接物的经验，很多驿站客服都将这种观察面部表情和肢体语言的技巧内化为大脑的无意识反应。在观察客户面部表情时，首先应该关注客户的眼睛，所谓"眼睛是心灵的窗户"。

一般而言，人们的眼睛睁得越大，表示其对所谈论事件越感兴趣，如果眼睛眯着、往上方看，或者长时间关注其他事物则表明其对所谈之事不感兴趣。另外，眼球的转动自然，则表示其真诚、坦荡，自信的人更加愿意迎着人们的眼神谈话。其次，还可以观察客户的脸颊。人在愤怒的时候，脸颊会瞬间变得通红，而当人们在极力掩饰和抑制愤怒情绪时，脸颊则可能变得苍白。当人们愉快时，脸颊一般会往上提，嘴角向后拉，而当人们情绪低落时，脸颊会向下沉，嘴角向下拉，即所谓"耷拉个脸"。一个充满愤怒情绪的人，他的左眉和右眉会往中间挤，眉尾上扬，眼睛圆睁，鼻翼张大，嘴部横向拉长。通过这些非常明显的面部表情，驿站客服能够基本判断出客户的情绪状态。

在肢体语言方面，如果客户在交谈时两手抱着胳膊，一种可能是他在自我保护，另一种可能是他不认同客服的观点，拒绝客服提出的解决方案。如果发现客户双手紧扣，则他有可能非常紧张，不太擅长处理问题。如果驿站客服遇到双手叉腰的客户，那么需要打起十二分精神去应对，客户可能非常具有挑战精神，也许还身经百战。如果客服遇到掰着手指头、说话条理清晰的客户，则应该高兴一下，该客户非常理性，认知能力强，客服按章办事即可。

当驿站客服与客户进行眼神交流时，如果想营造非常融洽的氛围，则可以将视线落在对方眼睛水平线下方，注视客户的双眼和嘴巴之间，这样会降低客户的压力感，让交谈氛围变得轻松。另外，还有非常重要的一点就是不要快速转移视线，快速转移视线会给人逃避的感觉。

## （三）驿站客服倾听客户的语言和言外之意

在实际工作中，驿站客服需要根据客户的语言用词、语气软硬、语调高低、语速快慢等特征来识别客户的需求、判断客户的情绪。例如客户说话时用词粗鲁、语气生硬、语调高亢、语速较快，则表明客户比较着急、情绪激动，驿站客服需要更多、更及时的关注。中国谚语"锣鼓听声儿、听话听音儿"说明，中国人的语言可能会有言外之意。所以驿站客服在听懂客户言内之意的同时，也需要听出客户的言外之意，需要通过言外之意洞察客户需求。

这就要求驿站客服学会倾听客户语言，在能够正确理解客户诉求的同时，也能够听出其言外之意、弦外之音。首先，驿站客服应全神贯注、面带微笑地倾听客户诉求，这是对客户最大的尊重，也表明自己有兴趣倾听客户心声并帮助其解决问题。倾听时要与客户有眼神交流，最好注视其眼睛下方，不能有咄咄逼人的感觉。其次，在倾听时，驿站客服需要简单的点头、简短的应答，表示正在全神贯注地听，同时这也是了解客户意图的最好时机。最后，尽量不打断客户的说话和陈述，可以进行适当的追问。当然，如果客服想掌握解决方案的主动权，可以策略性地打断客户的解决提议，说明公司的处理惯例。

## （四）驿站客服洞察客户的补偿需求

一般而言，抱怨和投诉的客户可以分为负面口碑传播者、情绪激动愤怒者、理性冷静发声者、难以捉摸沉默者。

（1）负面口碑传播者：这类客户如果对驿站客服的回复不满意，常常会针对驿站及驿站客服进行投诉，并且极可能使用各种途径对驿站和驿站客服进行负面口碑宣传。

（2）情绪激动愤怒者：这类客户大多数情况下对客服出言粗鲁，希望得到物质补偿和（或）心理安慰。

（3）理性冷静发声者：这类客户大多只向公司投诉，专注于解决具体问题。

（4）难以捉摸沉默者：这类客户如果对驿站不满意，往往不投诉，也不宣传（或很少宣传）。因为不清楚这类客户的不满意之处和具体想法，所以这类客户有可能会给驿站带来更大的麻烦。

通常，客户通过投诉希望获得经济补偿和精神补偿（比如尊重需求、情绪宣泄、寻求安慰等）。

（1）经济补偿

客户投诉的最主要诉求是获得经济补偿。因此，客服首先要向客户诚挚致歉，并提出有效且可行的补偿方案，供客户思考和选择，然后以尽可能快的速度解决客户的问题。

（2）尊重需求

这类客户希望将道理讲清楚，也希望获得认同、尊重和重视。他们希望驿站向其道歉并立即采取处理措施。

（3）情绪宣泄

这类客户希望通过投诉将心中不满的情绪发泄出来，以释放和缓解心中怨气，维持心理平衡。面对这类客户问题，建议以静制动，诚恳、认真地倾听胜过讲道理。

（4）寻求安慰

这类客户在遇到包裹问题时，会感受到极大压力或者情绪变得非常低落，希望通过投诉获得心理安慰，特别是驿站客服的安慰。所以驿站客服在做好倾听者的同时，还需要扮演情绪安慰者的角色，不仅需要给予及时的应对，还要换位思考。

总之，处理客户投诉工作，首先需要对所需处理问题的严重程度进行分类，问题越严重，重视程度越高，处理效率越高。其次，结合包裹对客户的重要性、包裹价值，以及客户情绪状态（例如语言急切性、情绪焦急程度等），分出事件的轻重缓急，做出相应处理。

> **案例分析**
>
> 　　按照快递物流提示，李某为女朋友购买的情人节礼物在情人节当天中午能够到达驿站。李某非常兴奋地想象着女朋友收到情人节礼物时快乐的、手舞足蹈的样子。但是到了下午，李某还没有收到驿站发来的取快递的信息，他实在无法等下去，焦急的情绪促使他飞奔到驿站询问包裹是否入库、是否可以取件。但是驿站员工在查询后没有发现包裹入库信息，也查不到包裹物流位置。驿站客服进入异常件处理程序，发现快速公司将这个小小的礼物包裹弄丢了。此时的李某脸色通红、双眉紧皱，显然非常生气，虽然他也知道事情不能归责于驿站，但还是将自己的怒火发泄到了客服人员身上。
>
> 　　当班的驿站客服人员非常能够理解李某此时的失望、愤怒的心情，首先静静地让李某将怒火发泄出去，然后诚恳地向李某道歉，之后联系快递公司，确定了赔偿金额，最后鉴于李某非常焦急、事件缘由非常清晰，驿站客服人员先行对李某进行了经济赔偿。在一系列工作结束之后，李某恢复了平静，为其失礼主动向驿站客服人员道歉，为驿站快速解决问题致谢。

## 二、驿站的客服

### （一）驿站客服接待规范

　　基于前文可知，客服人员在接待时，主要面向终端客户。接待方式分为人工接待和智能客服两种方式，而人工接待又分为电话接待和现场接待两种方式。

　　不管是电话接待还是现场接待，客服人员一定要有耐心。客户询问的问题是多种多样的，可能有的客户言语激烈、脾气暴躁，这是客服人员常常会遇见的情况，而客服人员无论是受到批评还是责骂，都应虚心接受、耐心解释。为了避免与客户发生冲突，建议做到如下礼貌礼仪。

　　第一，主动热情：细心观察、主动了解客户的需求，在30秒内回应客户招呼并举手示意，在客户开口之前及时询问并提供服务。

第二，耐心周到：解答客户问题、化解矛盾要耐心，在语言表达、服务态度、寄取件服务中，给客户提供更灵活、更具体、更细致的服务，使客户得到超值的服务享受。

第三，礼貌"七声"：客户进站有"迎声"，客户询问有"答声"，照顾不周有"歉声"，为客指路有"请声"，客户遇喜有"贺声"，客户帮忙有"谢声"，客户离站有"送声"。

第四，指示：为客户指示时，需面带微笑，动作有礼。

第五，接收、呈递：接收与呈递物品时需双手接收与呈递，需看着对方眼睛。

第六，在任何时候都不对客户说"不知道"。

第七，做到话术统一：如"您好""请问""对不起，打扰一下"等。

第八，当遇到客户询问时，面带微笑，使用礼貌用语并及时做出回应，讲话时吐字要清楚，言辞上加"请"字。

第九，对客户的称谓统一且真诚，如"老师""同学"等，尽量减少使用"美女""帅哥"之类的称谓。

此外，关于客服人员如何接待客户，下文为大家提供一份详细流程。

### 1. 人工接待

1）电话接待

电话接待时间一般是各驿站的工作时间，基本是每天的 9:00—19:00。

关于客服人员如何接电话回应客户询问，驿站给出了标准流程，如下。

（1）电话铃响 3 声或 10 秒内必须接听并说"您好，菜鸟驿站，很高兴为您服务"。

（2）当几个电话同时响起时，要依次接听，应对客户说"对不起，请稍等"。

（3）再次接听时，应对客户致歉"对不起，让您久等了"。

（4）回答客人问题时，不能对客户说"不"或"不知道"。

（5）确认信息。如果客户的问题得到解答，应向客户致谢"感谢您的来电，祝您生活愉快"，如果客户的问题需要查询确认后再答复，应向客户致歉"很抱歉，这个问题我需要核查后再回复您，稍后我给您回电可以吗？您的电话是×××吗？好的，请您稍等"。

（6）记录信息。将客户的订单号、电话、咨询的问题、特殊要求等完整地记录在档案本上，及时跟踪处理并与下一位当班人员做好交接。

2）现场接待

现场接待时间一般是各驿站的工作时间，驿站一般会设有客服中心柜台，客户若有问题可以直接到柜台前进行询问，客服人员应该微笑接待。

关于客服人员如何现场接待客户，驿站给出了标准流程，如下。

（1）当客户进入驿站时，应面带微笑表示欢迎，热情主动打招呼"您好"。

（2）当客户离开驿站时，应礼貌送别"请慢走"。

（3）当遇到客户咨询问题时，不论问题与自身业务有无直接关系，都应热情主动帮助。

（4）如果客户来站点咨询包裹相关问题，则按包裹处理规范进行处理。

（5）如果客户咨询的问题涉及数据安全风险，应礼貌拒绝，如"很抱歉，这个情况我不太方便透露，请您理解，如您需要了解相关信息，可以致电菜鸟网络官方客服"。

**2. 智能客服**

以往物流企业的客服都采取人工模式，需要客服人员通过电话、短信和面对面等途径与客户互动，解答客户疑问，帮助客户解决各类问题，但随着人工智能的不断发展、大规模的业务向线上转移，智能问答系统应运而生，客户也越来越习惯使用线上方式进行咨询。

1）智能客服的定义

智能客服其实就是一种人工智能问答模式，是问答系统应用于自动客服的一种全新概念，它以语音识别、搜索引擎和人机交互等人工智能技术为核心，以电脑、手机端程序为工具，通过历史对话记录分析、主动提问和转移话题等技巧来模仿人的语言习惯，同时利用深度学习、上下文分析、关键词检索等算法匹配最佳答案来达到模拟人类对话的效果。

2）智能客服的必要性

智能客服相较于人工客服，从"一对一"模式升级为"一对多"模式，解决了碎片化、简单的、重复的客户需求，具有快速响应、引导客户自助服务、24小时在线等特点。这种模式对驿站而言，分担人工压力，节省人工成本，同时可以辅助驿站做好客户服务管理工作。

但目前智能客服还不能完全取代人工客服，一是因为服务本身具有非标准化的特点，客户询问的有些问题是极具个性化的，无法进行标准化应答设计；二是因为智能客服目前仅可与客户进行简单交流，还不能更好地实现与客户之间的情感沟通。随着人工智能技术的发展，智能客服可通过不断地自我训练，实现面对复杂问题的智能回答，同时也做到更人性化的表达。

3）智能客服的应用现状

截至2021年5月，菜鸟的智能客服还仅有一个语音产品，名为"菜鸟小灵"，它是24小时在线的,客户通过自助方式来完成整个询问流程。客户可以在淘宝、天猫、支付宝、菜鸟APP等平台上查询智能客服的入口。

以菜鸟APP为例,客户有多种方式找到智能客服的入口。

第一种方式是客户在菜鸟APP里点击自己的取件信息,可看到"物流客服"选项,点击后就会自动进入智能客服界面,一般会弹出几类备选问题,如包裹什么时候送到、如何修改收货地址、如何更改派送时间、热线客服电话是哪个、如何查询快递单号、包裹可以加急吗等。

第二种方式是在菜鸟APP中,点击"我的"页面,进入后选择"服务中心"选项,即进入智能客服界面,可看到很多自助工具,如支付运费、运费计算、查取件码、修改信息、取消寄件、禁运查询、查运单号、快递电话等。面对包裹的不同状态,也会弹出相应自助备选问题,如取件码是多少、我的包裹什么时候到、能否送货上门、是否需要短信取件通知、找不到包裹怎么办、未经允许能否放驿站等。如果上述问题都不是你要咨询的问题,你还可以点击右下方的"在线咨询"选项。

总之,智能客服通过统计大家最常遇见的问题及咨询的问题,将问题进行合并同类项,归纳出几种类型的问题,并给出程序化的解答。智能客服通过与客户的交流,可以及时、准确地搜集客户的相关信息,如客户的包裹单号和取件码等信息。若智能客服无法解决某个问题,将转接人工客服处理。

如何将上述知识点应用于驿站的接待工作中呢?在这里给大家提供真实案例,供大家参考与学习。

### 🔍 案例分析

高校学生马某为学校实验室购买低温试剂,却未使用特殊运输渠道和特殊交接面单标注,而是使用普通寄递方式,故该包裹进入驿站后正常入库,马某在接到取件通知后及时来到驿站。因为该试剂为生物制剂,故将在当日14时失去生物活性。但马某在指定区域货架上未找到该包裹,情急之下,立即请求驿站客服帮助在指定区域查找,依然未找到。随后驿站客服通过运单号确认该包裹于当日上午10时31分42秒入库,目前无出库信息。为此,驿站客服继续通过调取云监控快进查询,发现该包裹被一位穿牛仔装的男生误取,后未放回原位。驿站客服马上在现场询问马某包裹内物品信息,又依据监控视频判断包裹体积大小和外包装特点,从而快速在现场其他区域找到包裹。马某对驿站的高效处理表示非常感谢。

## （二）异常件处理规范

### 1. 异常件的定义与分类

所谓异常件，是指状态异常的包裹件。异常件的信息主要来自三个渠道：一是合作的快递公司客服人员，通过他们的管理系统获取；二是客户，在取包裹时发现；三是站点工作人员，在入库环节发现。一般而言，驿站可以根据代派件和寄件这两类场景进行异常件类型的区分，具体分类及其相关说明如表 6-1 所示。

表 6-1 常见的异常件类型

| 场景 | 异常件类型 | 具体说明 |
| --- | --- | --- |
| 代派件类 | 错分件 | 包裹被小件员送到错误的投递地址 |
| | 货品丢失 | 未按服务承诺保管包裹，使包裹出现丢失的情况，包括但不限于货品少件、整件丢失 |
| | 货品破损 | 包裹进入驿站后未按照合同约定为客户包裹提供存储、保管的服务，从而导致客户利益受损，包括但不限于货品破损、物流包装破损 |
| | 代派件延迟 | 包裹到驿站后的 2 小时内，站点需在菜鸟系统中完成入库操作，因站点未按要求操作从而延误客户自提时间（非派件系统原因导致） |
| | 拒收包裹 | 客户线上选择驿站代收，但驿站却未按服务承诺代收（非包裹破损、包裹原因），导致客户利益受损，包括但不限于包裹转寄产生物流费用 |
| | 签收异常 | 非收件人本人或授权签收取件 |
| | 滞留件 | 包裹到驿站后，从站点将取件信息发给客户时起算，一般件 72 小时未取，生鲜等特殊类货品 24 小时未取 |
| 寄件类 | 货品丢失 | 未按服务承诺保管包裹，使包裹出现丢失的情况，包括但不限于货品少件、整件丢失 |
| | 货品破损 | 未按照合同约定为客户包裹提供存储、保管的服务，从而导致客户利益受损，包括但不限于货品破损、物流包装破损 |
| | 代寄延迟 | 站点未在包裹到达驿站（以录入运单信息为准）次日内帮助用户寄出（包裹原因、菜鸟系统原因除外） |
| | 无理由拒收包裹 | 客户下单，所选择的驿站拒绝代寄（商品贵重或者体积过大等原因除外） |

### 2. 异常件的处理规范

如前文所述，异常件可能是在客户取件前，由驿站主动发现的，也可能是在客户取件后，由客户发现的。针对异常件的处理，驿站需要与快递公司、客户进行沟通。下文给出异常件的处理原则及处理流程，如图 6-3 所示。

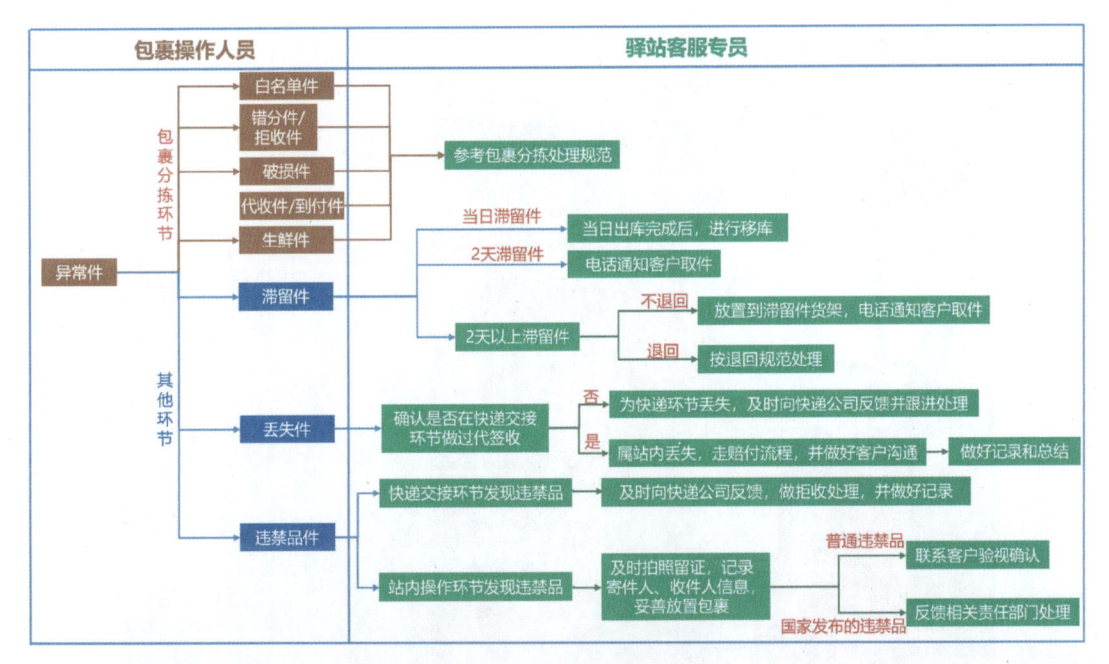

图 6-3 异常件的处理流程

（1）驿站在包裹入库上架（即包裹分拣）环节，就应该将白名单件、错分件/拒收件、破损件、代收件/到付件、生鲜件这五种包裹分拣出来，参考包裹分拣处理规范。其中，白名单件是指需要重点关注的客户的包裹，是可以免费送货上门的；错分件是指地址不属于驿站管理范围的包裹；拒收件是指收件客户拒绝签收的包裹；破损件分为两种，严重破损件是指内外包装破损严重、液体渗漏、严重变形的包裹并影响到内部物品使用，轻微破损件是指内外包装有轻微的破洞、裂开，未对内部物品造成损失的包裹；代收件/到付件是指需要由驿站代收货款、代收运费的包裹；生鲜件是指根据外包装、面单备注等信息，确认为水果、海鲜等货品的包裹。

（2）对于滞留件，按照下述原则及流程进行相应处理。

①对当日滞留件，需在当日入库完成后，进行移库操作。

②对 2 天以上的滞留件，需电话通知客户取件。

③对滞留超过 2 天且经电话通知，仍未被取走的滞留件，需进行妥善处理，按照时间顺序，放置到滞留件货架上（如图 6-4 所示），如需退回快递公司，则按退回规范处理。

图 6-4 滞留件货架

（3）对于丢失件，按照下述原则及流程进行相应处理。

①核查丢失件是否在包裹交接环节做过代签收确认，如果没有，则为快递环节丢失，及时向快递公司反馈。

②如属站内丢失，则由站点按照赔付标准进行赔付，并与客户积极沟通，取得客户谅解。

③对丢失案例做好记录和总结。

（4）对于违禁品件，按照下述原则及流程进行相应处理。

①如在包裹交接时发现违禁品，需及时向快递公司反馈，做拒收处理，并在违禁品登记表里做好记录。

②如在站内寄件环节发现违禁品，则应及时拍照留证，同时记录寄件人、收件人信息，并将违禁品包裹单独妥善放置。之后，确认违禁品属于哪种类型，若属于普通违禁品，需尽快联

系客户，解释不能寄出的原因并做好相应记录；若属于国家发布的违禁品，则应及时反馈给相关责任部门进行处理。

如何将上述知识点应用于驿站的异常件处理工作中呢？在这里给大家提供真实案例，供大家参考与学习。

> **案例分析**
>
> 某日，驿站接到某快递公司送来的一件包裹，包装盒上有人为刺穿的小洞，包装盒的一个角有挤压造成的开裂，驿站客服及时拍照并告知该快递公司，并要求告知发件公司，后得到发件公司"继续派送"的要求，驿站客服遂电话联系收件人前往验货。收件人李某在到达驿站后打开包裹，包装盒内装有某种蜥蜴，李某认为蜥蜴数量不够且部分已死亡，怀疑有一部分蜥蜴从包裹挤压开裂处逃离。李某要求驿站客服协助其联系快递公司维权赔偿。当地快递公司在确认邮寄物品为生物活体后，遂要求发件公司提供运输备案材料，无果，于是将剩余活体交付当地派出所。经鉴定，该蜥蜴为国家二级保护动物。公安部门因此抓获一个通过互联网贩卖珍稀野生动物的犯罪团伙，收缴珍稀野生动物及制品204个。李某也因非法购买野生动物受到行政处罚。

## （三）投诉处理规范

### 1. 投诉的定义与分类

驿站的客户投诉是指客户因为对服务不满意，提出的异议、抗议、索赔和要求解决问题等行为。驿站的客户投诉主要产生于代派件过程和寄件过程，具体分类及相关说明如表6-2所示。驿站和快递公司都是被投诉主体，即问题主要源于这两大主体，但客户在进行投诉时只面对驿站，故需由驿站接待客户，进行相应投诉处理，甚至赔付。若责任最终归于快递公司，驿站再与快递公司沟通解决。

表6-2 常见的投诉类型

| 场景 | 投诉类型 | 具体说明 |
| --- | --- | --- |
| 代派件类 | 错分件 | 包裹被小件员送到错误的驿站，站点未在6小时内将该错分件退回快递公司或安排站点工作人员送货上门，导致客户投诉 |
| | 包裹丢失 | 未按服务承诺保管包裹，使包裹在驿站内出现丢失的情况，包括但不限于包裹少件、整件丢失 |

续表

| 场景 | 投诉类型 | 具体说明 |
| --- | --- | --- |
| 代派件类 | 进入驿站包裹破损 | 未按照合同约定为客户商品提供存储、保管的服务，从而导致客户利益受损，包括但不限于包裹破损、物流包装破损（包裹一旦入库，产生的破损将由驿站承担责任） |
| | 代派件延迟 | 包裹到驿站后，在一定时间内，驿站需在菜鸟系统中完成包裹入库操作，但站点未按要求操作从而延误客户自提时间 |
| | 拒收包裹 | 客户线上选择驿站代收，而驿站实际未按服务承诺代收，导致客户利益受损的情况（包裹自身原因除外） |
| | 信息不符 | 驿站对外展示信息，包括但不限于经营地址、联系电话、营业时间等与实际不符，导致客户利益受损 |
| | 服务态度 | 如下因站点工作人员服务态度导致客户投诉。<br>（1）服务过程语言生硬，或使用不礼貌用语导致客户体验不好。<br>（2）驿站内着装随意、暴露，导致客户不满。<br>（3）辱骂殴打客户。<br>（4）被客户投诉的其他服务态度或操作不规范行为 |
| 寄件类 | 包裹丢失 | 包裹到达驿站后，驿站未按服务承诺保管包裹，使包裹在驿站内出现丢失的情况，包括但不限于包裹少件、整件丢失 |
| | 进入驿站包裹破损 | 包裹到达驿站后，驿站未按照合同约定为客户包裹提供存储、保管的服务，从而导致客户利益受损，包括但不限于包裹破损、物流包装破损 |
| | 代寄延迟 | 站点未在包裹到达驿站（以录入运单信息为准）次日内帮助用户寄出（包裹原因、菜鸟系统原因除外），导致用户利益受损 |
| | 对费用异议 | 客户对费用有异议，比如工作人员未按公示价格收费或额外收取服务费用等 |
| | 服务态度 | 如下因站点工作人员服务态度导致客户投诉。<br>（1）服务过程语言生硬，或使用不礼貌用语导致客户体验不好。<br>（2）驿站内着装随意、暴露，导致客户不满。<br>（3）辱骂殴打客户。<br>（4）被客户投诉的其他服务态度或操作不规范行为 |

2. 投诉的处理规范

1）处理原则

面对客户投诉，要做好四项工作。一是表示感谢，二是安抚情绪，三是解决问题，四是后期回访。在具体执行时，一般要掌握如下原则。

①接到投诉后，第一时间核实情况，致电客户进行良好的沟通，取得客户的谅解。

②当客户利益受损时,第一时间与负责人确认解决方案,并致电客户协商解决。

③客服要专人专线,专人处理专项投诉。

④与客户沟通时,态度温和耐心,注意安抚客户情绪,避免投诉升级。

⑤对于需举证的投诉,按照要求留存举证材料。

⑥投诉处理结果须及时反馈平台客服。

⑦投诉工单需在投诉处理登记表上完成登记。

⑧每月定期复盘站点投诉情况,并形成复盘纪要。

⑨关于赔付标准,驿站针对每种投诉类型都给出了具体赔付标准。

2)处理流程

投诉处理的具体流程如图6-5所示。

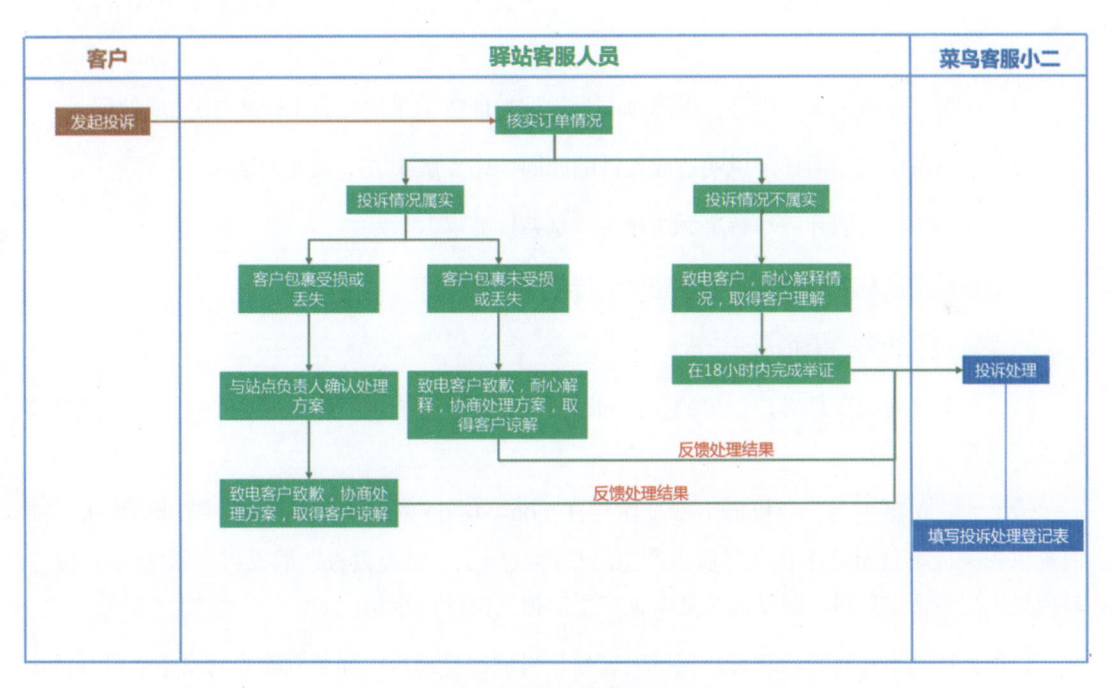

图6-5 投诉处理流程

(1)当驿站客服人员接到客户投诉后,核实客户投诉情况,再核实订单信息。

（2）如果投诉情况属实且造成客户损失，先表达歉意，再由站点负责人与客户一起确认处理方案，尽量取得客户谅解，最终驿站客服人员把处理结果反馈给菜鸟客服小二。如未造成客户损失，也应向客户致歉，取得客户谅解。

（3）如果投诉情况不属实，尽快致电客户，耐心解释具体情况，感谢客户的监督，尽量取得客户理解，保存举证材料并上传客诉系统。

（4）菜鸟客服小二在收到驿站客服人员反馈的投诉处理结果后，需要填写投诉处理登记表，并判定责任归属。

3）投诉处理所需的举证

在处理投诉过程中，客户和驿站都需要进行举证。

- 举证处理原则

（1）及时处理投诉举证，保障大部分非"包裹丢失"投诉举证在工单发起后 6 小时内完成处理。

（2）针对"包裹丢失"投诉，保障每一个投诉举证在工单发起后 18 小时内完成处理。

（3）驿站举证文字需详细说明造成投诉的原因、站点解决方案及处理结果。

（4）驿站举证的图片需与解决办法相关或是系统截屏。

（5）驿站举证材料应按规范要求完成上传。

- 举证过程中需注意的事项

（1）当菜鸟网络受理客户提出的投诉和赔付申请时，如有涉及驿站举证的情况，将通过菜鸟系统通知驿站。

（2）非"包裹丢失"的投诉类型且在每日 9:00—16:00 期间产生的投诉，驿站应在 6 小时内提供相关证据材料，不在此时段内产生的投诉或属于"包裹丢失"的投诉，驿站应在 18 小时内提供相关证据材料。驿站因逾期举证产生的损失由驿站承担。

（3）菜鸟网络在对驿站和客户提供的证据材料进行受理后，如果判断驿站未全面履行协议内容，则菜鸟网络有权根据协议规定，对因此遭受损失的客户进行先行赔付，并有权在驿站的保证金及未结算费用中直接扣除相应赔付金额。

（4）驿站如果对近 30 天内的投诉判责有异议，可通过菜鸟网络提供的官方客服渠道提出申诉；针对 30 天之外的投诉判责的申诉，菜鸟网络有权不予处理。

（5）驿站赔付必须保留赔付凭证：现场赔付需在提货小票上注明赔付原因、赔付金额，由客户亲笔签字；线上投诉驿站产生的赔付需通过支付宝将赔偿金转入客户购物支付宝账户。

- 举证标准

菜鸟网络针对每种投诉类型都给出了驿站举证的举证标准，具体内容可参照菜鸟网络提供的 SOP 文件。

4）投诉防范措施

企业收到客户投诉是无法避免的事情，尤其对于服务行业来说。对于企业来说，面对投诉的客户，总比面对未投诉的客户直接流失要强得多，投诉客户的问题若能得到及时妥善的解决，他们的忠诚度更高，但投诉毕竟会给企业带来很高的服务成本，若处理不当，则仍将造成客户流失，甚至造成品牌形象受损。所以，如果企业能在投诉发生之前采取必要的防范措施，就能防止投诉发生，这是企业管理水平的体现，也是企业追求的目标。

下面针对一些投诉问题提出一些具体有效的防范措施。

（1）针对错分件的投诉。一是在包裹入库前，注意核对收件地址，若包裹为错分件，及时联系小件员转址；二是在发现有错分件入库后，应及时退库并快速交付快递公司处理。

（2）针对破损件的投诉。在包裹入库前，如果发现包裹已破损，联系快递公司客服，暂不入库。

（3）针对丢失件的投诉。一是在包裹入库后及时要求快递公司核对入库包裹数量。二是在包裹入库后，如果客户未找到包裹，及时记录运单号、姓名、联系电话，并预约领取包裹时间，下班前盘库寻找，若过了约定时间仍未找到客户包裹，则线下赔付客户货值费用。

（4）针对服务态度的投诉。一是在员工形象方面，站点工作人员要统一着装，规范接待用语，耐心对待客户。二是在员工培训方面，要求员工在面对客户时，严格使用"请""不好意思""请您稍等""谢谢您的理解"等词汇与客户沟通。

如何将上述知识点应用于驿站的投诉处理工作中呢？在这里给大家提供一些真实案例，供大家参考与学习。

## 案例分析

### 案例 1

某年"双 11"期间,某高校学生王某在网上购买了一双心仪已久的篮球鞋,价值 1300 元,但收到后因尺码不合适,只能选择退货,在该校菜鸟驿站将这双篮球鞋寄回给商家。结果因为大促期间快递网点爆仓,导致包裹在运输过程中丢失,王某向该校菜鸟驿站客服进行投诉。经过驿站客服核实,确认是合作企业在运输环节失误导致包裹丢失,驿站客服耐心与王某沟通,请他提供购买截图,后驿站客服核实无误,并向承运企业举证,帮助王某挽回损失。

### 案例 2

某日,某高校学生张某频繁来驿站找快递,但每次都被告知快递尚未送达,经快递单号查询后确认该包裹已经寄出 5 天但尚未到达。驿站客服了解到该包裹内的物品为冷冻海鲜食品,随即联系发件公司催件。两天后包裹到达驿站,遗憾的是所邮寄食品已经无法食用且变质严重,张某随即提出赔偿要求,驿站客服在联系承运快递公司后,查找出包裹到达不及时的原因是张某留的收件地址有误导致,因此依照相关规定,张某未得到承运快递公司的赔付。

### 案例 3

李某通过驿站为外地求学的弟弟邮寄了一份当地特产,共 3 包,重量为 1.6 千克,现场客服人员在验视完成后,通过邮寄端口拍照上传图片和重量,完成寄件。3 日后,李某接到弟弟所在地派件员电话,称包裹在运输途中严重变形但不影响内物使用,原因是使用不当包装,李某随即找到驿站客服反映情况,驿站客服马上通知当地承运快递公司并通知李某的弟弟(即收件人)在验货确认后再签收包裹。后来,收件人在验货时发现,外包装有二次包装可能,并且内物少了一包,遂拒绝签收并电话告知发件驿站,驿站调取寄件照片存档并要求承运快递公司协查沿途运输网点,最终在沿途的 A 城市分拨中心发现 0.5 千克的系统重量波动。经承运快递公司协调,由 A 城市分拨中心为李某赔付损失。

## 实训内容

（1）带领学生到站点客服岗位实训半天，要求使用观察法和访谈法了解客户需求，及时为到站客户提供服务，复盘、整理实训期间所获取的客户需求类型、解决方案、收获。

（2）向已学完本任务内容的学生发布讨论题目。讨论题目为一个在客服管理中遇到的具体问题（此具体问题要求具有一定的复杂性），让学生给出解决方案。

（3）将参与学生分组，每组进行组内讨论。

（4）分组汇报，汇报时间建议控制为15分钟之内，汇报后各组学生进行提问，老师给出点评。

## 任务考核

| 组号： | 填写人员： | | | | 日期： | | |
|---|---|---|---|---|---|---|---|
| 评分项目 | 评分点 | 1组 | 2组 | 3组 | 4组 | 5组 | 6组 |
| 观察法使用 | 不被客户发现（10分） | | | | | | |
| | 观察法分析结果（10分） | | | | | | |
| 访谈法使用 | 访谈提纲（5分） | | | | | | |
| | 访谈者对访谈的掌控（5分） | | | | | | |
| | 访谈分析结果（10分） | | | | | | |
| 满足客户情感需求 | 洞察客户心理和情感需求（20分） | | | | | | |
| | 投诉处理过程（20分） | | | | | | |
| | 投诉处理结果（20分） | | | | | | |
| 合计得分： | | | | | | | |

# 任务三
# 驿站客服的发展趋势

> ▶ **任务描述**
>
> 　　基于技术预判与客户需求洞察,预测驿站客服发展趋势,以便提前布局未来的客服定位与工作。

　　随着技术发展突飞猛进、菜鸟驿站业务范围扩展、菜鸟驿站本地生活场景增加、客户需求日益多元,驿站客服也将更加智能化和人性化。

## 一、客服的智能化发展趋势

　　首先,随着技术发展,进一步对菜鸟驿站进行技术赋能,未来的驿站客服工作将在智能技术的帮助下更加及时、便捷、标准化。智能客服将由现在只能完成客户问题记录、按照规范承诺客户问题处理的时限等简单任务,发展为自动完成客服的大部分业务。例如未来智慧客服无须人工协调,能够查找错分件单号、去向,并与快递公司通过信息共享系统进行信息传递,将错分件现在位置、到达客户所在站点时间、取件码等信息自动传递给客户,过程连贯、一气呵成。

　　其次,智能客服未来会分场景、分渠道优化升级。例如在校园取件场景中,智能客服胜任工作游刃有余;而在老年社区中,则需要更多人工客服处理客户问题,以应对没有智能手机的老年人群体。不过在更遥远的未来,真正意义的人工智能或许也能完成类似于人类的沟通、移情的工作。

　　再次,伴随着智慧客服工作能力的强化,现有运营流程、规章制度、客服人员工作安排等都需要重新考虑和修正。

## 二、客服的人性化发展趋势

首先，在未来，数据是重要资产，是开展工作、提高效率和准确率、提高客户满意度的保障。未来的驿站应该在工作中沉淀更多客户数据，例如每位客户所有异常件情况、客户诉求、客户情绪、客户类型分类、处理过程、处理结果等。驿站可以进行数据模型分析，从而形成针对每个客户的异常件处理方案，通过数据异常件辅助处理系统能够帮助客服快速提出最满足客户诉求和驿站利益的解决方案。

其次，未来将变成人与机器设备共生的世界，人类会与越来越多的机器设备接触，完成自我服务。与此同时，人类也将前所未有地需要人际互动、心理关怀。所以，驿站客服在智能化发展的同时，也必将优化智能客服，与客户进行沟通、互动。这些工作的目的不是完成包裹配送问题，甚至不是为客户解决投诉等事务性问题，而是为了满足寂寞者的人际交往和心理需要，赋能人工智能，让我们的生活更美好。

此外，未来驿站将满足客户更多特殊需求，例如为老年人进行大件派送上门服务。目前面对类似的特殊需求，部分驿站还没有统一的服务规范和指导。随着各种个性化服务雨后春笋般涌现，也随着中国老龄化的加剧、老年社会到来，类似的特殊需求会越来越多。菜鸟驿站将对特殊需求进行研究和预判，形成统一的规章制度，并且为之赋能，从而增加驿站的差异化服务能力。

> 🔍 **实训内容**
>
> （1）向已学完本任务内容的学生发布讨论题目。①未来驿站会衍生出哪些其他功能？②驿站的客服管理在未来如何利用信息技术进行更精细化的管理？
>
> （2）对参与的学生进行分组，每组进行组内讨论。
>
> （3）分组汇报，汇报时间建议控制在15分钟之内，汇报后各组学生进行提问，老师给出点评。

## 👍 任务考核

| 组号： | 填写人员： | | | | 日期： | | |
|---|---|---|---|---|---|---|---|
| 评分项目 | 评分点 | 1组 | 2组 | 3组 | 4组 | 5组 | 6组 |
| 实训室规则 | 遵守实训室规章制度（10分） | | | | | | |
| 职业素养 | 衣着干净整齐（5分） | | | | | | |
| | 精神面貌佳（5分） | | | | | | |
| | 积极参与团队合作（10分） | | | | | | |
| 职业技能 | 未来驿站功能的分析（20分） | | | | | | |
| | 未来驿站精细化客服管理的设想（20分） | | | | | | |
| | 汇报成绩（30分） | | | | | | |
| 合计得分： | | | | | | | |

# 项目测评

（一）选择题

1. 驿站客服的特征包括（　　）。

A. 从属性　　　　　　B. 即时性

C. 随机性　　　　　　D. 差异性

2. 适合驿站客服人员洞察客户需求的方法包括（　　）。

A. 访谈法　　　　　　B. 问卷调查法

C. 实验法　　　　　　D. 观察法

（二）简答题

1. 驿站客服的工作职责？

2. 面对客户的投诉，如何进行处理？

## 项目结语

电子商务的快速发展,使得网络购物成为人们日常生活中最重要的一部分,而快递业则是电商发展的重要保障,由此带来了快递业务量的高速增长。为提升驿站服务水平、提高顾客满意度,驿站必须思考在末端物流快速发展下如何保障客服体验也不断升级,以及预测与规划驿站客服的智能化未来。

# 项目七
# 驿站数据化运营

### 项目概述

随着数据分析、云计算的广泛应用，数据成为各行各业评判业务发展速度和分析自身发展方向的重要工具。数据驱动业务发展是目前成功经验颇多的运营方式之一，数据既可作为企业发展生命周期的重要见证，又为企业运营提供决策参考。尤其对于依赖电子商务的物流行业来说，数据运营不仅能够量化管理指标，而且可以预测未来的业务趋势，为下一步管理决策提供依据，达到驿站运营管理的规范化、合理化及精准化。

### 技能导图

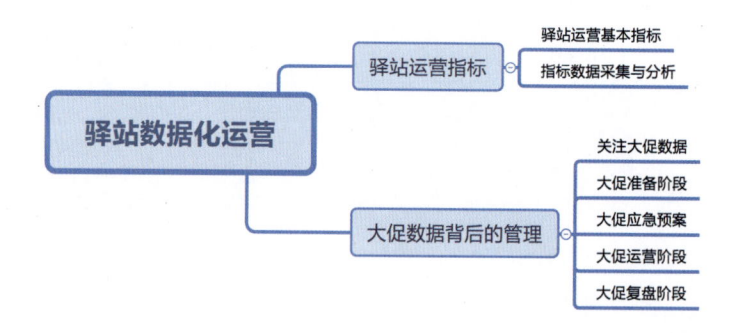

```
                          ┌── 驿站运营基本指标
         ┌── 驿站运营指标 ─┤
         │                └── 指标数据采集与分析
驿站数据化运营 ─┤
         │                ┌── 关注大促数据
         │                ├── 大促准备阶段
         └── 大促数据背后的管理 ─┼── 大促应急预案
                          ├── 大促运营阶段
                          └── 大促复盘阶段
```

# 任务一
# 驿站运营指标

> ▶ **任务描述**
>
> 　　数据化运营是指通过数据化的工具、技术和方法，对运营过程中的各个环节或关键过程进行科学的数据收集、处理和分析，为管理者和决策者提供专业、准确的行业运营解决方案，从而达到优化运营效果、降低运营成本、提高运营效率和效益的目的。
>
> 　　末端物流的驿站管理除日常的包裹入库、出库等业务管理外，驿站的数据化运营也越来越重要。驿站数据化运营是指根据驿站日常运营目标，通过对日常运营服务指标体系进行分析，指导日常运营管理工作。
>
> 　　那么，菜鸟驿站包含哪些运营指标？各个指标的意义和计算模型是什么？如何准确地采集和监控运营指标？指标异常时如何进行分析并改善？请同学们通过走访站点、查找资料等方式，分组讨论并形成汇报材料。

## 一、驿站运营基本指标

### （一）菜鸟驿站数据化指标体系

　　菜鸟驿站运营的基本指标包括派件指标、寄件指标（包含上门揽件指标）、消费者体验指标（包括消费者投诉指标和消费者评价指标）等，形成驿站数据化运营指标体系，具体见表7-1。

表 7-1 驿站数据化运营指标体系

| 类别 | 一级指标 | 二级指标 |
| --- | --- | --- |
| 驿站数据化运营指标体系 | 派件指标 ($A_1$) | 入库单量 ($A_{11}$) |
| | | 出库单量 ($A_{12}$) |
| | | 7 日出库率 ($A_{13}$) |
| | | 当日出库率 ($A_{14}$) |
| | 寄件指标 ($A_2$) | 寄件单量 ($A_{21}$) |
| | | 次日寄出率 ($A_{22}$) |
| | | 当月寄派比 ($A_{23}$) |
| | | 爽约率 ($A_{24}$) |
| | | 接单后揽收率 ($A_{25}$) |
| | | 及时回单率 ($A_{26}$) |
| | | 订单完结率 ($A_{27}$) |
| | 消费者投诉指标 ($A_3$) | 投诉量 ($A_{31}$) |
| | | 投诉率 ($A_{32}$) |
| | | 投诉成立量 ($A_{33}$) |
| | | 投诉成立率 ($A_{34}$) |
| | 消费者评价指标 ($A_4$) | 好评率 ($A_{41}$) |
| | | 差评率 ($A_{42}$) |
| | | 评价率 ($A_{43}$) |

## （二）派件指标

派件指标一般指入库单量、出库单量、7 日出库率、当日出库率等数据指标。派件指标可以客观反映驿站一段时间内的派件能力和运营情况。

（1）入库单量，是指统计时间内快递员派送到驿站并由驿站员工操作入库的包裹数量，入库单量的多少在一定程度上反映了驿站的业务规模大小和覆盖范围大小。

（2）出库单量，是指统计时间内驿站出库的包裹数量，也就是客户签收包裹数量，出库单量在一定程度上反映了驿站的出库和派件效率。

（3）7 日出库率，是指 T-7 日入库订单 7 天内总出库量占 T-7 日当日入库总单量的比例，计算公式如下。

$$7日出库率 = \frac{(T-7日入库订单7天内总出库量)}{(T-7日当日入库总单量)} \times 100\% \quad \text{(式7-1)}$$

备注：T 即为 Today（今日），T-7 日指今日向前倒推 7 日。

举例说明，4 月 1 日入库的包裹在 4 月 1 日到 4 月 7 日 7 天内的出库量，与 4 月 1 日入库单量的比值，即为 4 月 1 日的"7 日出库率"。

（4）当日出库率，是指当日入库包裹的出库单量占当日入库总单量的比例，公式如下。

$$当日出库率 = \frac{当日入库包裹的出库单量}{当日入库总单量} \times 100\% \quad \text{(式7-2)}$$

当日出库率主要反映驿站当天的出库时效性，该指标高说明驿站的客户取件及时，包裹滞留情况少，便于驿站的运营管理；该指标低说明需调整驿站入库时间，例如，保证上午件 12 点之前入库，预留客户取件时间，保证包裹出库的及时性，下午 18 点后入库则很有可能导致包裹次日才能被客户取走。

## （三）寄件指标

寄件指标是指反映驿站寄件业务量和效率的数据指标，基础的寄件指标包括寄件单量、次日寄出率、当月寄派比等。通过监控和分析寄件指标，可以准确把握驿站寄件业务情况和客户的寄件服务满意度。

（1）寄件单量，是指单位时间内客户通过线上、线下等方式，下单到驿站并由驿站员工操作寄出的包裹数量，主要由散件寄件和电商退货寄件两部分构成。寄件单量细分指标按照寄件方式和订单来源可细分为"扫码寄散件总单量""线上散件总单量""线上电商退货总单量""上门预约寄件总单量""线上录入总单量"。

（2）次日寄出率，是指次日寄出量与当日线上寄件下单量减去截至次日已取消包裹量的比值，计算公式如下。

$$次日寄出率 = \frac{在下单次日的23:59:59前寄出的订单量}{线上寄件订单创建总量 - 截至次日取消量} \times 100\% \quad \text{(式7-3)}$$

举例说明，3 月 1 日的次日寄出率，即指 3 月 1 日线上下单的订单截至 3 月 2 日寄出的订单量，与 3 月 1 日订单量减去截至 3 月 2 日的订单取消量的比值。

次日寄出率低说明驿站寄件不够及时，无法达到客户要求的"当日寄、当日发"的标准，可能会因时效性差导致客户不满意。

（3）当月寄派比，是指驿站当月实际寄出单量与入库单量的比值。根据全国高校数据统计显示，正常寄派比数据范围在 2%～4% 之间，计算公式如下。

$$寄派比 = \frac{当月寄出单量}{当月入库单量} \times 100\% \qquad (式7\text{-}4)$$

这里，寄出单量包含基础寄件单量和淘系包裹寄件单量，统计月份为自然月。寄派比低说明驿站寄件业务量偏少，需要通过服务态度、寄件时效等方面的提升来增加单量。

另外，菜鸟驿站的寄件业务中包含上门取件业务，寄件指标中包含上门揽件指标。根据驿站对上门取件业务的规范管理，菜鸟裹裹上门揽件指标主要包括爽约率、接单后揽收率、及时回单率及订单完结率。

（4）爽约率，是指菜鸟裹裹上门订单在接单后当天 24 点前未揽收且未取消的单量，与当日揽收量和爽约量之和的比值。

（5）接单后揽收率，是指在当日已接单需履约的菜鸟裹裹订单中，完成揽收的订单占比。

（6）及时回单率，是指在当日已接单需履约的菜鸟裹裹订单中，在期望时间前完成揽收并传回运单号的订单量，占当日揽收量与爽约量之和的比值。

（7）订单完结率，是指统计时间内订单线上实际完结量与订单线上需要完结量的比值。

通过这些指标能够直观反映菜鸟裹裹上门取件业务的时效性，以及间接反映客户对上门揽件服务的满意度。

## （四）消费者投诉指标

消费者投诉指标指消费者因驿站工作人员服务态度、服务质量、业务操作等不达标，使客户利益受损或体验不好，从而导致客户进行投诉的指标。

（1）投诉量：是指统计时间内驿站的投诉总量，包含不成立的投诉。投诉量大说明驿站业务服务水平较低，导致客户投诉。投诉量按照投诉原因的不同分为货物丢失投诉量、货物破损投诉量、费用争议投诉量、服务态度投诉量、信息不符投诉量、拒收包裹投诉量及代收延时投诉量 7 大类。

具体的说明如下。

① 货物丢失投诉量，是指在统计时间内，未按照服务承诺保管包裹，因包裹丢失而导致

的客户投诉数量,包括但不限于货品少件、整体丢失。

② 货物破损投诉量,是指在统计时间内,未能够为包裹提供存储、保管的服务,导致货物破损而产生的投诉量,包括但不限于货品破损、物流包装破损。(包裹一旦入库,产生的破损问题都由驿站承担责任。)

③ 费用争议投诉量,是指在统计时间内,因对费用有异议,或者未按照约定服务价格而额外增加服务费用,导致客户投诉的数量。

④ 服务态度投诉量,是指在统计时间内,因站点工作人员服务态度而导致客户投诉的数量。

⑤ 信息不符投诉量,是指在统计时间内,因驿站对外展示信息,包括但不限于经营地址、联系电话、营业时间等与实际不符,而引起客户投诉的数量。

⑥ 拒收包裹投诉量,是指在统计时间内,因驿站拒绝代寄或代收包裹(因商品贵重或体积过大等原因),而引起客户投诉的数量。

⑦ 代收延时投诉量,是指在统计时间内,包裹到站后的 2 小时内,因站点未按要求操作,从而延误客户自提时间,导致客户投诉的数量。

(2)投诉率,指 15 天前揽派包裹在 15 天内产生的投诉单量与 15 天前入库总单量的比值,其中不成立的投诉也包含在内,具体计算公式如下。

$$投诉率 = \frac{15\,天内投诉总单量}{15\,天前入库总单量} \times 100\%$$

$$= \frac{a+b+c+d+e+f+g}{15\,天前入库总单量} \times 100\%$$

(式 7-5)

其中,$a$ 为 15 天内货物丢失投诉量,$b$ 为 15 天内货物破损投诉量,$c$ 为 15 天内费用争议投诉量,$d$ 为 15 天内服务态度投诉量,$e$ 为 15 天内信息不符投诉量,$f$ 为 15 天内拒收包裹投诉量,$g$ 为 15 天内代收延时投诉量。

投诉率高能够在一定程度上反映出驿站的运营问题,比如没有提供良好的问询渠道、驿站服务态度差、驿站服务效率低下、驿站工作人员不专业等,具体情况可通过客户投诉的不同类型投诉量占比进行深入分析。

(3)投诉成立量,是指在统计时间内投诉总量减无效的投诉量。

(4)投诉成立率,指 15 天前揽派包裹在 15 天内产生的有效投诉单量与 15 天前入库总单量的比值。

## （五）消费者评价指标

客户评价指标是指客户对驿站业务、效率、服务的整体认知和评价。主要分为评价率、好评率及差评率，从而得到对驿站评价的总得分，了解客户对驿站的服务满意度，有助于驿站有的放矢地解决问题，打造好末端物流服务。

（1）评价率，是指在统计时间内，客户评价量与入库总单量的比值，计算公式如下。

$$评价率 = \frac{单位时间内评价量}{单位时间内入库单量} \times 100\% \qquad （式7-6）$$

评价率高说明数据采集充分，数据具有一定的代表性；反之，说明样本数量过少。因此，要想获得准确、有效的评价指标，首先需要提高评价率，并保证评价的有效性。

（2）好评率，是指在统计时间内，客户好评单量与客户评价单量的占比，在一定程度上能够反映客户对服务的满意程度，计算公式如下。

$$好评率 = \frac{单位时间内好评量}{单位时间内评价量} \times 100\% \qquad （式7-7）$$

（3）差评率，是指在统计时间内，客户差评单量与客户评价单量的占比，在一定程度上能够反映出驿站业务存在的问题。

$$差评率 = \frac{单位时间内差评量}{单位时间内评价量} \times 100\% \qquad （式7-8）$$

消费者评价指标主要通过服务态度、营业时间、送货上门、服务距离、环境问题及取件效率几方面评分项收集客户服务体验。

## 二、指标数据采集与分析

菜鸟驿站运营平台的"驿站掌柜"能够对业务基本数据进行采集和统计，通过PC端或APP，可以打开"驿站掌柜"查询相关指标数据。

### （一）派件指标

打开"驿站掌柜"PC端，依次选择"掌柜参谋→业务数据→收件"，可以看到"收件"指标，如图 7-1 所示。

此处系统中的"收件"指标即"派件"指标，全文同。

图 7-1 派件指标数据图

该数据来源于某个校园驿站。由图 7-1 可知，该驿站当日入库单量为 3228 件，出库单量为 3768 件，当日入库及时率达到 99.88%，驿站当日出库率为 74.60%，7 天出库率为 95.14%。通过分析派件指标的收件单量及收派件的效率，可以提升出库率和入库及时率。

除可以查看驿站当日运营数据外，还可以监测近 7 日、近 30 日、近 60 日的收件指标及趋势图，如图 7-2 所示。合理分析影响驿站收派件业务量波动的各种因素（例如天气、节假日等），可以及时调整运营策略。排除天气异常、小长假旅游代收等客观原因，导致出库率较低的原因可能是收件人未及时收到取件通知，通过当日出库率、7 日出库率的指标数据，驿站可以及时排查入库过程中存在的操作不当等问题。

通过相关指标帮助驿站工作人员快速获知在库包裹数量，以及包裹是否及时送达收件人手中，从而减少或避免因包裹延误造成的客户服务体验不佳。提高驿站派件指标可以从以下几个方面改进。

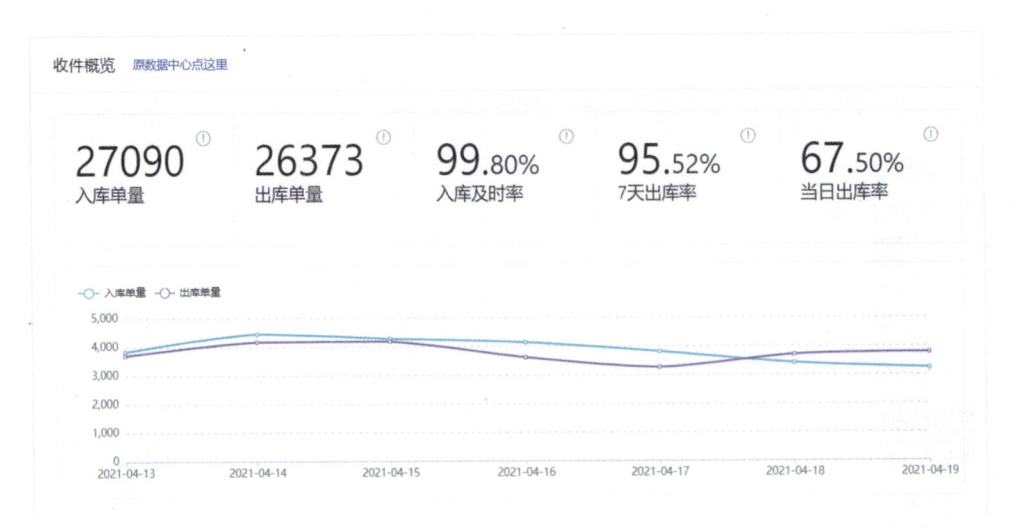

图 7-2 近 7 日派件指标数据图

（1）可进一步改善驿站现有取件模式，例如设置开放式取件模式。设置开放式取件模式后，客户无须等待工作人员逐一取件，可根据取件码及站内指引自主查找包裹，包裹经 APP 中的身份码和包裹码校对后出库。数据显示，通过客户自助模式可以将客户平均取件时间缩短至 2 分钟。

（2）自助取件的基础是配备 IoT 设备，比如高拍仪、巴枪等。高拍仪设备能够支持客户自主扫描包裹进行取件并进行身份码识别，在保证包裹安全的基础上，最大化提升出库效率。每 1000 单配置 1 台高拍仪即可满足出库需求，而传统取件模式则需要 350 单配备 1 名工作人员。

（3）客户（收件人）使用自助取件方式，可以通过线上 APP 方便地查询包裹，并且可以通过身份码自动识别和匹配包裹，操作便捷，能够提升客户体验。

## （二）寄件指标

打开"驿站掌柜"PC 端，依次选择"掌柜参谋→业务数据→寄件"，可以看到"寄件"指标，如图 7-3 所示。

图 7-3 所示的数据仍然来自某校园驿站，根据图 7-3 中的数据可知，近 7 天驿站寄出总量为 1235 件，其中驿站扫码寄散件总单量为 288 件，驿站线上散件总单量为 686 件，驿站线上淘系退货总单量为 261 件。如图 7-4 所示，该驿站的基础寄件次日寄出率为 92.31%，淘系寄件 8 日寄出率为 97.31%，当月寄派比为 2.71%。与正常的寄派比范围 2%～4% 相比，处于正常偏低的范围，可以通过提升服务质量和服务环境、为客户提供多元化寄件服务等措施提高业务单量。

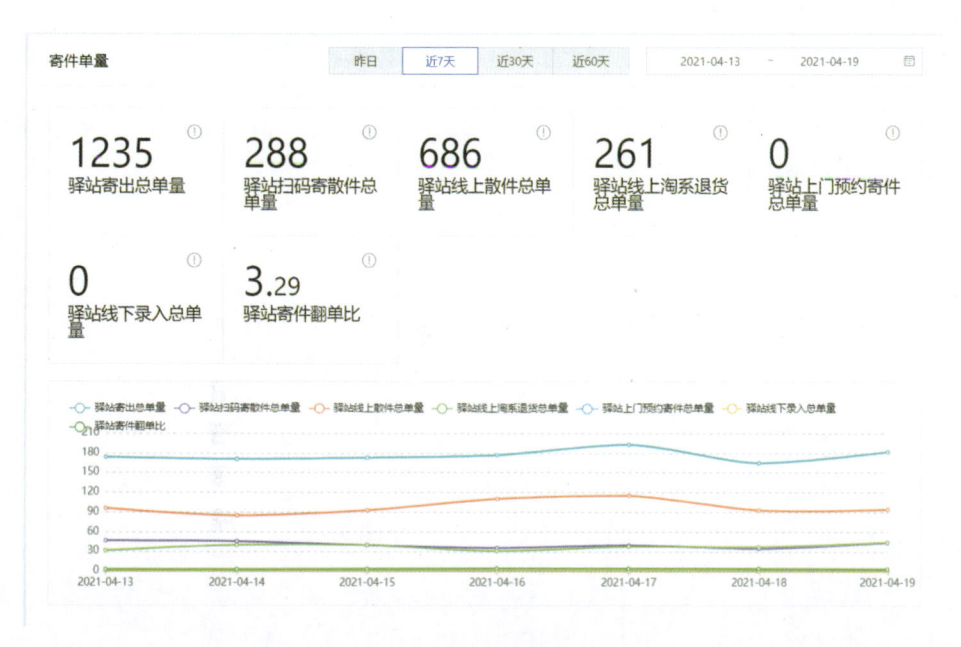

图 7-3 寄件指标数据图

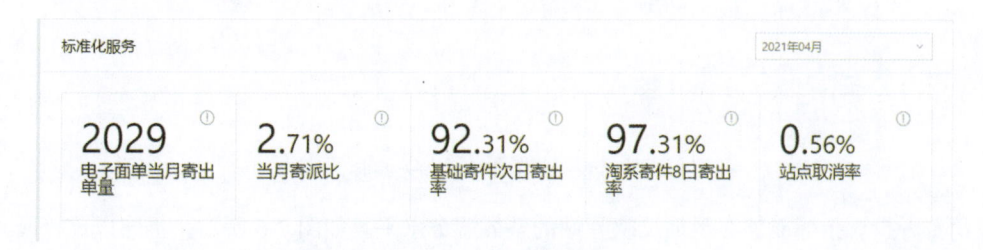

图 7-4 寄件指标数据图

上门取件业务指标如图 7-5 所示，昨日爽约率为 0，接单后揽收率为 95.52%，及时回单率为 100%，订单完结率为 100%，说明该驿站的上门取件业务能够及时履约，并完成业务的办理。

图 7-5 上门取件指标数据图

## （三）消费者投诉指标

打开"驿站掌柜"PC 端，依次选择"掌柜参谋→业务数据→消费者体验"，可以看到"消费者投诉"相关指标。

图 7-6  消费者投诉相关指标

消费者投诉指标能够客观地反映驿站的整体服务水平。如图 7-6 所示，仍然以该校园驿站为例，该驿站近 60 天的投诉率为 0.02%，投诉量为 10 条，当日投诉量最多达到 3 次，可以通过调取驿站内监控视频查看服务过程或业务复盘总结当日问题。从图 7-6 中可以看出所有的投诉都是货物丢失类投诉，导致货物丢失的原因有以下几个：快递公司交接仓促，遗失包裹；驿站工作人员入库操作不规范，造成包裹掉落货架缝隙；客户取件错拿包裹等。

因此，针对货物丢失的常见原因，驿站应该通过业务 SOP 培训提升员工包裹交接、入库、出库操作的规范性，实现各环节操作的标准化，并设置包裹流转监督管理制度，减少和避免货物丢失，从而减少投诉量。

## （四）消费者评价指标

打开"驿站掌柜"PC 端，依次选择"掌柜参谋→业务数据→消费者体验"，可以看到"消费者评价"相关指标。

如图 7-7 所示，某校园驿站评价总得分为 4.92 分，但是评价率仅为 0.83%，其中客户对环境问题的评价为 0，说明目前客户评价反馈率较低，已反馈的数据代表性不强，驿站可以通过提高客户评价率的方式，有针对性地分析客户体验关注的重要指标，这对于提升驿站服务尤为重要；同时，指标的波动趋势也是驿站运营人员的关注重点。

图 7-7 客户评价图

可以从以下几个方面提升客户满意度。

（1）强化服务意识：驿站工作人员不仅需要具备良好的接待礼仪并遵守工作规范，同时需要熟知业务政策及驿站制度，能够及时处理客户的业务咨询和疑难问题。

（2）保证营业时间：在保证至少 8 小时营业时间的基础上，可根据驿站服务群体属性时间，合理设置并充分满足客户需求。

（3）满足送货上门需求：根据客户的个性化需求，及时完成送货上门，并且提升客户对末端物流多元化服务的认知。

（4）缩短服务半径：驿站的选址需要综合考虑业务的覆盖范围、客户的便捷程度等因素，缩短服务半径能够使驿站更好地服务周边客户，方便客户寄取件。

（5）改善服务环境：驿站应该遵循 6S 管理制度，时刻保持营业环境的干净、整洁、卫生，货架摆放井然有序，包裹按序排列，做到一目了然、清晰可见。

（6）提高取件效率：提升驿站的业务效率是驿站适应末端物流发展的必由之路。因此，驿站需要以客户服务为第一宗旨，提升客户服务体验、减少排队，同时更好地提高包裹的流转效率。

> **▶ 拓展阅读**
>
> 　　某校园驿站整体面积 650m²，服务 4 万名师生，取件区、寄件区分离，日常单量 7000 单，站点货架 200 组，高峰期可承载日单量 1.5 万单。该站点通过（学生宿舍区）主站点 +（教职工区）自提柜 +（学生兼职）送货上门方式，满足师生不同的取件需求，提升派件效率。如图 7-8 所示，其站点运营严格遵守 6S 管理制度，货架摆放整齐，站内环境整洁，上架包裹排放有序，为校园师生营造了良好的服务环境。该站点的设备采用最新智能闸机、云监控、自提柜等先进设备，同时应学校要求引入安检机，保证每一个寄件货品的安全。另外，如图 7-9 所示，该站点设置了咨询台，及时解决师生遇到的各种寄、取件问题，保证驿站的整体服务质量。

图 7-8　驿站 6S 管理效果展示

图 7-9 驿站咨询台

## 实训内容

小王经营一家校园驿站,在日常运营中,各项数据指标相对稳定。但从 2021 年 4 月 20 日开始,驿站的投诉率连续 5 天明显上升,一直没有恢复到正常水平。工作人员积极寻找原因,却始终没有找到,现在需要从数据分析的角度进行查找。请完成本次数据采集及处理的工作。步骤如下。

(1)选取指标构建指标体系。制定本次数据分析的目标,选择需要的指标并构建指标体系。

(2)搜集数据。进入"驿站掌柜",拉取 4 月 20 日—4 月 27 日的相关指标数据。

(3)数据处理与分析。对相应指标数据进行数据处理,寻找问题的原因,针对此次问题进行分析与改进。

## 👍 任务考核

| 组号： | 填写人员： | | | | 日期： | | |
|---|---|---|---|---|---|---|---|
| 评分项目 | 评分点 | 1组 | 2组 | 3组 | 4组 | 5组 | 6组 |
| 实训室规则 | 遵守实训室规章制度（10分） | | | | | | |
| 职业素养 | 衣着干净整齐（5分） | | | | | | |
| | 精神面貌佳（5分） | | | | | | |
| | 积极参与团队合作（10分） | | | | | | |
| 职业技能 | 学会选取指标并构建指标体系（20分） | | | | | | |
| | 熟练拉取指标数据（20分） | | | | | | |
| | 学会数据处理与分析（30分） | | | | | | |
| 合计得分： | | | | | | | |

# 任务二
# 大促数据背后的管理

> ▶ **任务描述**
>
> 　　大促期间的运营管理是对物流末端驿站的巨大挑战，大促期间良好的数据化运营能够使驿站运作事半功倍，有条不紊地引导驿站应对单量暴增，保证大促期间业务平稳、顺利地进行，同时能够通过复盘、经验总结，为日常的运营提供示范和借鉴作用。因此，将大促期间的运营管理机制转化为标准操作应用于日常驿站管理中，对驿站整体服务和运营效率的提升大有裨益。
>
> 　　假如你是菜鸟驿站的站长，在大促来临时，如何了解大促期间的业务数据？如何根据预测数据制定大促期间的运营和应急方案？如何保障大促期间的运营实施？如何通过复盘总结经验并提升驿站运营的标准化和高效化？请同学们分组讨论，形成汇报方案。

　　大促是指电商平台在某一时间段进行的商品促销活动，例如"6•18""双11""双12"等。大促期间的网购量会在短时间内暴增，包裹量也会相应地快速增加，对于作为末端物流基础设施的驿站来说，短时间内如何快速处理大量的寄递包裹，同时不影响客户的服务体验，是一个难度不小的挑战。

## 一、关注大促数据

　　"凡事预则立，不预则废"，大促期间业务的运营管理离不开数据的预测分析，驿站工作人员可以根据往期大促数据指标、近期数据变化趋势等预测大促的业务数据，然后根据预测数据合理调配人、机、物等各方资源，通过运营指标的实时监控和及时跟进应对复杂多变的大促运营场景。

## （一）数据获取

大促数据的获取渠道主要有以下几个。

（1）菜鸟网络运营支持。菜鸟网络基于各驿站日常单量及往年大促数据分析，在大促期间为驿站提供相应的预测数据参考，包括未来到站单量趋势、包裹比例等，帮助驿站通过数据预测，提前做好准备。

（2）各大电商平台。各大电商平台每年会公布相应订单量和当年订单量预测。

（3）国家快递网站。中华人民共和国国家邮政局按月发布中国快递发展指数报告，由此可获得所需年份和月份的相关数据。

（4）新闻信息渠道。每年"双11"前期会有相关新闻进行信息公布，可以通过网络查询具体信息。

## （二）大促数据

### 1. 单量分析

单量分析对末端物流中的基础设施建设和运营都至关重要，准确的单量分析对驿站的场地规模、人员安排、设备采购具有一定的指导意义，能够实现人员的合理设置及驿站成本的有效控制。因此，驿站的顺利运营离不开单量的监控和分析，以便能够根据单量的变化及时调整人员及设备的配置。

大促期间驿站的单量较往常波动较大，日常的运力、人员和设备配备难以满足剧增的包裹量和业务量。因此，需要根据日均单量的预测趋势提前调配资源。一般驿站在大促期间通过单量分析和预测构建的运营保障机制如图7-10所示，主要包括提前预测、精准筹备、实时监控三个阶段。在提前预测阶段，通过驿站历史同期数据进行单量分析，预测未来到站单量，结合平台数据进行精准预测，提前预警。在精准筹备阶段，根据预测数据做相应的运营准备，使人、机、料配备得当，业务运行有条不紊。在实时监控阶段，每日监控驿站运营数据，通过"早预报、晚查看"，合理督促驿站工作，保障包裹的高效流转。

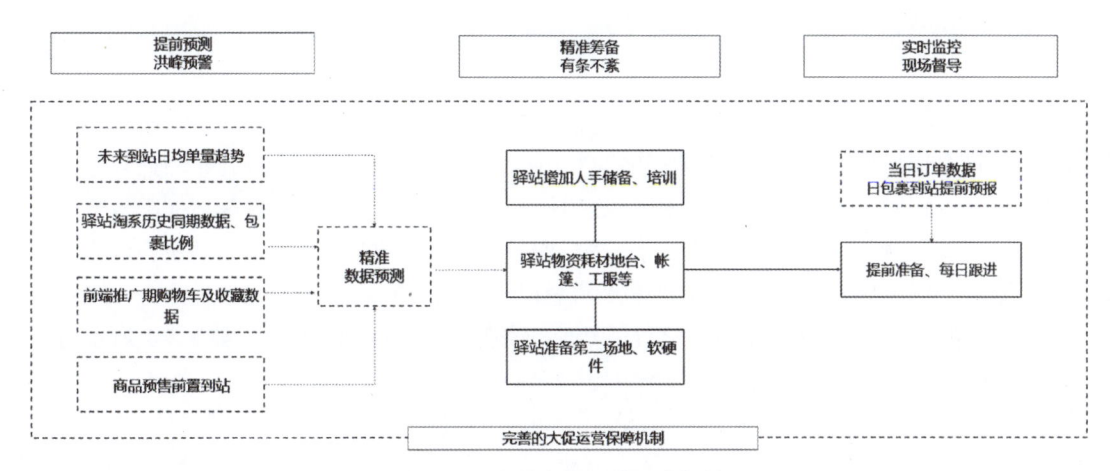

图 7-10 大促期间运营保障机制

### 2. 出库率

出库率是驿站日常派件效率的一个重要指标，通过当日出库率、7日出库率可以有效地反映驿站的包裹流转效率。大促期间包裹量大且集中，库存容量紧张，对包裹的流转效率提出了更高的要求。若出现库存量过大、取件排队等现象，就会影响客户的服务体验。

因此，大促期间需要重点关注驿站的出库率指标，根据出库率指标分析库存容量能否满足到站包裹量，并及时采取应对措施。一般而言，导致出库率低的原因可能是取件通知不及时、开放式取件设备配置不足、设备故障、人手不够等，驿站管理人员需要通过指标追溯具体原因并及时改善，从而提升驿站大促期间的出库率。

## 二、大促准备阶段

### （一）库存扩容

若驿站日常运营场地不足以支撑大促期间突增的揽派包裹量，则需按预测的揽派包裹量增加临时场地，比如搭建帐篷、新增货架等。具体的场地增加容量需要根据菜鸟预测数据中的扩容量指标来核算，驿站可以根据测算指数来选择临时场地和新增货架数量。驿站标准货架尺寸为1m长、2m高、横截面积2㎡，按照1㎡可放置49个包裹的配比，扩容量=（预测最大包裹量-日常平均包裹量）/98。

## （二）设备升级

这里所说的设备包括电子设备和固定设备，随着大促期间包裹量的剧增，驿站需要根据预测的单量来增加相应的设备。固定设备包括电脑、消防设施、帐篷、遮雨布和地台等。电子设备包括终端 PDA（巴枪/智能手机）、高拍仪、蓝牙打印机等。高拍仪的标准配备数量是预测最大包裹量/1000，不足 500 单四舍五入，所需数量减当前驿站已有设备数量，即为需要新增的数量。终端 PDA（巴枪/智能手机）增量以大促期间的入库人力配备为准，一般驿站 600～700 单配备一名入库员。除此之外，其他的寄件设备也应相应增加。如表 7-2 所示为驿站设备配备表。

表 7-2　设备配备表

| 设备名称 | 配备标准 | 计算方式 |
| --- | --- | --- |
| PDA（巴枪/智能手机） | 600～700 单/人台 | 预测单量/650- 已有设备数量 |
| 高拍仪 | 1000 单/台，不足 500 单四舍五入 | 预测单量/1000- 已有设备数量 |

注意，表 7-2 所示的配置标准是根据一般驿站的操作效率评估得出的，实际情况还可能会受到其他因素的影响，因此仅作为参考。

对于驿站而言，设备的配置和储备不仅能够在大促期间减轻驿站的运营压力，还会对驿站常态化运营提供辅助和紧急支持的功能。

## （三）人力储备

大促期间包裹量的暴增不具备持续性，按照大促单量配置工作人员会造成人力资源的浪费，驿站为了节约运营成本，通常通过招聘兼职或临时人员解决大促期间人手不足的问题。大促期间要求按照预测入库量的峰值储备人力，对新员工的需求量建议按照开放式取件模式 700 单/人、分离取件模式 350 单/人进行配置。同时，还需提前对新员工进行全方位的运营培训，完成实人认证和技能学习，并确保分工清晰、责任明确。

## （四）服务保障

大促期间驿站客户多，单量集中，是体现驿站服务能力和服务水平的关键时刻。相较于日常运营，需要强化寄递服务的正常开展和投诉的及时处理。例如，为了保障入库能力，按照 600～700 单/人进行人力的配置；出库人员按照开放式取件 700 单/人、分离式取件 350 单/人进行配置。

一般而言，驿站通过以下 3 个方面可以强化服务保障，确保服务不降级：需要相关人员完成技能学习和实人认证，达到业务服务要求；安排服务礼仪、投诉技巧的学习，通过服务态度的提升降低投诉率；寄递服务出入库及时，保证包裹站内流转的稳定性和高效性，不随意拒收和涨价。

### （五）上门保障

为了更好地应对大促期间客户的上门寄递服务需求，驿站应提前做好运力储备和取件员的业务培训，强化上门履约质量，提高履约效率，为客户提供多元化服务，从而保障大促期间驿站的顺利运营。建议上门寄递服务按照 50 单 / 人·天的标准进行运力储备，例如大促期间每天新增 100 单上门取件量，则至少应配备 2 名上门服务人员。

### （六）安全保障

大促期间货物密集、人流量大，驿站的安全应该引起重点关注，需要从场所安全、设备安全、寄件安全等方面检查驿站的安全情况。一方面，可以通过培训、演练等方式提升工作人员的安全素养和安全事件应急处理能力；另一方面，可以通过强化操作规范和流程监督管理机制确保业务的安全推进。

## 三、大促应急预案

不同于驿站的日常运营，大促期间客户量骤增，导致驿站作业时间紧、任务重。另外，末端物流场景业务易受天气、交通等因素影响。因此，驿站必须具备足够的抗风险能力，可以通过事先制定重点事项的应急预案，提升驿站的应急能力，从而保障驿站运营的顺利进行。

### （一）天气异常应急预案

天气异常会导致驿站出库率下降。如表 7-3 所示为 2020 年某高校驿站一周出库率统计表，不难看出，雨天的当日出库率明显低于晴天的当日出库率，客户在天气较好的时候出门相对方便，到驿站取件的意愿也相对较高；反之则较低。大促期间入库量持续增加、出库率降低会导致库容紧张。同时，驿站户外的临时场地也可能导致包裹受损等。

表 7-3　2020 年某驿站一周出库率统计表

| 日期 | 天气情况 | 当日出库率 |
| --- | --- | --- |
| 11 月 1 日 | 阴天 | 73.21% |
| 11 月 2 日 | 小雨转大雨 | 66.17% |
| 11 月 3 日 | 中雨 | 68.34% |
| 11 月 4 日 | 小雨 | 68.22% |
| 11 月 5 日 | 阴天 | 72.10% |
| 11 月 6 日 | 晴天 | 73.34% |
| 11 月 7 日 | 晴天 | 78.34% |

因此，大促期间驿站工作人员需要随时关注天气情况，并设置一定的余量库存空间，以应对异常天气发生时库存量的增加；准备好遮雨、防潮等物料，制定切实可行的异常天气应急预案；还需要储备一定的机动人力资源，以确保异常天气包裹的安全和客户的服务体验。

### （二）投诉应急预案

大促期间包裹量增多、客户群体大、时效要求高，是客户服务投诉的高发时期。某驿站数据统计显示，日常运营时投诉率仅为 0.01%，2020 年大促期间投诉率 10 日内增长至 0.21%。这就要求驿站提前制定不同类型投诉事件的应对机制和流程，确保能够第一时间安抚客户并完成投诉事项的应急处理，将客户损失和驿站损失降到最低。

一般而言，驿站可以通过设置站长服务热线、入库包裹地址校验、帮查件服务、专人投诉接待等措施来提升投诉处理能力。

## 四、大促运营阶段

除规划好大促准备阶段的事项，以及制定完善可行的应急预案外，还需要做好大促运营阶段的落地实施和动态管理，包括人员、资源的合理调配及关键指标数据的监测和跟进等，才能确保业务运营的顺利开展。与此同时，大促期间还要根据实际情况及时调整应对策略，逐步升级大促期间驿站的运营服务能力。

大促期间驿站的运营管理，可以从以下几个方面进行提升。

（1）做好员工培训，确保员工完成学习认证，规范操作。大促期间寄递包裹多、工作量大，禁止丢、摔包裹行为，同时通过标准化操作和监督减少错失件情况的发生，提升驿站寄递业务的服务质量。数据统计表明，驿站的培训频次和培训效果与驿站的运营指标，比如出库率、投诉率等息息相关。表7-4所示为2020年A、B两个驿站的运营数据指标统计。

表7-4  2020年A、B两个驿站的运营数据指标统计

| 指标 | A驿站 | B驿站 |
| --- | --- | --- |
| 驿站平均日单量 | 5000单 | 3000单 |
| "双11"大促单量 | 17 000单 | 10 000单 |
| 培训频次 | 1~2周一次 | 两月一次 |
| 培训满意度 | ≥80% | ≥65% |
| 大促期间当日出库率 | ≥85% | ≥65% |
| 大促期间次日寄出率 | ≥95% | ≥70% |
| 大促期间平均投诉率 | <0.01% | ≥0.05% |
| 大促期间货物丢失投诉量 | 2 | 12 |
| 大促期间货物破损投诉量 | 3 | 21 |

从表7-4可以看出，培训频次高、培训满意度高的A驿站，大促期间的单量远远高于B驿站，且大促期间的包裹出库率、次日寄出率等业务指标也优于B驿站。通过线下走访了解，大促期间两个驿站的设备、人员均按预测单量标准配备，不存在人手不够、设备不足等情况，由于B驿站人员培训不到位，大促期间新员工工作效率低、出错率高，导致B驿站的整体运营指标偏低，也给客户留下了服务质量不佳的印象。

（2）保证营业时间，针对服务场景的取件高峰时间，合理进行错峰分流，提高包裹的出库率。驿站的正常营业时间不少于8小时，大促期间驿站可以根据实际情况适当延长营业时间，提高包裹的出库率。

例如，浙江某高校驿站平常日均单量为4000单，驿站营业时间为9:00—19:00，因为早上开始营业时间较晚，所以大多数学生集中在中午12:00—14:00和晚上17:00—19:00进行取件；大促期间该驿站预测日单量为13 000单，原有营业时间会使部分学生无法及时取件，导致驿站当日出库率从85%下降至60%，同时占用大量库存，因此驿站及时将营业时间调整为8:00—21:00，满足部分学生早上9:00之前及19:00之后的取件需求，使次日出库率及时回升。

（3）维持取件秩序，站点通过不同功能区的划分，引导客户按序取件，避免排队等待时间长、客户体验差等现象发生。例如，某校园驿站原有取件出口 4 个，平常日均单量为 3500 单，每个出口配备 1 台高拍仪，基本能够满足日常的取件需求，客户平均取件时间不超过 2 分钟；大促期间日均单量增加至 9000 单，驿站在原有基础上增加了临时场地，新增 4 个取件出口，并在取件高峰期设置一名工作人员维持秩序及现场解决问题，将客户平均取件时间控制在 2~5 分钟。

（4）站点负责人需要密切关注大促期间的运营指标数据，随时根据数据的波动趋势优化运营策略，同时需要具备应对突发状况的应急能力。例如，某快递公司原定每天上午 10:00 到达某高校驿站，当天因为交通原因延误 3 小时，与另一家快递公司几乎同时到达，当天 13:00 到达包裹 1500 个，该驿站站长立马联系该校 B 区驿站站长，临时借调两名工作人员，确保到站包裹及时入库。

## 五、大促复盘阶段

大促结束后，驿站工作人员应该及时对大促期间的指标数据进行复盘总结，找到大促运营过程中存在的问题，积累经验；从中发现大促期间对指标体系构建有价值的数据，进一步优化驿站数据化运营体系。

> **实训内容**
>
> 某菜鸟驿站新招聘了一位站长经营。由于第一次经历"双 11"大促且没有过多的运营经验，该驿站老板按照标准对新站长进行培训，强调在大促前必须招聘兼职人员并准备备用场地，否则会导致驿站爆仓，到时候快递堆积如山，收件人会投诉包裹遗失、包裹破损等问题。假如你是该驿站站长，你将如何通过分析驿站的历史数据，进行"双 11"大促期间的驿站运营？步骤如下。
>
> （1）将学生分成 5 ~ 6 人的项目小组，建议男、女生保持适当比例，每组选定组长或负责人，其他成员各有分工。
>
> （2）小组通过搜集资料和调研驿站实际情况，了解往年大促时期驿站的运营情况并预测今年驿站的揽派单量。
>
> （3）根据预测的揽派单量制定大促时期驿站人员、物料、运营方案，并形成汇报材料。

（4）每人提交一份实训总结报告，每个小组整理一份PPT，选出代表进行课堂汇报。

（5）教师对学生的学习过程和表现进行点评，并对知识内容进行总结。

### 👍 任务考核

| 组号： | 填写人员： | | | 日期： | | |
|---|---|---|---|---|---|---|
| 评分项目 | 评分点 | 1组 | 2组 | 3组 | 4组 | 5组 | 6组 |
| 实训室规则 | 遵守实训室规章制度（10分） | | | | | | |
| 职业素养 | 衣着干净整齐（5分） | | | | | | |
| | 精神面貌佳（5分） | | | | | | |
| | 积极参与团队合作（10分） | | | | | | |
| 职业技能 | 收集往年大促数据（10分） | | | | | | |
| | 本年驿站揽派单量预测方法合理（20分） | | | | | | |
| | 驿站大促准备方案完整（20分） | | | | | | |
| | 汇报PPT思路清晰，表达顺畅（20分） | | | | | | |
| 合计得分： | | | | | | | |

## 项目测评

（一）选择题

1. 驿站日常运营指标可以分为哪几个大类？（　　）

   A. 收件指标　　B. 寄件指标　　C. 消费者评价指标　　D. 消费者体验指标

2. 以下不属于派件指标的是（　　）。

   A. 入库及时率　　B. 7日出库率　　C. 当日出库率　　D. 8日寄出率

3. 大促准备阶段需要做哪些准备工作？（　　）

   A. 库存扩容　　B. 人力储备　　C. 服务保障　　D. 设备升级

   E. 安全保障

(二) 简答题

1. 简述驿站运营指标体系，以及各指标的意义。
2. 学习完本项目后，总结大促数据背后的运营管理重点，以及如何做好大促的运营管理。

## 项目结语

驿站的数据化运营是指通过构建全面、合理的运营指标体系，定期监测指标数据，并分析重点指标数据的含义和波动趋势，从而对驿站的运营管理起到指导作用。本项目从驿站运营指标体系、相关运营指标的含义、指标数据的采集与分析、大促数据背后的运营管理等方面进行介绍，为驿站的运营管理提供相关解决方案，达到对驿站数据化运营管理系统学习的目的。

# 项目八 驿站人员管理

### 项目概述

作为末端物流服务平台，菜鸟驿站在物流环节中，需要直接为客户提供服务，其岗位设置和人效管理不仅直接关系到驿站的服务质量、服务效率和运营质量，还关系到客户对末端物流的服务感知。驿站人员管理能够有效地界定驿站岗位职责、明确职责权限，并且能够通过人员激励机制提升团队氛围，统一团队服务心智。良好的驿站人员管理机制是建设专业团队能力、优化客户服务质量、培养客户服务意识以及降低运营管理成本的重要基础。

### 技能导图

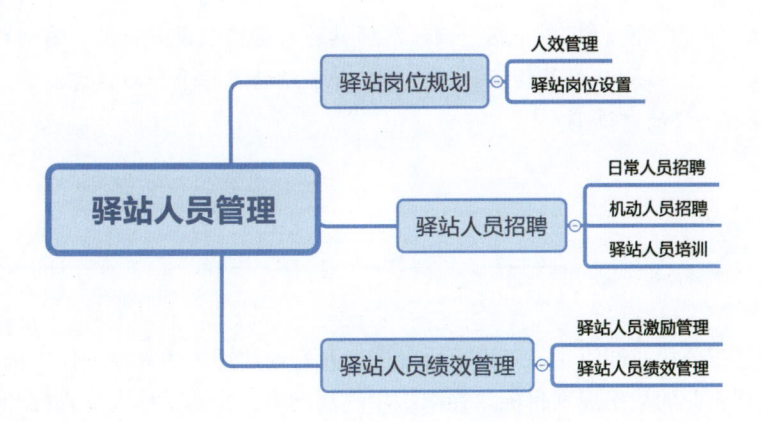

```
                       ┌─ 驿站岗位规划 ─┬─ 人效管理
                       │                └─ 驿站岗位设置
                       │
                       │                 ┌─ 日常人员招聘
驿站人员管理 ──────────┼─ 驿站人员招聘 ─┼─ 机动人员招聘
                       │                 └─ 驿站人员培训
                       │
                       └─ 驿站人员绩效管理 ─┬─ 驿站人员激励管理
                                           └─ 驿站人员绩效管理
```

# 任务一
# 驿站岗位规划

> ▶ **任务描述**
>
> 　　目前菜鸟驿站规模大小不一，不同规模的站点对人员管理的模式也不尽相同。通常规模较小的站点人员设置简单，人员管理也相对容易；而随着包裹数量的不断增加以及末端物流的整合，驿站的规模会逐步扩大，工作人员数量也会相应增加。这就意味着，完善的人员管理机制和管理制度才能匹配驿站规模的增长，合理设岗，有效激励，才能提高团队人员工作效率。
>
> 　　请前往一个你熟悉的菜鸟驿站，调研该驿站的人员岗位设置情况，有哪些岗位？每个岗位设置人数是多少？人员构成如何？并结合驿站的工作量分析该站点的岗位设置是否合理。你有更好的建议吗？

## 一、人效管理

　　人效管理是指公司或部门对员工进行合理配置及有效使用，使其在工作中提高效率，降低企业成本，实现企业的战略规划目标。在末端物流活动中，驿站工作人员直接和客户接触，并为客户提供不同的服务，例如咨询服务、取件服务、寄件服务等。不同的岗位对工作人员的技能要求也不一致，这需要驿站对岗位和人员进行合理的匹配，充分发挥员工的优势和主观能动性，提高团队工作效率和服务水平。人效管理的核心基础就是人岗匹配，即令工作人员的个性、能力和岗位的要求职责能够匹配，做到"岗得其人""人适其岗"，从而减少人员浪费，节约管理成本。

　　人岗匹配首先需要对岗位进行分析，其次对人员进行分析，再结合岗位和人员特性匹配，做到把正确的人放在正确的岗位上。

## （一）岗位分析

"人岗匹配"的基础是知岗，也就是岗位分析。因为只有全面了解设置的岗位及其目的，我们才能去选择适合岗位的人，这样才能实现"人岗匹配"。如果脱离了岗位的要求和特点，"人岗匹配"就会成为"空中楼阁"，失去根本。

岗位分析常用的方法就是工作分析。所谓工作分析，就是对某项工作的有关内容与责任的资料进行汇集、研究、分析的流程。岗位分析具体工作流程如图8-1所示。

通过岗位分析最后形成的岗位说明书包括三个部分：一是基本资料，包含职务名称、直接上级、所属部门、薪资等级、薪资水平等；二是职位描述，包含岗位的工作概述、工作内容、工作标准以及工作权限等信息（它是岗位说明书的主要部分，能够清晰地定义该岗位的工作职责和义务）；三是任职资格说明，包含对岗位人员的学历、工作年限和经验、个性特征以及个人技能的要求。岗位说明书的内容具体如图8-2所示。

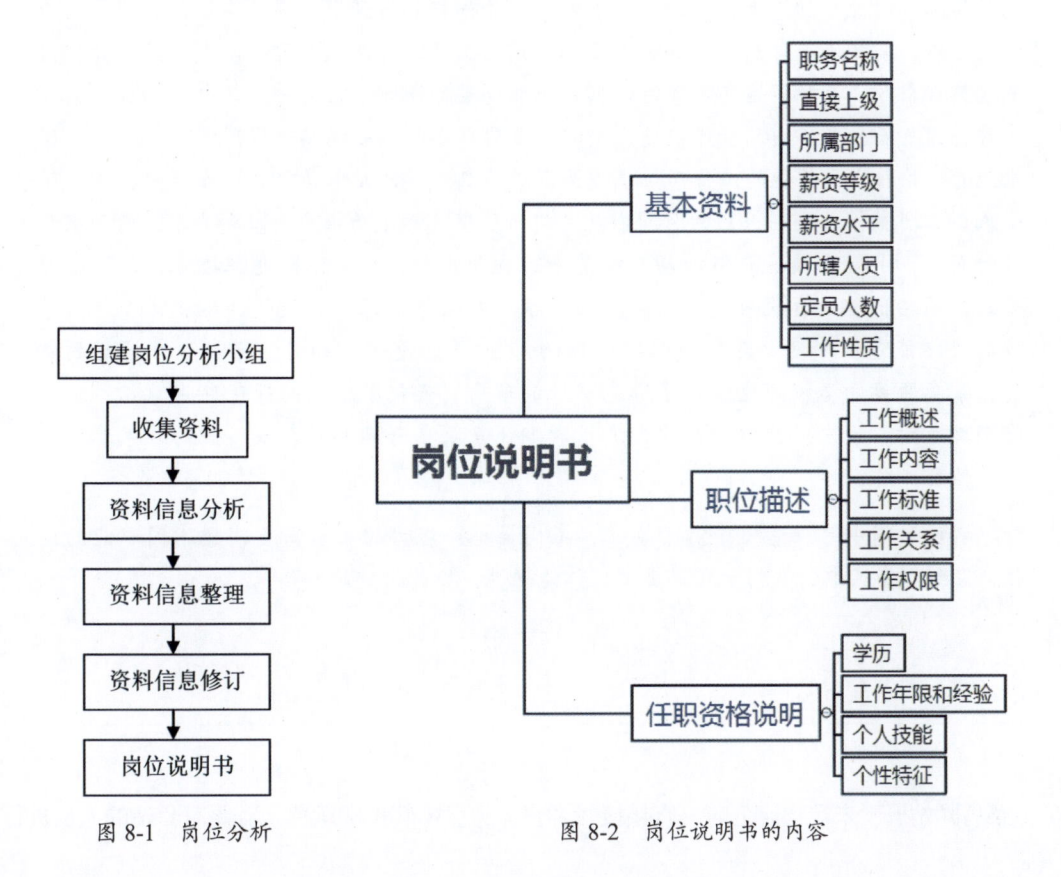

图8-1　岗位分析

图8-2　岗位说明书的内容

## （二）员工分析

可以通过构建员工胜任力模型进行驿站人员分析。员工胜任力模型包含知识、技能、社会角色、自我认知、品质和动机六个维度。在构建模型时，可以通过访谈法、问卷调查法和岗位分析法对六个维度需要的信息数据进行收集和分析。其中，访谈法的访谈对象既包括员工本人，也包括其接触的其他人员，如领导、同事等。在访谈过程中，对员工经历的成功和不成功的事件都要进行分析，深度关注岗位细节需要的特质。找出该员工的核心素质，并和岗位需求进行数据分析比对。在使用问卷调查法时，特别需要注意的是被调查者应该匿名，这有利于得到真实的答案。

> **案例分析**
>
> 在校园菜鸟驿站兼职工作的小 A 是个活泼好动的大二学生，作为物流管理专业的学生，为了增加社会实践的经验，这个学期初，她应聘了菜鸟驿站包裹入库员的工作。在刚开始工作时她干劲满满，觉得之前学习的理论知识都得到了实践。在这里，课本上看到的巴枪、高拍仪等智能设备都是她实际运用的工具。可是在工作了两个月后，她就提不起精神来了。有时候她在入库时看到前来取包裹的同学，就会聊上几句，一分心，入库就会错。而且工作内容枯燥，她几乎都想要辞职了。细心的站长发现了这个问题，根据她的性格特点，将她的工作岗位调整为驿站菜鸟海洋活动宣传员。这个调整，激发了小 A 的工作热情，她在很短的时间内就可以记住繁复的活动推广内容和要求。看到来驿站的同学，小 A 会快速介绍活动，就是平时在学生会、社团，她也积极宣传。她活泼开朗，同学们都很喜欢她，菜鸟海洋活动推广效果非常好。该校的师生积极参与，学校的海洋能量值一度上升到全国排行榜的前 30 名。更重要的是，通过这个活动的宣传，菜鸟驿站向全校师生宣传了绿色环保的理念，强化了大家的绿色环保意识。在本学期结束时，她向站长申请，她大三下学期还来菜鸟驿站实习，继续她的绿色环保活动宣传员工作。
>
> 从该案例中可以看出，对于企业，不同性格、能力的人员需要匹配不同职能的岗位，做到人岗匹配，有利于发挥员工工作能动性，提升工作效率。

## 二、驿站岗位设置

菜鸟驿站属于末端物流范畴，直接接触客户，为保障其正常运营，需要对驿站的人员进行合理配置，菜鸟驿站组织结构如图 8-3 所示。

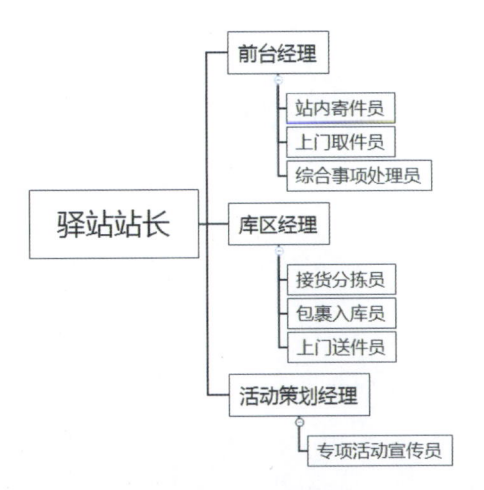

图 8-3　菜鸟驿站组织结构图

另外，菜鸟驿站岗位人员的设置与驿站的单量和规模关系紧密。驿站规模较大，岗位不足，人员配置少，会造成工作量大，服务效能低下，不利于驿站的长期发展；相反，驿站规模较小，岗位繁杂，人员多，不仅难以管理，还会导致人力成本增大。依据驿站日均的单量进行岗位的合理配置，菜鸟驿站岗位人员配置指导表可以确保驿站人力和工作量的精准匹配，具体如表 8-1 所示（根据实际站点工作量调研而成，仅供参考）。

表 8-1　菜鸟驿站岗位人员配置指导表

| 岗位 | 菜鸟驿站根据日均到达包裹数量配置人力 | | | | |
|---|---|---|---|---|---|
| | 微型站点 ≤1000 单/日 | 小型站点 1001~3000 单/日 | 中型站点 3001~8000 单/日 | 大型站点 8001~15 000 单/日 | 超大型站点＞15 000 单/日 |
| 站长 | 1人 | 1人 | 1人 | 1人 | 1人 |
| 前台经理 | 站长兼任 | 站长兼任 | 1人或站长兼任 | 1人 | 1人 |
| 综合事项处理员 | 站长兼任 | 站长兼任 | 1人 | 1人 | 每增加 8000 单增加 1人 |
| 站内寄件员 | 1人或站长兼任 | 1人或站长兼任 | 1~2人 | 2~3人 | 每增加 5000 单增加 1人 |
| 上门取件员 | 由站内寄件员兼任 | 由站内寄件员兼任 | 2人 | 2~4人 | 每增加 4000 单增加 1人 |

续表

| 岗位 | 菜鸟驿站根据日均到达包裹数量配置人力 | | | | |
| --- | --- | --- | --- | --- | --- |
| | 微型站点 ≤1000单/日 | 小型站点 1001~3000单/日 | 中型站点 3001~8000单/日 | 大型站点 8001~15 000单/日 | 超大型站点 >15 000单/日 |
| 库区经理 | 站长兼任 | 1人或站长兼任 | 1人或站长兼任 | 1人 | 1人 |
| 包裹分拣员 | 1人 | 1人 | 1~2人 | 2~3人 | 每增加5000单增加1人 |
| 包裹入库员 | 由包裹分拣员兼任 | 1~2人 | 2~5人 | 5~8人 | 每增加2000单增加1人 |
| 上门送件员 | 由包裹入库员兼任 | 由包裹入库员兼任 | 1人 | 1~2人 | 每增加8000单增加1人 |
| 活动策划经理 | 站长兼任 | 站长兼任 | 1人或站长兼任 | 1人 | 1人 |
| 专项活动宣促员 | 站长兼任 | 1人 | 1人 | 1~2人 | 每增加8000单增加1人 |
| 合计 | 2~3人 | 4~7人 | 10~18人 | 18~27人 | 根据单量设置 |

## （一）站长能力要求及岗位职责

站长作为驿站主要的运营管理人员，需要能够关注行业政策发布动态，考察市场变化情况，能够指导并带领员工达成运营目标。另外，驿站站长还需要具有良好的组织协调能力、沟通能力、目标分解与向下传导的能力。

驿站站长的具体岗位职责如下。

（1）负责驿站整体运营的统筹管理。

（2）负责组织招聘驿站各岗位员工，并做好岗前培训。

（3）按照菜鸟网络总部考核指标与相关要求，做出短期、中期、长期经营计划，并带领驿站全体员工按计划开展工作。

（4）每日关注出库率、客户满意度、包裹取件及时率、派件数量等重点项目的具体指标，实时掌握运营状态，监督各岗位员工工作情况。

（5）每周组织复盘会议，总结经验技巧，对照目标找出差距与不足，研究制定可行性解决方案，并带领团队整改。

（6）每月分析驿站运营数据，根据数据变化趋势，及时调整工作计划、经营策略与人员配置。

（7）按要求参加菜鸟驿站相关会议、培训，及时落实总部政策，及时将菜鸟科技性产品引入驿站经营。

（8）定期拜访当地快递企业负责人，并将菜鸟驿站的技术革新、考核变化等情况及时向快递企业负责人传递，争取广泛的支持与配合。

（9）站长对驿站安全工作负责，监督指导前台经理做好驿站安全管理。

（10）站长负责与驿站快递公司之间的费用结算工作。

（11）站长可兼任前台经理、库区经理、营销经理等职务。

## （二）前台经理能力要求及岗位职责

前台经理是驿站与客户、快递公司沟通协作的桥梁，一般要求反应灵敏、亲和力强且善于沟通。

前台经理的具体岗位职责如下。

（1）配合站长做好包裹安全寄递工作，对寄出快递包裹的安全检查负责。

（2）负责与快递公司揽件员对接，并按规定交接快递包裹，同时与快递公司客服人员保持紧密联系，及时处理寄出包裹在转运过程中出现的问题。

（3）负责接收"菜鸟裹裹"订单，并在规定时间内及时联系寄件人，订单确认后，安排取件员工上门取件。

（4）每日关注线上订单取消、完结情况，分析原因，并带领前台人员改进取件服务。

（5）配合站长做好投诉处理工作，根据客户投诉内容，对驿站服务标准与服务流程进行检视，同时对员工服务执行情况进行检查，并及时联系投诉方，了解投诉动机与诉求，第一时间解决问题，有效避免二次投诉。

（6）做好客户线上、电话与现场咨询问题的解答工作。

（7）设计《菜鸟驿站服务满意度调查问卷》，对驿站服务满意度情况进行调研，每半年至少一次。

（8）负责驿站安全管理，定期检查灭火器、应急灯、烟感报警器等安防设施是否处于正常使用状态，每日工作结束前，对驿站进行防火、防盗、防潮、防小动物"四防"安全检查。

（9）前台经理可以兼任寄件员和综合事项处理员。

## （三）站内寄件员能力要求及岗位职责

站内寄件员是驿站处理寄件业务的专门人员，主要负责接待具有寄件需求的客户，引导协助客户完成包裹的寄递。因此，站内寄件员要求亲和力强，有耐心，具有一定的应变能力和洞察能力。

站内寄件员的具体岗位职责如下。

（1）密切关注菜鸟驿站系统寄件消息，及时联系在线下单客户，并引导其尽快到驿站寄出包裹。

（2）使用文明用语和标准接待肢体动作，热情接待前来寄件的客户。

（3）严格按照驿站寄件操作规范要求，完成包裹开箱验视、实人认证等安全寄递操作步骤。

（4）严格按照驿站寄件操作规范要求，识别、拒收违禁物品，并使用文明用语和驿站标准话术向寄件人解释，争取寄件人理解，避免出现因寄件人认知偏差产生满意度下降或投诉的情况。

（5）严格按照驿站寄件操作规范要求，进行打包打单、引导支付寄件款、将待寄出包裹分类存放等一系列操作。

（6）当面倡导寄件人使用绿色环保包装寄递物品。

（7）指导寄件人进行线上查询，自行追踪寄出物品物流信息。

（8）指导寄件人使用自助寄件机。

（9）告知寄件人驿站联系方式，为其提供包裹寄出后的相关服务。

## （四）上门取件员能力要求及岗位职责

上门取件员需要及时响应客户下单需求，上门提供寄件相关服务。因此，上门取件员要求身体素质好，能够驾驶电动车，会操作便携式打印机等设备。另外，上门取件员也要具备较好的学习能力和突发事件处理能力，能够独立完成取件业务操作。

上门取件员的具体岗位职责如下。

（1）上岗前检查电动车、便携式打印机、电子称重器等工作所需设备是否处于足电状态。

（2）及时接收前台经理派发的取件订单，并立即出发上门取件。

（3）使用文明用语同寄件人进行沟通，非必要不进入寄件人私人空间，在必须进入时，必须佩戴口罩、手套、鞋套等防护用品。

（4）严格按照驿站寄件操作规范要求，完成包裹开箱验视、实人认证等安全寄递操作步骤。

（5）严格按照驿站寄件操作规范要求，识别、拒收违禁物品，并使用文明用语和驿站标准话术向寄件人解释，争取寄件人理解，避免出现因寄件人认知偏差产生满意度下降或投诉的情况。

（6）严格按照驿站寄件操作规范要求进行打包打单，引导支付寄件款。

（7）规范使用绿色环保包装。

（8）指导寄件人进行线上查询，自行追踪寄出物品物流信息。

（9）告知寄件人驿站联系方式，为其提供包裹在寄出后的相关服务。

（10）在取件任务完成后，第一时间将取回包裹交给前台经理，并尽快寄出。

## （五）综合事项处理员能力要求及岗位职责

综合事项处理员除了负责驿站的日常助理工作外，兼任驿站的客服投诉和管理工作，要求性格温和，有耐心和同理心，能够换位思考并且善于倾听。

综合事项处理员的具体岗位职责如下。

（1）密切关注菜鸟驿站系统中的投诉信息，做好相关记录，第一时间联系投诉人，核实投诉内容，了解投诉原因，安抚投诉人情绪，并将投诉情况如实向前台经理汇报。

（2）关注菜鸟驿站群消息，针对涉及本驿站的群通知、提问等消息要及时回复，如超出本人岗位或能力范围，要及时记录，并提醒站长查看、回复群消息。

（3）关注各快递公司群消息，凡涉及本驿站的问题（如错分件、改地址等），如本人能够直接处理，则第一时间处理并回复，如所遇问题超出本人岗位或能力范围（如涉及罚款或丢件赔付问题），则及时告知前台经理或店长处理。

（4）做好客户线上、电话与现场咨询问题的解答工作。

（5）做好高拍仪出库现场指导与问题处理。

（6）按站长或前台经理的要求，做好驿站各类数据的调取、统计、计算等工作。

（7）协助前台经理设计《菜鸟驿站服务满意度调查问卷》，并在前台经理的带领下，面向客户开展调研工作。

（8）协助前台经理定期检查灭火器、应急灯、烟感报警器等安防设施是否处于正常使用状态，每日工作开始前，监督各岗位员工火种带入情况，在工作中，监督并禁止吸烟者进入驿站，在工作结束前，配合前台经理巡查各类电器电源是否全部关闭，对驿站进行防火、防盗、防潮、防小动物"四防"安全检查。

## （六）库区经理能力要求及岗位职责

库区经理主要负责跟踪驿站每日到站的包裹、包裹的交接管理、出入库上架管理，以及组织站点工作人员完成每日库存盘点等工作。库区经理需根据驿站的运营情况合理进行货架调整、设备配置、临时库区设置，要具备一定的仓库布局规划、仓库动线优化能力以及良好的组织协调能力。

库区经理的具体岗位职责如下。

（1）配合站长做好包裹接收与入库上架的管理工作，确保快递包裹顺利流转。

（2）根据库区场地与日均包裹数量，设计库区货架与层数规模，并按照取件人科学流动的原则，设计货架放置位置，确保在安全、便捷、舒适的前提下，实现场地利用最大化。

（3）根据不同类别的取件人，选择取件码形式（如：货架+序号、货架+单号后四位）。

（4）根据日均到件包裹数量，配置巴枪、高拍仪等智能化设备。

（5）紧密联系快递公司配送负责人，及时准确地掌握快递公司当日到达包裹数量，做好驿站库区岗位人员的安排。

（6）认真做好与送件员之间的包裹交接工作。

（7）及时对错分、破损等问题件做出处理。

（8）组织分拣员根据包裹的包装性质、形态、重量进行分类。

（9）组织入库员将分类好的包裹扫描入库，并按要求粘贴取件小票。

（10）对要求送货上门的客户，在系统内"用户设置"模块下进行编辑操作，遇有需要送货上门的包裹，安排上门送件员及时送达。

（11）将通过菜鸟跑腿业务下单并要求送货上门的订单，及时分配给上门送件员。

（12）在每日工作结束前，组织入库员进行盘库。

（13）在取件高峰时段做好库区内限流管理。

（14）在商家平台大促期间，设计并设置临时库区。

## （七）接货分拣员能力要求及岗位职责

接货分拣员主要负责每日到站包裹的交接与分拣，并对异常破损包裹进行及时上报。该岗位工作人员要求仔细认真，有责任心，能够承受一定的劳动强度。

接货分拣员的具体岗位职责如下。

（1）配合库区经理完成与快递公司送件员的包裹交接。

（2）将接收到的包裹按照包装性质、形态、重量进行分类，并将分类好的包裹装入周转车，交给入库员。

（3）在分拣过程中，及时发现破损包裹，并上报库区经理处理。

## （八）包裹入库员能力要求及岗位职责

包裹入库员主要负责每日到站包裹的扫描入库，能够对包裹分类并选择合适的货架位置。该岗位工作人员要求仔细认真，有责任心，熟悉驿站设备操作，并能够承受一定的劳动强度。

包裹入库员的具体岗位职责如下。

（1）将分类好的包裹，按照包装性质、形态、重量不同，分别放入不同大小、不同承重能力的货架。

（2）将放入架上的快递包裹完成入库扫描，发送取货码，并打印取货码标签贴在包裹上面。

（3）每日工作结束前，按库区经理要求完成盘库工作。

## （九）上门送件员能力要求及岗位职责

上门送件员主要工作内容是根据客户要求送货上门。该岗位工作人员要求亲和力强，语言沟通能力强，熟练驿站便携式设备操作，具有服务意识，能够承受一定的工作强度。

上门送件员的具体岗位职责如下。

（1）上岗前检查电动车、便携式打印机、电子称重器等工作所需设备是否处于足电状态。

（2）承接库区经理分配的各类送货上门包裹，并按照时效要求及时送达。

（3）使用文明用语同收件人进行沟通，非必要不进入收件人私人空间，在必须进入时，必须佩戴口罩、手套、鞋套等防护用品。

（4）上门送件员可由上门取件员兼任。

## （十）活动策划经理能力要求及岗位职责

活动策划经理主要工作内容是落实菜鸟网络总部各项活动的宣传和推广，结合驿站自身情况和地区特性有的放矢地制定详细的活动策划方案并培训、指导驿站工作人员完成活动。因此，活动策划经理要求具备良好的组织策划能力、文字编写能力和一定的审美能力。

活动策划经理的具体岗位职责如下。

（1）与站长一起参与菜鸟网络总部发起的与工作有关的各类线上线下会议，及时了解菜鸟驿站相关政策、活动等详细信息。

（2）根据菜鸟网络总部政策宣传与活动内容，拟定本驿站的宣传、推广方案。

（3）将政策宣传与活动任务或服务产品推广任务进行分解，并合理安排给驿站对应岗位的员工。

（4）密切关注宣传与活动或服务产品推广过程，及时发现并解决问题。

（5）定期总结经验，查找不足，并带领团队成员改进工作方法。

（6）接收活动物料，并按要求管理、使用物料。

（7）负责招聘活动专员，并进行岗前培训。

（8）经常关注菜鸟驿站系统数据，结合前台经理的建议，针对数据的提升（如线上取件率）制定有效的活动方案。

（9）针对活动策划与服务产品推广制定岗位员工绩效考核方案。

（10）设计针对服务产品的使用体验调查问卷，并定期组织调研。

## （十一）专项活动宣传员能力要求及岗位职责

专项活动宣传员主要工作内容是配合活动策划经理完成策划方案的实施，达到活动宣传的目的。该岗位工作人员要求性格活泼开朗，善于交流沟通，抗压能力强。

专项活动宣传员的具体岗位职责如下。

（1）熟知宣传活动政策，熟练掌握宣传话术。

（2）按照活动策划经理制定的活动宣传方案，面向客户开展宣传活动。

（3）按要求使用宣传物料，并及时补充，确保物料够用。

（4）在活动策划经理的带领下，完成外场宣传活动。

（5）针对客户疑难问题，或活动政策认知偏差问题，做好解释工作。

（6）配合菜鸟驿站的运营规则和服务要求，向客户传达注意事项和服务内容，从而更好地为客户服务。

> 🔍 **实训内容**
>
> （1）分小组走访不同规模的校园驿站，通过采访、座谈、观察等形式了解驿站的人员岗位设置情况并做好记录。
>
> （2）采访驿站不同岗位的工作人员，了解其对自身岗位工作和职责的理解，以及各岗位的工作饱和度。
>
> （3）就驿站人效管理采访站长，了解驿站日常运营的人效情况。
>
> （4）各小组做好记录，形成汇报成果并派出代表进行汇报。
>
> （5）教师对各小组的表现进行点评。

## 👍 任务考核

| 组号： | 填写人员： | | | | 日期： | | |
|---|---|---|---|---|---|---|---|
| 评分项目 | 评分点 | 1组 | 2组 | 3组 | 4组 | 5组 | 6组 |
| 实训室规则 | 遵守实训室规章制度（10分） | | | | | | |
| 职业素养 | 衣着干净整齐（5分） | | | | | | |
| | 精神面貌佳（5分） | | | | | | |
| | 积极参与团队合作（10分） | | | | | | |
| 职业技能 | 内容完整全面（20分） | | | | | | |
| | 汇报材料真实严谨（20分） | | | | | | |
| | 汇报思路清晰，有说服力（30分） | | | | | | |
| 合计得分： | | | | | | | |

# 任务二
# 驿站人员招聘

> ▶ **任务描述**
>
> 人才是企业发展的基石,菜鸟驿站在行业变革的驱动下,需要不断适应发展需求,对人员的招聘管理也提出了新的要求。如何按照驿站的经营目标、岗位设置和业务能力要求,为驿站合理正确地选择和任用人才,是驿站人员招聘管理的重要工作。
>
> 菜鸟驿站的招聘工作分为日常人员招聘和机动人员招聘,日常人员招聘是为了保障驿站的正常运转,机动人员招聘是为了应对"双11""双12"大促期间的单量剧增引起的人员短缺。校园驿站相较于社区驿站,因其场景的独特性,在人员招聘方面有哪些特点?请同学们通过学校驿站走访,梳理不同规模驿站的招聘需求和招聘方式并形成汇报材料。

## 一、日常人员招聘

菜鸟驿站日常岗位包括驿站站长、前台经理、站内寄件员、上门揽件员、综合事项处理员、库区经理、接货分拣员等。末端物流岗位的工作性质导致人员流动性较大,因此需要完善的招聘管理机制满足日常人员的更换补充。另外,随着驿站的规模和业务发展,也会出现阶段性不同的人员需求,如何能够快速精准地将优秀的、符合职位要求的人才放在合适的岗位上,是保障驿站业务正常运转的关键因素。

### (一)招聘原则

不同的组织依据不同的目标,招聘需求和招聘形式虽不尽相同,但是遵循的招聘原则基本一致。对于菜鸟驿站来说,主要的招聘岗位包括包裹分拣员、包裹入库员、上门送件员、上门取件员、客服人员。

### 1. 宁缺毋滥

从组织发展的长远利益来看，一个工作岗位宁可暂时空缺，也不要选用不合适的人员。不合适的人员不仅不能解决岗位空缺的问题，反而会造成招聘成本和时间的浪费。如果要避免因岗位空缺而带给组织的损失，可以在制订招聘计划时设置一个提前量。菜鸟驿站的运营需要权衡成本和收益，员工不匹配工作岗位，会导致工作效率大大降低。因此，在可招可不招时尽量不招，在可少招可多招时尽量少招，从而合理降低招聘成本。

### 2. 公开、公平、公正

在公开的招聘条件下能够吸引足够多的应聘者，使招聘组织有较大的选拔余地。另外，通过公平竞争使得人才脱颖而出，能够获取真正拥有实力的人才，也会对组织内部员工起到激励作用。公开、公平、公正原则有助于形成一种积极竞争的组织和企业文化，使得员工更具凝聚力。

## （二）招聘流程

人才的招聘是一个完整的、系统的工作项目，科学完整的招聘流程是组织做好招聘与录用工作的保证。该项目由四个相互关联而又各自独立的工作部分组成，每个组成部分都是为了确保人员招聘与录用的质量，从而为企业选拔出合格的人才。具体的人才招聘工作流程如图 8-4 所示。

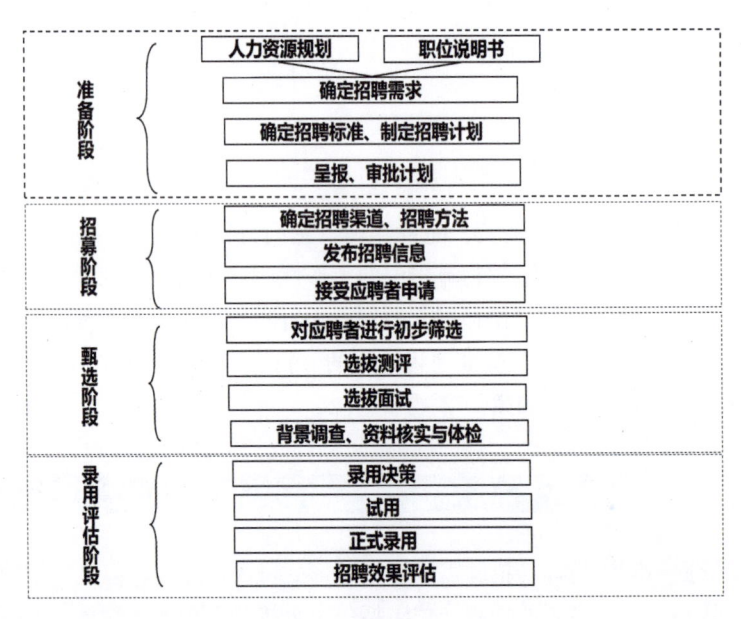

```
准备阶段 { 人力资源规划  职位说明书
          确定招聘需求
          确定招聘标准、制定招聘计划
          呈报、审批计划

招募阶段 { 确定招聘渠道、招聘方法
          发布招聘信息
          接受应聘者申请

甄选阶段 { 对应聘者进行初步筛选
          选拔测评
          选拔面试
          背景调查、资料核实与体检

录用评估阶段 { 录用决策
              试用
              正式录用
              招聘效果评估
```

图 8-4　招聘工作流程

1. 准备阶段

准备阶段是人才招聘的第一个阶段。对于大中型企业而言，通常由人力资源部门依据岗位说明书，明确招聘需求，并确定招聘的标准及招聘工作的具体实施措施。之后将计划呈报上级部门，在上级部门审批后进入下一个阶段。对于菜鸟驿站而言，招聘需求、招聘计划通常由驿站站长根据驿站的整体规模和实际情况具体分析，如有需要，可以向菜鸟网络运营人员咨询。

2. 招募阶段

招募阶段是招聘的重要阶段。首先，确定招聘的来源，一般分为外部招聘和内部招聘；其次，确定招聘的方法，即被聘者获知招聘信息的方法和途径；再次，发布招聘信息，通过各种渠道传递招聘信息以吸引招聘者；最后是回收应聘者的应聘资料并进行初步筛选，以便下一阶段进行甄选和录用。招募阶段的重点在于扩大招聘信息的发布途径和吸引力，吸引较多的候选人。

3. 甄选阶段

甄选阶段是企业招聘过程中人才选择的关键阶段，是选择具有岗位技能、能够匹配岗位工作职责的工作人员的过程。甄选质量的高低直接决定着选出的应聘者是否能达到组织的要求。甄选过程是一个技术性很强的环节，会涉及心理测试、无领导小组讨论、评价中心等诸多方法。甄选的最终目的是挑选出符合要求的应聘者供组织进一步筛选。

4. 录用评估阶段

人员录用是指综合应聘者在招聘过程中的表现及其相关求职资料，通过组织评定，最终确定录用人选并通知候选人办理入职手续的过程。

招聘效果评估是在完成招聘流程各阶段工作的基础上，对整个招聘过程及结果进行总结复盘，检查是否达到预期的招聘目的，以求后续不断改进招聘机制的工作过程。

## 二、机动人员招聘

菜鸟校园驿站与高校合作，致力于规范校园末端物流服务场景，建设美好校园生活。高校学生的网购需求巨大，在电商大促节日期间货量波动性较大，需要机动增加工作人员，以解决单量暴增带来的工作量增加的问题。另外，校园驿站的活动策划也需要兼职人员，以提高工作效率，增强运营效果。因此，校园驿站的机动人员招聘管理是非常有必要的，机动人员招聘一般有两种方式，一种是临时性社会招聘，一种校园学生兼职。

临时性招聘是指有些组织的人力资源短缺只是暂时的，或者具有典型的季节性特征，那么就可以通过临时性招聘招募一些临时工，满足短期工作需要，从而达到劳动力的灵活调配。菜鸟校园驿站设立在高校校园，在开学季、毕业季以及电商大促节日期间可以通过招聘兼职学生，有效解决在单量高峰时期的用人需求问题，同时也可以为高校学生提供一定的勤工俭学岗位，为学生带来一定的勤工俭学收入。

机动人员在入岗后需要进行合理规范的培训，以保障顺利完成岗位工作内容，培训内容涵盖政策制度培训、规范培训、操作技能培训、企业文化培训、素养培训等，同时应注重个人成长和团队协作的指导。

> **🔍 案例分析**
>
> 某大学校园内，开学不久，由于很多同学采用寄送包裹的形式将行李带回校园，菜鸟驿站包裹数量激增，故该驿站在校园公告栏中张贴如下招聘启事，以招聘机动人员应对开学季。
>
> 招聘启事
>
> 各位同学：
>
> 开学已至，由于包裹物品增多，菜鸟驿站需要聘请三位有爱心的同学，同我们驿站工作人员一起为大家服务。您是否有时间和兴趣来到我们团队中，为包裹快速找到主人？需要的岗位人员如下。
>
> 1. 包裹入库员
>
> 男女不限，但由于工作特性，菜鸟驿站希望包裹入库员体力好，并能够细心、有爱心地对待每一件包裹。
>
> 工作时间。驿站营业时间是每天9点—19点共10个小时，又以两小时为一个时段，分为9点—11点、11点—13点、13点—15点、15点—17点、17点—19点五个时间段，兼职人员可以自己选择单个或多个固定时段兼职。
>
> 工作内容。负责将分拣员归置好的快递包裹及时扫描入库，并发送取件短信；负责盘点库区包裹数量，找出放错或问题包裹。
>
> 薪酬标准。每小时××元。

2. 站内寄件员

男女不限，寄件安全责任重大，需要仔细、负责的同学从事该岗位工作。

工作时间。同包裹入库员时间。

工作内容。学习并严格按照菜鸟驿站寄件操作规范，做好寄出物品开箱验视、寄件人实名认证、打包打单、寄出商品保管与交接等工作。

薪酬标准。每小时××元。

我们期待您的加入。

此招聘启事张贴后，该校200多名学生积极报名应聘，最终根据以下项条件选择15名同学作为驿站工作人员。

1. 服从指挥，听从安排。
2. 准时到达工作岗位，准时进入工作状态。
3. 不得私自更换工作点，若更换需征得负责人同意。
4. 按时保量完成任务。
5. 勤奋、敬业、平常心、执着。
6. 男女不限，户籍不限，18—25岁，在校生、应届生及实习生皆可。
7. 性格外向，口齿伶俐，善于与陌生人沟通。
8. 责任心强，能吃苦耐劳，有较强的抗压能力。
9. 有服务意识和团队协作精神，善于自我管理。
10. 目标明确，想通过锻炼自己的沟通交流能力和专业技能，积累社会经验的人员优先。

## 三、驿站人员培训

随着驿站的规模化和标准化发展，对驿站人员的学习能力和可持续发展都提出了更高的要求。从驿站人员管理方面而言，招聘是人才储备的开始，人才培养还需要构建完善的人员培训制度。驿站工作涉及客户接待、业务咨询、业务操作、客服处理、活动策划等方面，同时也需要根据行业发展的新要求不断更新知识，更好地为客户服务，提升末端物流从业人员的综合水平。

驿站人员培训可以分为四个步骤，依次是确定培训内容、制订培训计划、组织实施培训和培训效果反馈。

（1）确定培训内容

驿站工作涉及不同的业务操作流程和规范，比如入库操作规范；新设备的功能使用和维护规范，比如高拍仪设备、无人车的应用；新业务的服务开展，比如"裹裹"上门业务；日常管理规范，比如安全作业。这些都需要对员工定期或者不定期进行相应的培训。结合实际情况，明确培训内容是人员培训工作的基础。例如在疫情期间，就需要对员工进行相应的防疫工作培训。

（2）制订培训计划

在确定培训内容之后，就可以制订培训计划。一般而言培训计划涵盖培训目的、培训时间、培训地点、参加人数、培训形式等一系列内容。该环节需要根据培训内容来选择合适的培训形式，比如业务操作类培训可以采用实操形式，确保驿站人员能够通过实操掌握培训内容；安全制度类培训可以采用案例互动形式，通过生动的案例引起驿站人员的重视并加深记忆，从而达到培训效果。

除此之外，培训计划需要完成培训场地的确定、相关人员培训时间的通知、培训讲师的沟通等工作，确保培训实施环节的顺利进行。

（3）组织实施培训

实施培训环节即根据制订的培训计划，完成相应的培训任务。需要注意的是，在培训过程中需要根据现场参训人员的反应，及时调整气氛和节奏，可以通过良好的互动环节来保证培训效果，同时也要注意培训现场的纪律和安全。

另外，在实施培训环节可以通过小组 PK、考试等形式来提升参训人员的积极性。

（4）培训效果反馈

培训效果反馈包括对培训内容的掌握程度和培训的满意度两方面。培训内容的掌握度可以通过技能考试、员工出错率以及观察员工的日常工作情况综合了解。培训满意度包括对培训形式、培训讲师等的满意程度，可以通过问卷调查或者访谈的形式获取。通过培训效果反馈可以总结复盘经验，在后续的培训过程中不断改进，提升培训效果和培训满意度。

## 🔍 实训内容

（1）分小组走访不同规模的校园驿站，了解驿站的日常招聘流程。

（2）了解驿站在大促期间的招聘需求和方式。

（3）了解驿站日常的培训频率、培训形式和培训内容。

（4）各小组评价走访驿站的人员招聘和人员培训情况，并给出改进意见。

（5）选派代表进行总结汇报，教师完成点评。

## 👍 任务考核

| 组号： | 填写人员： | | | | 日期： | | |
|---|---|---|---|---|---|---|---|
| 评分项目 | 评分点 | 1组 | 2组 | 3组 | 4组 | 5组 | 6组 |
| 实训室规则 | 遵守实训室规章制度（10分） | | | | | | |
| 职业素养 | 衣着干净整齐（5分） | | | | | | |
| | 精神面貌佳（5分） | | | | | | |
| | 积极参与团队合作（10分） | | | | | | |
| 职业技能 | 能够按照任务和站点人员良好沟通并收集信息（20分） | | | | | | |
| | 能够根据记录，完成汇报材料的制作（20分） | | | | | | |
| | 汇报思路清晰，内容完整，有说服力（30分） | | | | | | |
| 合计得分： | | | | | | | |

# 任务三

# 驿站人员绩效管理

> ▶ **任务描述**
>
> 小张和小李是校园菜鸟驿站招聘的两名兼职大学生,工作时间是周三和周五下午,工作内容是到驿站进行包裹的入库工作,工作时长为两小时。两人的工作状态各有不同,小张虽然本职工作是入库员,但他因为喜欢菜鸟驿站的工作氛围,在完成入库工作后,他也会协助驿站完成活动策划和推广工作。而小李总是"捡点工作",对于本职入库工作也时常会出错,假设你是驿站站长,面对小张和小李的情况,该如何进行驿站人员的激励与绩效管理?

## 一、驿站人员激励管理

员工激励管理是企业组织发展的一个重要组成部分。它是根据激励理论,通过具体的激励手段,来提高员工工作效率和员工生活质量的一种人力资源管理方式。具体来说,员工激励就是指组织或机构通过有效的手段,对员工的各种需要予以不同程度的满足或者限制,以激发员工动机、欲望,从而使员工在追求某一特定目标的过程中保持高昂的情绪和持续的积极状态,充分挖掘其潜力,保证其全力达到预期目标的一个过程。

激励的核心在于对员工内在需求的把握,满足其需求才能保证激励措施能够充分调动员工的主观能动性。具体的措施如下。

### (一)满足员工的基本物质需求

基本的物质需求是人们维持生命、保持正常生活的基础,例如基本的衣食住行保障。组织在采取激励员工措施时,可以通过提高员工的工资、社会福利和保险等生活方面的基本保障来让员工无后顾之忧,全身心地投入到工作当中。

## （二）员工参与和授权激励

员工的参与是指企业通过鼓励员工参与组织的决策工作，来激发员工的积极性，调动员工工作的热情，以使员工和组织共同得到发展的一种模式。大多数人都有一种心理需求，希望能主动地去支配自己的生活和工作，而不是被动地去接受和简单地执行。

## （三）建立目标激励

建立目标本身就是一种激励，在建立目标激励的时候，要注意目标本身的挑战性和协调性，也就是所建立的目标要有适当的高度，评估目标达成的难易程度，才能激发员工的工作欲望。目标激励还包括已有优秀员工的榜样性激励，通过对优秀员工的表彰激励其他员工。

组织在进行激励管理时，需要注意以下几点：一是激励标准尽量量化，避免指标不清晰；二是激励标准要多维度，不能单一；三是激励制度要公平公正，奖惩分明；四是需要因地制宜，制定适合的激励手段，不可照搬全抄；四是营造企业文化，打造员工自我激励的心智。

> **案例分析**
>
> ### 某学院菜鸟驿站"双11"评选"入库侠"活动实施方案
>
> 为保证2019年"双11"期间入库效率，有效提升驿站服务质量与取件人满意度，同时也让驿站兼职人员"劳有所得、劳有所乐"，经研究决定，于"双11"期间在全驿站范围内，开展评选"入库侠"活动，具体方案如下。
>
> 一、成立评选组委会
>
> 组长：×××
>
> 成员：×××　×××　×××
>
> 评选组委会负责本次活动的方案拟定，监督落实，数据汇总，奖励评定。
>
> 二、活动时间
>
> 2019年11月11日—11月20日
>
> 三、具体规则
>
> （一）活动期间，所有工作人员均可以参与评选"入库侠"。

（二）活动期间，工作人员必须使用自己的工号入库。

1. 凡忘记使用自己工号的，不计入统计数量；

2. 他人忘记更换工号，误录到自己工号名下的，误入数量将会从个人总数量中剔除。

（三）活动期间，个人工号入库满3000件以上的员工，方可获得"入库侠"奖励。

（四）活动期间，保证入库速度的同时，还要确保包裹放置精准。如包裹放错位置，出现一个（调取监控录像，排除取件人乱翻问题），消减50件包裹量。

（五）活动期间，排班按正常进行，不做调整，在每天需要临时加人时，欢迎大家踊跃报名，工时不受活动影响，照常计入个人总工时。

四、奖励措施

一等奖1名，奖励现金200元

二等奖2名，奖励现金100元

三等奖3名，奖励现金50元

注："入库侠"奖励与每月"入库王者"可叠加奖励，温馨提示，"双11"期间"入库侠"第1名，很有希望会成为本月"入库王者"得到双重奖励哦。

某学院菜鸟驿站<br>2019年11月3日

## 二、驿站人员绩效管理

### （一）绩效管理理论

绩效是指员工在工作过程中所表现出来的与组织目标相关的，并且能够被评价的工作业绩、工作能力和工作态度。个人绩效是指员工在工作岗位上履行的岗位职责，达到工作结果标准的程度。绩效管理的目标是不断改善组织氛围，优化工作环境，持续激励员工，提高组织效率。有效的绩效管理能够明晰组织目标，确保员工工作目标与组织目标一致，提升员工工作满意度，优化人员结构等。

绩效管理是指考评者对照工作目标或绩效标准，采用一定的考核方法，评定员工的工作任务完成情况、员工的工作职责履行程度和员工的发展情况，并将上述评定结果反馈给员工的过程。绩效考核是绩效管理活动的中心环节，是考核者与被考核者双方对考核期间的工作绩效进行全面回顾和总结的必要过程。

## （二）菜鸟驿站绩效管理实例

菜鸟驿站的很多站长都是从一线员工晋升上来的，该类型站长普遍熟悉驿站业务，但对于人员管理，尤其是绩效管理以及薪资管理并不擅长。对于这个问题，驿站通过"驿站掌柜"这个在线程序帮助站长实行人员绩效管理。在该系统中，每一个工作人员由姓名和唯一的 ID 构成，包括 ID 生成的条形码。员工信息页面如图 8-5 所示。

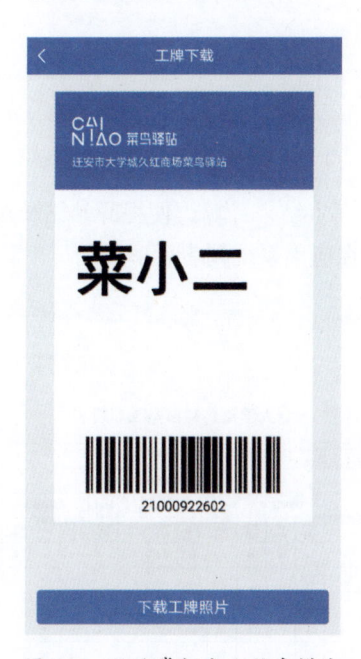

图 8-5 驿站掌柜个人信息模块

条形码和整个驿站入库出库系统对接，每个员工的工作量、工作成果直接展示在系统中，包括入库、出库、拒收、退回、分拨、盘库等内容，形成列表。驿站掌柜绩效管理模块如

图 8-6 所示。

图 8-6  驿站掌柜绩效管理模块

该列表可以直接应用于员工薪资结果计算，使得驿站站长对人员的管理更加精细化、专业化。表 8-2 就是某校园菜鸟驿站在应用系统列表后形成的员工薪资表（基础岗位）。

表 8-2  某大学菜鸟驿站部分员工薪资表（基础岗位）

单位：元

| | | 基本薪资 | | | | | 绩效薪资 | | | | | | | 其他薪资 | | | | 星级站点补贴 | | |
|---|---|---|---|---|---|---|---|---|---|---|---|---|---|---|---|---|---|---|---|---|
| | | | | | | | | 数据考核 | | | | | | 罚款定额 | | | 派件机奖励 | | | | |
| | | | | | | | 菜鸟出库率 | | 出库 | | 上门收件（月单量） | 消费者体验 | | | | | | | | | |
| 序号 | 姓名 | 基础薪资 | 全勤奖金 | 工龄薪资 | 职位薪资 | 加班工资 | 其他补贴 | 占比60% | 占比95% | 占比70% | 占比80% | 7天出库率98% | 当日出库率65% | 70分0.2 | 82分0.35 | 96分0.5 | 总体评分4.9 | 经理评分7.8 | 派件定额 | 收件定额 | 津贴 | 奖金池均分人数 | 4星 | 5星 | 应发薪资 |
| | | | | | | 100 | | 30 | 50 | 70 | 20 | 20 | 20 | 0.2 | | | 50 | 20 | -409 | | | 0 | 100 | 200 | |
| 1 | 杨** | 3000 | 100 | | 500 | 200 | | 30 | | | 20 | 20 | | | | | 50 | 20 | -58 | | | 0 | 0 | 0 | 3882 |
| 2 | 杨** | 3000 | 100 | | 500 | 200 | | 30 | | | 20 | 20 | | | | | 50 | 20 | -58 | | | | | | 3882 |
| 3 | 赖** | 3000 | 100 | | 500 | 200 | | 30 | | | 20 | 20 | | | | | 50 | 20 | -58 | | | | | | 3882 |
| 4 | 兰* | 3000 | 100 | | 500 | 200 | | 30 | | | 20 | 20 | | | | | 50 | 20 | -58 | | | | | | 3882 |
| 5 | 唐** | 3000 | 100 | | 500 | 200 | | | | | | | | 255 | 0 | | | | -58 | | | | | | 3996 |
| 6 | 陈** | 3000 | 100 | | 500 | 200 | | | | | | | | 255 | 0 | | | | -58 | | | | | | 3996 |
| 7 | 文** | 3000 | 100 | | 500 | 200 | | | | | | | | 255 | | | | | -58 | | | | | | 3996 |
| | | | | | | | | | | | | | | | | | | | | | | | 总和 | 27515 |

## 🔍 实训内容

（1）说明驿站绩效管理的作用和绩效管理的常见手段。

（2）针对案例场景，制定适合任务描述中小张和小李的绩效管理办法，并说明理由。

## 👍 任务考核

| 组号： | 填写人员： | | | | 日期： | | |
|---|---|---|---|---|---|---|---|
| 评分项目 | 评分点 | 1组 | 2组 | 3组 | 4组 | 5组 | 6组 |
| 实训室规则 | 遵守实训室规章制度（10分） | | | | | | |
| 职业素养 | 衣着干净整齐（5分） | | | | | | |
| | 精神面貌佳（5分） | | | | | | |
| | 积极参与团队合作（10分） | | | | | | |
| 职业技能 | 内容完整全面（20分） | | | | | | |
| | 激励措施可行（20分） | | | | | | |
| | 方案完整（30分） | | | | | | |
| 合计得分： | | | | | | | |

# 项目测评

（一）选择题

1. 在驿站岗位设置中，站长的下一级岗位包括（　　）

A. 前台经理　　　B. 库区经理　　　C. 营销经理　　　D. 收发经理

2. 绩效管理的基本流程包括（　　）

A. 绩效目标与计划　　　　　　　B. 绩效实施

C. 绩效反馈与指导　　　　　　　D. 绩效评估与考核

（二）简答题

1. 招聘的基本程序有哪些？

2. 人效管理的核心是什么？

(三) 实践题

如何设计一份绩效评价表格？请针对菜鸟驿站目前的岗位设置设计一份模拟的绩效评价表格。

## 项目结语

随着末端物流站点的快速扩张以及规模化发展，驿站人员管理面临着系统化、体系化和科学化的改革要求，而这也是行业规范发展的必然趋势。本项目从人效管理、岗位设置、人员招聘、绩效管理四个方面对驿站人员管理进行介绍和说明，旨在通过人力资源的合理配置、员工自我目标驱动等方式，充分发挥员工的潜力，提高工作效率，提升服务水平，最终实现组织和员工的共同成长。

# 项目九
# 驿站安全管理

## 项目概述

菜鸟驿站的安全管理工作至关重要,尤其是菜鸟校园驿站,其选址绝大多数是在学生学习、生活的密集区域,菜鸟驿站一旦出现安全事故,可能造成人员伤亡和重大财产损失,后果将不堪设想。除了消防安全隐患,近年来也出现了包裹丢失/损坏、包裹信息泄露、防疫隐患等。因此,菜鸟驿站的安全管理问题已成为各方关注和重视的话题。如何有效地规避这些安全隐患,也成为菜鸟驿站管理人员和工作人员必须解决的问题。

安全管理贯穿驿站运营管理的全过程,从包裹入站、入库存储,到出站的各个环节都离不开安全管理工作。完善的安全保障机制是菜鸟驿站一切工作的前提,不仅能有效维护驿站环境稳定,保障驿站日常运营的顺利,还能提升末端物流服务体验。

## 技能导图

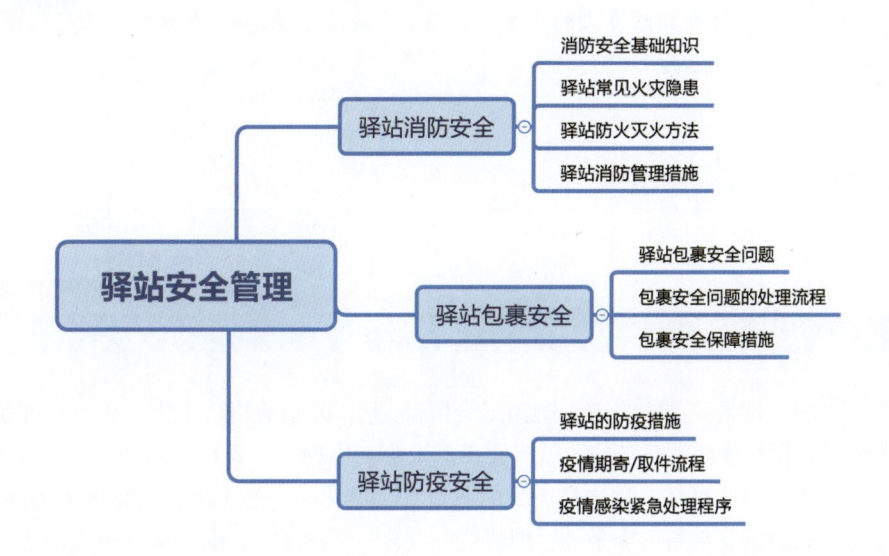

```
                          ┌─ 消防安全基础知识
              ┌─ 驿站消防安全 ─┼─ 驿站常见火灾隐患
              │              ├─ 驿站防火灭火方法
              │              └─ 驿站消防管理措施
              │
              │              ┌─ 驿站包裹安全问题
驿站安全管理 ─┼─ 驿站包裹安全 ─┼─ 包裹安全问题的处理流程
              │              └─ 包裹安全保障措施
              │
              │              ┌─ 驿站的防疫措施
              └─ 驿站防疫安全 ─┼─ 疫情期寄/取件流程
                             └─ 疫情感染紧急处理程序
```

# 任务一
# 驿站消防安全

> ▶ **任务描述**
>
> 安全管理工作对菜鸟驿站来说意义重大，因为菜鸟驿站是用户包裹代寄/代收集中点，一旦出现火灾或者爆炸，不仅驿站的设施/设备可能被毁坏，而且用户存放的包裹也会变成废品。火灾是驿站最常见的安全隐患，正所谓"消防常识永不忘、遇到火情不惊慌"，驿站的管理人员或者工作人员需要掌握火灾的基本知识，洞悉驿站的消防隐患，采取有效的事前防火措施以及掌握突发火灾事故时正确的灭火方法。菜鸟驿站需要加强对工作人员进行消防安全专业培训，增强员工的职业道德素质和责任感，积极营造安全的工作环境，时刻谨记安全第一，这是对国家和学校负责，更是对人的生命负责。
>
> 假设你是菜鸟驿站的站长，请围绕"消防安全，牢记心中"为主题，准备一期安全培训的培训内容，提升驿站员工的安全生产意识。培训内容包含消防安全基础知识、驿站常见火灾隐患、驿站防火灭火方法以及驿站消防管理措施等。

## 一、消防安全基础知识

### （一）火灾产生的条件

消防工作的方针是"预防为主，防消结合"，因此，驿站的消防工作实质上主要是预防和扑救火灾。想要做好这些消防工作，就需要了解火灾的原理。火灾是时间和空间上失去控制的燃烧造成的灾害，由此可知，燃烧是火灾的起点，火灾是燃烧的扩大。根据传统的燃烧理论，可知物品发生燃烧需要具备三个条件，即燃烧三要素：可燃物、助燃物和着火源，如图9-1所示。若要避免火灾的发生，就需要对三要素有所了解。

可燃物 + 助燃物 + 着火源 = 燃烧

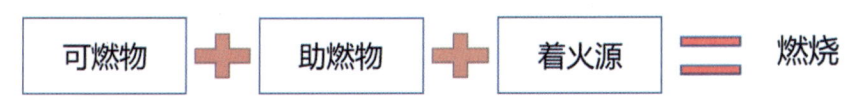

图 9-1　燃烧三要素

其中，可燃物一般包括有机可燃物和无机可燃物，这些物质在常温环境中能够和空气中的氧气或者一些氧化剂发生燃烧反应。表 9-1 所示是一些常见可燃物，需要对这些可燃物留意，避免其燃烧引起火灾。

表 9-1　常见可燃物

| 种类 | 举例 |
| --- | --- |
| 无机可燃物 | 钾、钠、钙、镁、磷、硫、硅、氢等<br>一氧化碳、氨、硫化氢、二硫化碳、氢氰酸等 |
| 有机可燃物 | 天然气、液化石油气、汽油、煤油、柴油、原油、酒精、豆油、煤、木材、棉、麻、纸，以及三大合成材料（合成塑料、合成橡胶、合成纤维）等 |

助燃物是指支持可燃物燃烧的物质，主要有空气、氧气、氯、氟、氯酸钾或氧化剂（如过氧化钠、过氧化钾、高锰酸钾、高锰酸钠等一级无机氧化剂）。着火源是指可燃物在助燃物的帮助下燃烧需要的热能源，是引起火灾的罪魁祸首，像明火、电火、摩擦生热等都是常见的着火源。

通过以上对三种燃烧要素的介绍，可获知防火和灭火的基本原理：阻断三种燃烧要素的同时结合，则可以防止火灾；限制或削弱燃烧的三要素则可以阻止火势蔓延，从而可以灭火。

## （二）火灾的类型

菜鸟驿站存放有大量包裹，而这些包裹多数是纸箱或者塑料包装，一旦发生火灾，若驿站工作人员无法在第一时间发现，火势容易迅速扩大，造成包裹内物件损坏，甚至带来不可估量的损失，这就是驿站火灾的基本特点。由于可燃物的类型较多，燃烧的特性有所不同，要想做好驿站的火灾防护工作，就需要对火灾的类型进行总结。国家标准《GB/T 4968 – 2008 火灾分类》将火灾分为以下 6 种类型。

A 类火灾：固体物质火灾。由木材、干草、煤炭、棉、毛、麻、纸张等具有有机物性质的固体引起的火灾，该类火灾在燃烧时会产生余烬。

B 类火灾：液体或可熔化的固体物质火灾。由煤油、柴油、原油、甲醇、乙醇、沥青、石蜡、塑料等液体或可融化固体物质引起的火灾，该类物质一般为易燃物。

C类火灾：气体火灾。由气体物质如煤气、天然气、甲烷、乙烷、丙烷、氢气等引起的火灾。

D类火灾：金属火灾。由可燃烧金属（如钾、钠、镁、铝镁合金等）引发的火灾。

E类火灾：带电火灾。一般是指由电器、线路等漏电引发的火灾，如手机着火。

F类火灾：烹饪器具内的烹饪物火灾。一般指由烹饪使用的各种油类、油脂引发的火灾，如锅内热油着火。

驿站的工作人员可以预判或判断火灾的类型，根据不同类型火灾的燃烧程序来预防和灭火。一方面，在驿站未发生火灾的日常消防工作中，可以采取合适的预防方法，配备正确防护设施/设备；另一方面，当驿站发生火灾紧急事故时，可以选择正确的灭火方法以及合适的灭火器。

## 二、驿站常见火灾隐患

### （一）负载电火方面

菜鸟驿站作为新零售背景下末端物流基础设施，构建了集站点、快递、客户、网络于一体的数字化末端，这使得菜鸟驿站里安装了很多智能设施/设备，比如高拍仪、巴枪、蓝牙打印机、菜鸟云监控、人脸识别寄件机等。这些设备都需要联网通电，因此驿站的电器设备比较多，这是驿站常见的火险隐患之一。需要注意的情形有：在业务繁忙的时候（比如"双11"大促），驿站电力超过负荷；电路网络中接入了不合格的保险丝或者绝缘体破裂；某些驿站工作人员将违规的电器带入驿站使用，等等。

### （二）包裹存储方面

菜鸟驿站的主要业务是为用户提供代寄/代收包裹的服务，每天都会有大量的包裹入站暂存。包裹的物品特性、堆放形式、存放环境等因素也会导致火灾安全问题，也是驿站常见的火险隐患之一。

需要注意的情形有：包裹里面物品属于危险品，比如易燃易爆物品，而驿站的环境，如温度、湿度超过该物品所能承受的极限；可自燃的物品堆放密实，碰撞摩擦频繁；存储包裹的货架区配备的灯具非冷光灯，等等。

### （三）管理规范方面

在全国范围内，数千个菜鸟校园驿站构成菜鸟网络的校园末端网络，每个地方的驿站工作人员多是本地人。受经济发展、教育水平等因素影响，有些驿站在运营初期没有在消防安全管理方面重视起来，没有明确的消防规范制度，或者没有将消防安全制度实施起来，缺少对员工行为规范和职业素质的培养，这些也是影响驿站消防安全的重要因素。需要规范管理的情形有：驿站内违规抽烟，烟头随便扔；在驿站内，违规使用明火；在下班离岗时，没有及时关闭相关电气发热设备，等等。驿站安全管理旨在减少和杜绝安全隐患，提升员工安全意识，强化安全作业的规范。

## 三、驿站防火灭火方法

### （一）防火的方法

所谓"隐患险于明火，防患胜于救灾"，这说明防火的重要性。日常采用的防火方法主要从控制、限制或者削弱燃烧的三要素着手，即从原理上预防火灾的发生。除了日常例行安全检查，驿站一般有以下常用的防火方法。

1. 阻断火源入站

驿站负责人应该承担起消防安全的责任，应该从严把关入站，禁止人为将火源带入驿站；不论是驿站工作人员，还是到站办理业务的用户，均禁止在驿站内抽烟；驿站的员工冬天不得在驿站内使用火炉取暖，同时除专业人员操作外，也不允许员工在驿站内进行明火作业。

2. 防静电火花操作

驿站员工在对包裹进行装卸搬运作业时，尽量不用易产生火花的作业工具；当操作对象为可燃固体时，为防止摩擦静电，驿站员工不得采用滚动或者滑动的作业方式。

3. 安全安排货架货位

在包裹入站之后，驿站员工需要进行基础的物品识别和分类，区分酒精、汽油或者其他易燃物体，属于国家规定的易燃物一律禁止入站，其他特殊物品可为它们选择安全的货架货位，尽可能设置单独货架或货位存放。

**4. 及时排除站内可燃物**

一方面，驿站的工作人员需要关注站内暂存的易燃易爆物品或者易泄露可燃物，及时电话联系用户将物品取出，避免在驿站存放时间过长，增大火灾发生的可能性；另一方面，对于一些可燃的废弃包装，驿站的工作人员需要及时将其清理出驿站。

## （二）灭火的方法

驿站员工在接受安全教育培训时，火灾基本知识是需要熟练掌握的。因为灭火的原理是基于燃耗的三要素理论，破坏三要素中的任何一个要素，就可以阻止火势的持续失控，从而迅速扑灭大火。尽管驿站日常需要做好防火工作，但也要做好发生火灾事故的心理准备，一旦火灾突发，驿站员工要在保障自己安全的同时，采取灭火行动。一般采用的灭火方法有以下几种。

**1. 隔离可燃物法**

这种灭火方法主要是控制燃烧三要素中的可燃物，简言之就是将火源处及其周围的可燃物移开或拆除，从而使得可燃物与助燃物、着火源两个燃烧要素隔离开。一般驿站可以设置防火隔离带。

**2. 窒息助燃物法**

这种灭火方法主要是限制燃烧三要素中的助燃物，简言之就是隔绝或减少空气中的氧气，氧气浓度降低了，自然就阻止燃烧失控，从而达到灭火目的。比如用 $CO_2$、黄沙、泡沫、棉被等覆盖可燃物，或者用水蒸气、惰性气体隔离可燃物等。

**3. 冷却着火源法**

这种灭火方法主要是削弱三要素中的着火源，简言之就是降低燃烧所需的热能，冷却燃烧物使其温度低于燃点，从而实现灭火。比如可以采用水枪、酸碱灭火器、二氧化碳灭火器、泡沫灭火器等灭火剂直接作用到燃烧物上。

## （三）消防设施/设备的配置

"工欲善其事，必先利其器"，光是掌握理论方法是不够的，若想驿站做好防消火灾的工作，还需要配置好消防设施/设备。

## 1. 消防设施

消防设施主要包含建筑防火设施和防火系统两个方面。菜鸟驿站建设之初,其占地面积、驿站容积以及防火间距等都需要遵照国家消防相关的法律法规进行建设,且建好之后不得随意改建。驿站建成之后必须规划好消防通道,同时也可以视条件尽量配置应急广播和照明设施、防火墙、防火门、防火隔离门、防爆毯等设施。此外,按照具体要求,驿站内应设有火灾自动报警系统、消防水系统(如消防栓、水龙带、水枪等)、防烟排烟系统等。

## 2. 消防设备

一般根据火灾的类型选择灭火器,这是因为不同类型的灭火器对同一类型火灾的灭火有效程度差异较大。因此,如何选择合适的灭火器是消防设备配置环节首要考虑的问题。菜鸟驿站应该考虑其工作性质、站内存放包裹物品类型、站内火灾隐患等因素,判断可能发生的火灾类型。同时,考虑驿站工作人员身体状况等方面的差异,以及考虑灭火器的管理和维护方法。综合这些条件,为菜鸟驿站配置灭火器等消防设备,如图9-2所示。

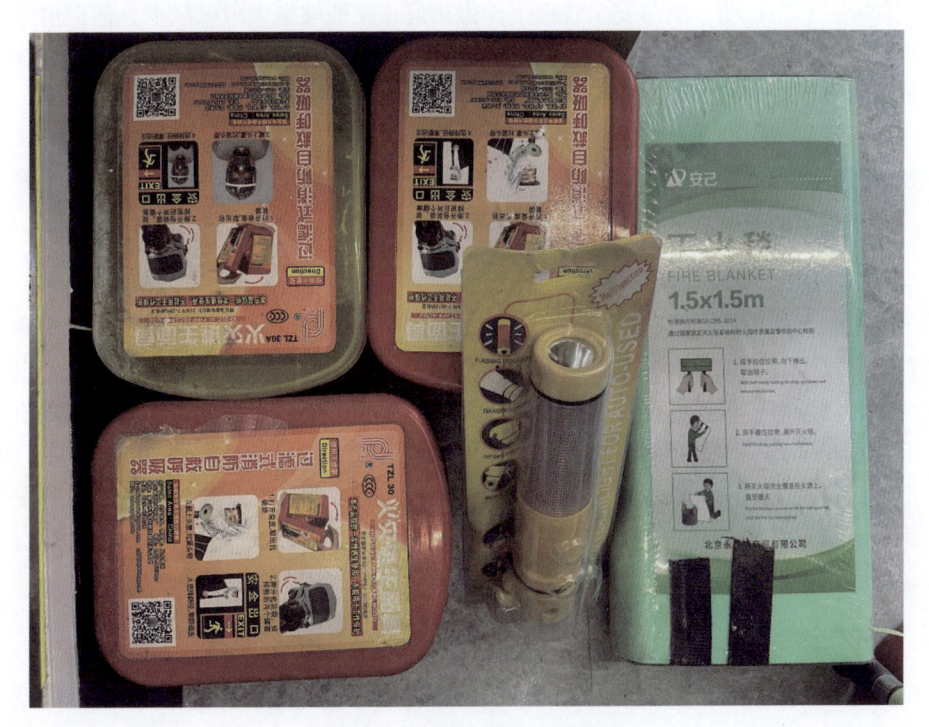

图9-2 驿站常见消防设备

常见的灭火器类型、特点及适用火灾情况如表9-2所示。

表 9-2  常见灭火器

| 类型 | 适用火灾类型 | 特点 |
| --- | --- | --- |
| 干粉灭火器 | A、B、C、E、F 五类火灾 | 应用广泛、不导电、不腐蚀、毒性低等 |
| 二氧化碳灭火器 | B、C、E 三类火灾 | 操作方便、安全可靠、不污染物质等 |
| 泡沫灭火器 | A、B、F 三类火灾 | 灭火效率高、有效期长、抗复燃等 |
| 清水灭火器 | A 类火灾 | 使用范围广泛、天然灭火剂等 |
| 四氯化碳灭火器 | E 类火灾 | 便携、操作时应防中毒等 |

## 四、驿站消防管理措施

"企业规模争上游，消防安全要带头"，对企业来说，消防安全管理工作也是其管理工作的重要组成部分。事实证明，消防安全管理工作做得好，就能够最大限度减少，甚至消除企业的不安全因素。因此，驿站管理人员需要大力推进消防安全管理工作，制定消防安全管理措施，驿站员工也需要积极配合，这样才能确保驿站设施、驿站人员及驿站内包裹的安全。

### （一）站内人员消防安全管理

#### 1. 消防组织设置

第一，菜鸟驿站要成立消防安全领导机构，根据"谁主管谁负责"的原则，可由驿站站长直接负责消防安全管理工作，并结合驿站整体情况，严格制定安全操作制度和规程，规范站内人员安全行为。同时，依据"谁在岗谁负责"原则，建立以岗位责任制为中心的三级防火责任制，把安全消防工作具体落实到各级组织和责任人。第二，站长带领站内员工成立专门的消防队伍，定期进行消防演练，负责驿站火灾事故的扑火工作。第三，站长确定日常消防安全检查的工作人员，做好值班表，定期开展防火灭火的消防安全检查，定期公布驿站消防检查结果，提醒和督促大家重视日常消防，增强员工"安全第一"意识。

#### 2. 消防安全培训

定期为站内人员开展消防安全主题的培训，培训站内人员应熟练掌握常见的消防设备的使用，比如干粉灭火器使用；培训站内人员火灾逃生技能，当火灾发生时，选择正确的逃生方法，最大限度保全自己的生命；培训站内人员对火灾现场的应急处理能力，员工能根据对火情的侦察，判断火灾的时效，在着火瞬间或者初期采取紧急扑火操作，当火灾扩大到一定程度时，立即报警发出救援信号，有组织地疏散人员和站内物资，在保护自身前提下，尽量在消防员来之前利用站内防护设施/设备隔绝扩大火势的物资，阻止火势进一步恶化。

## （二）站内设施/设备消防安全管理

### 1. 站内消防设施管理

驿站布局建设严格按照《建筑设计防火规范》的要求进行设计和投入使用；加强消防设施的维护与保养；驿站应在各醒目部位设置"禁止烟火""消防安全"等防火安全提示标志，如图 9-3 所示；驿站的生活区和作业区要严格划分开；保持驿站无杂物堆积，防止堵住消防通道和安全出口，如图 9-4 所示；定期检查安全疏散标志、照明应急灯，保证其完好有效。

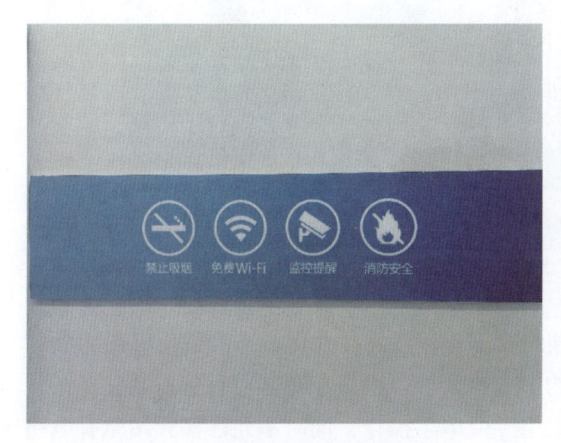

图 9-3　禁止吸烟、消防安全提示

图 9-4　安全出口提示

### 2. 站内消防设备管理

灭火器是驿站的主要灭火设备，对这些灭火器管理要注意：按照规定时间定期检查灭火器是否齐全；灭火器应设置在明显和便于取用的地点，且不得影响安全疏散；灭火器应设置稳固，其铭牌必须朝外；手提式灭火器宜设置在挂钩、托架上或灭火器箱内，其顶部离地面高度应小于 1.50m；底部离地面高度不宜小于 0.15m；灭火器不应设置在潮湿或强腐蚀性的地点，当必须设置时，应有相应的保护措施；设置在室外的灭火器，应有保护措施。工作人员应定期检查消防设备，如图 9-5 所示。

图9-5 检查驿站消防设备

### 3. 站内电气安全管理

驿站的配电线路需穿金属管或用非燃性硬塑料管保护；驿站作业区内不准使用电热器具和电热家电用品；驿站电气设备周围和架空线路的下方严禁堆放包裹；驿站要有防雷装置；在驿站安装电器设备要严格按照国家规范执行，并且由专业电工操作，同时不允许在驿站原有电路中乱拉线路或者安装电器。

> 🔍 **实训内容**
>
> （1）发布一个A地驿站火灾案例。发生火灾的当天驿站内存有化妆品、电子产品、药品等包裹。由于处于"双11"大促期间，驿站工作人手不够，驿站人员集中在门口安排包裹入库事宜。万幸驿站消防系统发出报警提示，驿站人员立刻进行了扑火，虽然发现得早，但还是有些贵重物品，比如化妆品、电子产品被毁坏。
>
> （2）对参与的学生进行分组，每组进行组内讨论并分析关于"双11"大促期间，A地驿站发生火灾以及能够顺利灭火的原因，并为该驿站制定防火和灭火措施。

## 👍 任务考核

| 组号： | 填写人员： | | | | 日期： | | |
|---|---|---|---|---|---|---|---|
| 评分项目 | 评分点 | 1组 | 2组 | 3组 | 4组 | 5组 | 6组 |
| 实训室规则 | 遵守实训室规章制度（10分） | | | | | | |
| 职业素养 | 衣着干净整齐（5分） | | | | | | |
| | 精神面貌佳（5分） | | | | | | |
| | 积极参与团队合作（10分） | | | | | | |
| 职业技能 | 学会分析驿站的火灾类型（20分） | | | | | | |
| | 选择合适灭火设备（20分） | | | | | | |
| | 制定防火措施（30分） | | | | | | |
| 合计得分： | | | | | | | |

# 任务二
# 驿站包裹安全

> ▶ **任务描述**
>
> "双11"期间,各大商家集中采取促销活动,网络订单数量较往常暴涨,驿站可能会出现爆仓现象,造成包裹安全问题高发,比如丢件、损坏、面单信息泄露等。这给驿站服务工作带来一系列挑战,如何避免此类事件是驿站需要解决的难题。
>
> 请同学们通过站点走访、实地调研、资料分析等形式对驿站常见的包裹安全问题进行总结和分类,分析其产生原因,掌握其处理流程,并制定相应的保障措施来提高驿站包裹的安全管理。

## 一、驿站包裹安全问题

快递业是一个讲究安全与速度的行业,安全且高效的寄递服务才能提升客户对末端物流的服务满意度。对菜鸟驿站而言,包裹安全问题尤为重要,因其主要业务是代收和代寄包裹,站点内包裹若经常出现安全问题,则驿站的服务质量大打折扣,客户满意度必然降低。若要保障站内包裹安全,首先需要了解常见包裹安全问题有哪些,并深入了解其发生的原因。

### (一)包裹损坏问题

驿站内包裹被损坏的问题时有发生,主要是由环境和人为因素造成的。

**1. 环境因素**

因环境因素导致的包裹损坏,主要有如下几点。

(1)由于驿站作业区湿度过大,有些包裹因自身特性,对存储湿度要求较高,易受潮损坏。

（2）驿站日常卫生条件差，驿站内虫、鼠等泛滥，致使包裹被咬坏。

（3）驿站内设备或者设施引起火灾，驿站内的包裹无法及时安全转移，被大火烧坏。

2. 人为因素

因人为因素导致的包裹损坏，主要有以下几点。

（1）入站操作不规范。某些驿站工作人员粗暴分拣，将包裹随意甩丢，致使包裹受撞击损毁；到站的包裹本身包装情况较差，某些驿站工作人员没有维护此类包裹，致使包裹在驿站内受损；某些驿站工作人员缺乏职业道德，将大件快递包裹当成桌子或者椅子使用，致使包裹被压坏。

（2）在站维护不到位。包裹被随意放，致使包裹被污染受损，比如包裹的包装不防水，将其放在有污水的地方，使得包裹被损坏；某些驿站工作人员操作失误，包裹上架后不小心掉落在地上或者包裹摆放不当掉在地上被摔坏；某些驿站工作人员对于寄递货物没有严格把关审核，没有设立特殊包裹存放区域，令特殊包裹和普通包裹一起存放，导致火灾等事故的发生。

（3）应急处理不及时。"双11"大促期间，驿站爆仓，会有部分包裹被放置在驿站外区域内，如突发降雨，驿站人员不能及时处理包裹，致使包裹受损。此外，驿站内货架堆满包裹，会有货架倾倒，一方面，货架可能压坏包裹，另一方面，包裹相互碰撞挤压，也会造成包裹的损坏。

## （二）包裹丢失短少问题

部分驿站包裹丢失屡次发生，因此包裹丢失也是包裹安全管理工作的主要内容。站内包裹丢失主要有如下5方面的原因。

（1）驿站工作人员执行包裹入站流程不合规范，尤其是爆仓情况下，为追求效率，对到站包裹减少扫描，造成到站包裹漏扫。包裹的收件人取不到货，若遗失物是贵重物品，驿站作为过失方，需要依法进行大额赔偿，不仅造成驿站经济损失，也对客户满意度产生影响。

（2）驿站工作人员因对取货环节的疏忽大意，对取件的用户没有认真核实信息，造成客户取走了非本人的包裹，导致客户投诉和包裹追回耗费大量的人力。一旦包裹无法追回，则需要驿站承担客户的经济损失。

（3）部分站点存在私自拆包和调包现象发生。此外，还有包裹被外部人员盗取，不过这类情况一般都会通过驿站的云监控追回包裹或追踪到责任人，若包裹已被当事人处理，则驿站需要与客户协商，妥善进行赔偿处理。

（4）包裹上架操作不够严谨，对于体积较小的包裹疏忽，致使小件包裹掉落货架缝隙内。

（5）快递公司员工到站卸货操作失误，比如选择卸货的地方比较偏僻，如驿站门外的路边，会有包裹被扔进草地或者死角，驿站人员没有及时发现。

### （三）包裹信息泄露问题

随着信息技术和电子商务的迅速发展，网络购物已经渗透到人们生活的方方面面，快递行业蓬勃发展，一方面给客户生活带来便利；然而，另一方面，包裹信息安全问题日益突出，给人们的隐私带来威胁。个人包裹信息泄露新闻屡见不鲜，如有的客户在拆开包裹后，不对面单上的个人信息进行销毁处理，就将带有面单信息的包裹随意丢置，给不法分子可乘之机。自从菜鸟推出隐私面单后，个人信息安全得到了相应的保障，但是作为消费者，个人还是应该妥善处理包裹包装，做好个人信息安全保护。

## 二、包裹安全问题的处理流程

包裹安全问题一旦出现，驿站需要重视并及时处理，减少对客户造成的不便，同时降低驿站的经济损失。因此，驿站工作人员需要掌握不同情形下相应问题的处理流程。

### （一）包裹损坏的处理流程

（1）驿站工作人员在包裹入库前需要仔细检查包裹是否有破损，若有破损包裹，则必须在入库前拍照，如图 9-6 所示，并将其单独放置在破损包裹货架专区。

（2）若破损包裹仅是外包装破损，则驿站员工对包裹的外包装加固，完成正常派件；若破损包裹内的物品有损坏，则驿站需要尽快联系快递公司进行赔付。

（3）如果包裹的破损不是入库前造成的，则需要再分情况排查。驿站通过监控、高拍仪查看出库照片，确认包裹出库前是否损坏，如果出库前未损坏，则不属于驿站的责任范围。

图 9-6　破损包裹拍照留底

（4）如果监控显示出库前已损坏，则驿站与客户先协商赔付，然后驿站继续自查出库前包裹损坏原因，同时站内进行警示并加强管理，以防此类事件再次发生。

## （二）包裹丢失的处理流程

（1）驿站和客户确认丢失短少的包裹信息，首先排查是否还在驿站内，可以进行盘库，看看包裹是否串货架或者遗失在驿站死角区域。

（2）若上一步骤中站内没有找到包裹，则通过云监控查看包裹是否入站，如图9-7所示，若查明包裹未入站，则联系快递公司查找包裹；若包裹已入站，则锁定入站时的位置。

（3）根据入站时的位置，查看该货物是否已被取走，如果被取走，进一步锁定取件人信息，调取身份码信息，进行货物追回。

（4）如果没有被取走，则再次在驿站里查找，确实没有找到，则请客户出具相关价值证明,驿站与其协商进行赔付。同时站内要以此事故加强管理,以防此类事件再次发生。

图 9-7 云监控查看

### (三)包裹信息泄露的处理流程

(1)当驿站接到客户关于信息泄露投诉时,应立即开通用户信息应急处理机制,采取补救措施。一方面,应该立刻联系被泄露信息的客户,确认被泄露的信息详情,查找泄露源头,协助客户解决问题,并尽量降低对客户的影响;另一方面,根据事件的严重程度,判断是否报告邮政管理部门。

(2)根据信息源头,自查驿站硬件、软件以及人员问题并立即采取措施;对于事件严重并上报邮政管理部门的,应积极配合相关部门的调查,并根据调查结果予以妥善处理。

## 三、包裹安全保障措施

减少或者杜绝驿站包裹安全问题发生,可重点从以下几个方面着手。

## （一）加强制度管理和素质教育

（1）定期开展包裹安全主题的培训项目，加强员工思想教育和职业道德培养，提高服务水平。

（2）制定相关的规章制度，加大监管力度，明确驿站员工的安全责任，提高员工的法制意识，增强员工的规范和责任意识。

（3）确立师徒制，组织驿站内的优秀员工对新员工进行经验指导，提高员工业务素养。

（4）改善驿站的经营理念，强调质量大于速度，从而减轻员工压力，也增强员工对岗位的认同感。

（5）驿站应与其招聘的员工签订寄递用户信息保密协议，明确保密义务和违约责任。

## （二）规范业务操作

业务操作共分为 6 个环节介绍，具体如表 9-3 所示。

表 9-3　各环节业务操作

| 环节 | 操作明细 |
| --- | --- |
| 整个工作环节 | 除了指定的驿站员工，严禁无关人员接触、翻阅包裹，防止包裹信息泄露 |
| 包裹分拣入站环节 | 驿站工作人员不乱扔乱放包裹；已经破损的包裹单独拿出，拍照后放置在专区；易损易碎的包裹单独拿出，可做个标记，便于后续按照相应规范上架；按照大不压小的原则分拣堆放包裹；对于包裹内物品没损坏，但其外包装有破损情况，应该及时补救加固；分拣扫描要仔细，发现缺少的包裹，要上报系统，联系快递公司反馈情况 |
| 包裹在站上架环节 | 驿站人员将包裹有序上架，防止漏扫丢失；将包裹摆放整齐，防止包裹掉落摔坏 |
| 包裹暂存站内环节 | 每日要检查货架，整理包裹；对生鲜类包裹可以增加电话联系取件人的通知方式，提醒客户及早取件，防止变质；定期盘库，防止包裹丢失；认真实施云监控站内包裹，防止包裹被盗 |
| 包裹出站环节 | 大型包裹要协助客户从货架上取出，防止取件过程中碰撞损坏；加强取件监督力度，提示客户采用高拍仪身份码取件，防止包裹错拿丢失；当取件人较多时，应维持现场，组织排队有序出库 |
| 包裹寄递环节 | 采用隐形面单，隐去客户电话、地址等私人信息，掌握面单信息隐藏系统的操作步骤 |

## （三）维护驿站环境

（1）做好驿站的清洁卫生，为包裹营造干净、整洁的环境。

（2）关注驿站内温湿度情况，为包裹打造防潮防火的环境。

（3）定期检查驿站的数据设备，防止恶意安装插件，建立安全数据环境。

（4）及时完成驿站设施/设备的维修或更换，如坏旧的货架、故障的监控和高拍仪等，为站内包裹安全提供硬件保障。

## 实训内容

（1）发布一个驿站包裹安全的案例。大学生小红在某品牌的网店下单了两个背包，校园驿站发了取件短信，由于小红刚好因家里有事离校3天，回校之后前往驿站领取包裹，发现包裹外包装破损，当场拆开后发现只有一个包，小红和商家联系，商家反馈货物都是现场封包和填单，不会有错，于是小红找到驿站解决此事。

（2）对参与的学生进行分组，并给出分析结果，每组进行组内讨论，然后制定一个处理方案。

（3）教师对每组的讨论结果给出点评。

## 任务考核

| 组号： | 填写人员： | | | | 日期： | | |
|---|---|---|---|---|---|---|---|
| 评分项目 | 评分点 | 1组 | 2组 | 3组 | 4组 | 5组 | 6组 |
| 实训室规则 | 遵守实训室规章制度（10分） | | | | | | |
| 职业素养 | 衣着干净整齐（5分） | | | | | | |
| | 精神面貌佳（5分） | | | | | | |
| | 积极参与团队合作（10分） | | | | | | |
| 职业技能 | 分析案例属于哪一类包裹安全事件（20分） | | | | | | |
| | 此类包裹安全事件出现的原因（20分） | | | | | | |
| | 给出驿站对此类包裹安全事件处理方案（30分） | | | | | | |
| 合计得分： | | | | | | | |

# 任务三
# 驿站防疫安全

> ▶ **任务描述**
>
> 　　突发的疫情危机短时间内会阻断各行各业的正常运转，然而，快递行业却是最先复工复产的行业之一。这是因为在疫情风险控制期间，一方面，需要快递行业运输防疫物资，另一方面，需要快递行业保障人们生产生活需求，同时其他行业的复工复产也需要其协助。菜鸟驿站作为快递组织末端的关键一环，主要面向的是人群聚集的社区和高校，如何做好这些疫情防控重点区域内包裹安全高效的寄送工作，是一个巨大的挑战。
>
> 　　请同学们通过走访校园周边站点，总结疫情期间菜鸟驿站的防疫措施，针对驿站的应急安全管理提出自己的建议和思路，形成整体的解决方案并撰写报告。

## 一、驿站的防疫措施

　　本节驿站防疫安全内容重点讲解驿站防控措施、寄取流程及疫情处理应急流程。

　　疫情期间，根据封闭隔离、避免聚集、减少接触等防疫要求，人们的网购需求增加，相比往常，菜鸟驿站包裹量急剧攀升。为了消除驿站疫情隐患，防止驿站疫情发生，维护驿站工作人员和寄/取件用户双方的安全，需采取适合驿站的防控措施。

### （一）驿站人员方面

　　在疫情严重阶段，驿站人员防疫要求如表9-4所示，具体分为以下4个时间节点。

表 9-4 驿站人员防疫要求

| 序号 | 时间 | 要求 |
| --- | --- | --- |
| 1 | 开工的前两周 | 要求驿站所有从业人员进行居家隔离观察，每天进行早晚两次的体温和身体健康状况监测，并如实填报在疫情防控系统中 |
| 2 | 复工后上班前 | 所有的驿站工作人员上班前需要在菜鸟监控平台完成健康打卡，确保身体无发烧、咳嗽等异常情况 |
| 3 | 复工后上岗时 | 驿站工作人员对于隔离服或者带袖子的围身大褂、防疫口罩、一次性帽子、一次性手套、护目镜等防护装备视情况着装或者佩戴。此外，驿站仍需对每个班次在岗的员工测量体温，低于 37.3℃方可上岗，如有不适，应及时就医并登记上报 |
| 4 | 复工后在岗时 | 驿站内派专门工作人员提示客户佩戴口罩，维持现场秩序，引导客户"立取立走"，避免客户聚集在现场拆封包裹 |

## （二）包裹入站方面

（1）运输快递车辆每天到达校门或者社区后，由校方或物业安排专人在校门口或者社区门口进行对接，用 84 消毒液对车辆和包裹进行不少于 2 次喷洒消毒。

（2）对司机进行体温检测和健康码核查，若有异常，按照校方或者社区防疫方案处理，如无异常，则对司机和车辆放行。

（3）运输车辆按照固定路线和固定时间到达驿站。驿站人员完成包裹上架，再次用 84 消毒液进行店内全部区域消毒（每天不少于 3 次）并做好登记，如图 9-8 所示。

## （三）场地布局方面

（1）驿站门口张贴"戴口罩告示"提示客户入站寄/取包裹必须佩戴口罩。张贴"消毒公示"，提醒驿站做好每天消毒工作。张贴"扫码登记海报"，提醒寄件用户入站进行信息登记，方便疫情溯源，张贴防疫宣传海报，宣传防疫知识。

（2）在驿站入口设置消毒脚垫，每两个小时喷洒一次 84 消毒液。

设置分隔栏，使进站和出站通道分离开，控制驿站内人流量，同时在通道上设置地贴，规范用户相隔一米有序排队入站。在驿站内设置寄件区，使得寄件和取件作业区分离，避免人员聚集。

（3）如遇派件高峰，菜鸟驿站另设临时室外场地，做到人群分流，减少人员聚集和拥堵。

图 9-8　驿站消毒示意图

如图 9-9 所示为某菜鸟驿站从布局上所做的疫情防控措施。

图 9-9　驿站防疫布局措施

## （四）设备技术方面

### 1. 高拍仪

驿站配置若干数量高拍仪，并设置高拍仪取件通道，客户通过高拍仪扫身份码，完成无接触自助取件，提高取件效率，避免人群聚集。

### 2. 无人车派件

驿站配置若干数量无人车，驿站工作人员将包裹投递至无人车，用户可以根据收到的取件码领取相应的包裹，最大化地保护包裹安全和用户安全。

### 3. 菜鸟APP

该款 APP 在疫情期间不仅为师生提供线上寄 / 取件、查询包裹等功能，同时提供防疫解决方案，保障院校师生的寄 / 取件安全。首先，客户入站寄 / 取件时通过扫描相应的防疫码可完成信息登记，系统自动记录人员信息、入站时间、出站时间、物流单号等，并保障客户的信息数据安全。其次，菜鸟 APP 能够根据当前驿站的人流量数据，为客户推荐最合适的取件时间段，指导客户错峰取件，当人流量超过驿站阈值时给予警示，避免取件人员聚集。最后，通过扫码登记可以追溯取件人员在驿站的活动轨迹，当出现疑似感染者时，能够通过数据及时锁定感染者在驿站取件时间段的密切接触者，有助于事件的后续处理。

### 4. 云监控系统

可实时记录驿站内的情况，用于驿站站长随机抽检菜鸟驿站，保证站点防疫的落实。

## （五）合作方协助方面

### 1. 网络及电力保障

为防控疫情，驿站内配置了多种智能化设备，这些设备需要良好的网络及电力保障，这就需要社区或者高校提供固定的网络接口及用电接口，从而保障驿站的服务秩序。

### 2. 消息及时同步

防疫期间，驿站日常运行时间调整、寄 / 取件流程等信息需要校方或者社区通过自身信息渠道及时告知用户。

# 二、疫情期寄 / 取件流程

## （一）模式

采取分批取件模式，每次不超过 10 人进站取件，保证驿站内不形成人员聚集，取件时间将适当延长，以此分散取件高峰。

## （二）流程

### 1. 到站取件

步骤如下。

（1）客户通过菜鸟APP/淘宝/支付宝/短信接收等方式，查看取件码。

（2）客户使用菜鸟APP在驿站门口扫码完成签到登记。

（3）客户接受驿站的体温测量后入站。

（4）客户根据驿站内指引查找取件的包裹。

（5）客户通过菜鸟APP或淘宝/支付宝菜鸟小程序调出身份码。

（6）客户使用高拍仪完成无接触自助出库。

### 2. 到站寄件

步骤如下。

（1）客户使用菜鸟APP在驿站门口扫码签到登记。

（2）客户接受驿站的体温测量后入站。

（3）客户根据驿站内指引找到寄件接待区，并完成实名验视。

（4）客户通过菜鸟APP或淘宝/支付宝菜鸟小程序，在寄件信息功能区完成寄件信息填写。

（5）驿站工作人员对寄送包裹开箱验视、核重。

（6）客户通过菜鸟APP或淘宝/支付宝菜鸟小程序，寄件信息填写完成界面后点击打印面单，完成支付，点击寄出。

（7）驿站工作人员封箱、称重、打印面单、贴单。

（8）驿站完成寄件服务，客户通过站内规划的出站通道离开。

## 三、疫情感染紧急处理程序

首先，根据体温监测发现到站客户体温异常，并发现其有发烧或者咳嗽等疑似症状，驿站需要启动临时应急隔离机制。

其次，按照社区或者学校的防疫要求，驿站人员在做好防护的同时，将发现的疑似症状客户安排到临时隔离点，然后及时联系社区或者学校的防疫办。

接着，驿站记录疑似症状客户的进站时间，并利用菜鸟APP后台防疫功能查询前后有接触的客户名单，一并给到防疫办，同时驿站需进行全面消杀。

最后，根据防疫办的专业人员诊断结论，按照相关规定通知，驿站停业隔离或者正常运营。

🔍 **实训内容**

（1）发布驿站疫情防控案例。浙江某高校计划组织学生分批返校，该高校的防疫办公室负责人找到该高校合作的菜鸟驿站站长，要求他按照校方防疫要求，给出对应的驿站防疫工作方案，为师生提供安全、高效的服务。

（2）对参与的学生进行分组，给出分析结果，每组进行组内讨论，制定一个防疫方案。

（3）教师对每组的讨论结果给出点评。

👍 **任务考核**

| 组号： | 填写人员： | | | | 日期： | | |
|---|---|---|---|---|---|---|---|
| 评分项目 | 评分点 | 1组 | 2组 | 3组 | 4组 | 5组 | 6组 |
| 实训室规则 | 遵守实训室规章制度（10分） | | | | | | |
| 职业素养 | 衣着干净整齐（5分） | | | | | | |
| | 精神面貌佳（5分） | | | | | | |
| | 积极参与团队合作（10分） | | | | | | |
| 职业技能 | 驿站的防疫物资设备准备（20分） | | | | | | |
| | 驿站场地规划布置方案（20分） | | | | | | |
| | 制定驿站防疫工作方案（30分） | | | | | | |
| 合计得分： | | | | | | | |

## 项目测评

**(一) 填空题**

燃烧的三要素是指 _____、_____、_____。

**(二) 简答题**

1. 菜鸟驿站包裹损坏的处理流程是什么？
2. 概述疫情防控期间菜鸟驿站对从业人员的防疫管理。

**(三) 实践题**

通过网络搜索，查询近年来菜鸟驿站安全事故的信息，总结并梳理菜鸟驿站是如何解决这些安全问题的。

## 项目结语

菜鸟驿站是菜鸟专注于服务城市社区和各大高校的快递服务平台，开发快递包裹管理系统，输出标准化品牌服务管理体系，支持合作伙伴以"菜鸟驿站"门店的形式为周边居民、高校师生提供包裹寄/取等综合物流服务。伴随着规模的不断扩大，菜鸟驿站安全管理问题需要引起高度重视，本项目就是基于驿站安全问题展开的，致力于给菜鸟驿站安全管理方面提供完善的处理方案。

# 附录 A
# 我国快递行业相关的法律法规

与我国快递行业相关的法律法规、监管依据有很多，总结如下，敬请大家课下学习和参考。

《中华人民共和国邮政法》
《中华人民共和国消防法》
《中华人民共和国安全生产法》
《中华人民共和国突发事件应对法》
《生产安全事故应急条例》
《中华人民共和国治安管理处罚法》
《中华人民共和国行政处罚法》
《中华人民共和国邮政法实施细则》
《快递暂行条例》
《快递市场管理办法》
《快递业务经营许可管理办法》
《邮政行业安全监督管理办法》
《邮政业标准化管理办法》
《智能快件箱寄递服务管理办法》
《邮政业寄递安全监督管理办法》
《邮件快件实名收寄管理办法》
《邮政行政执法监督办法》
《禁寄物品指导目录及处理办法》
《禁止寄递物品管理规定》
《快递业务经营许可年度报告规定》
《邮政业消费者申诉处理办法》
《邮政业安全生产设备配置规范》
《邮政行政处罚程序规定》
《快递业务经营许可注销管理规定》
《快递业务经营许可条件审核规范》
《无法投递又无法退回快件管理规定》
《快递企业等级评定管理办法》
《邮政市场监督约谈暂行办法》
《邮政行业安全信息报告和处理规定》
《邮件快件收寄验视规定》
《寄递服务用户个人信息安全管理规定》
《快递业信用管理暂行办法》
《经营快递业务的企业分支机构备案管理规定》
《快递末端网点备案暂行规定》
《邮政行政处罚程序规定》

《快递末端投递服务规范》

《邮政企业、快递企业安全生产主体责任落实规范》

《邮件快件包装管理办法》

《快递企业总部重大经营管理事项风险评估和报告制度（试行）》

《邮件快件绿色包装规范》

《国家邮政业突发事件应急预案》

《快递服务》国家标准

《快递封装用品》系列国家标准

# 参考资料

[1] 王艳. 基于城市社区的末端配送研究 [A]. 北京：中国水利水电出版社，2020:15-18.

[2] 王俊，王金廷. 高校菜鸟驿站服务现状及对策研究——以西交院菜鸟驿站为例 [J]. 中国储运，2020(08):136-138.

[3] 邓宇轩. 绿色供应链背景下我国快递业包装绿色化研究——以菜鸟驿站为例 [J]. 智库时代，2018(45):132-133.

[4] 中国智慧物流研究院，中国智慧物流末端配送趋势报告 [R]，四川，2018.

[5] 陈平. 快递末端物流配送的风险分析与防范措施研究——以申通快递为例 [J]. 物流工程与管理，2013, 5(06):53-57.

[6] 朱溪亭. 快递业务与运营实务 [A]. 北京：北京理工大学出版社，2018:99-101.

[7] 杨文秀. 快递行业末端配送的新发展 [J]. 探讨与研究. 2021.04.031.83-84.

[8] 陈怡欣."互联网＋"背景下多元物流末端配送问题研究 [J]. 科技创业月刊.2019.11:152-156.

[9] 魏娜."互联网＋"高校物流终端配送模式优化研究 [J]. 合作经济与科技.2020(8):86-87.

[10] 马家喜. A大学校园包裹取件困境及其应对策略研究 [D]. 广州：广东工业大学.2020

[11] 曾联进. 新零售背景下提升物流服务质量路径研究 [J]. 科技风. 2019(31)

[12] 国邮办函〔2019〕297号国家邮政局办公室关于印发《企业开办服务站经营快递业务许可核定规则（2019年版）》《快递服务站备案办理规则（2019年版）》的通知

[13] 国家质量监督检验检疫总局、中国国家标准化管理委员会:《GB/T 4968 – 2008 火灾分类》. 北京：中国标准出版社.2008